上海师范大学
Shanghai Normal University
1954 - 2024

UGS 模式指导下的基础教育改革研究文集

协同视角下师范生培养新模式、中小幼评价改革研究

总主编　张峥嵘　　分册主编　钱源伟

上海科技教育出版社

图书在版编目(CIP)数据

协同视角下师范生培养新模式、中小幼评价改革研究 / 钱源伟主编. -- 上海 : 上海科技教育出版社，2024. 9.
(UGS 模式指导下的基础教育改革研究文集 / 张峥嵘总主编).
ISBN 978-7-5428-8278-3

Ⅰ. G639.21-53

中国国家版本馆 CIP 数据核字第 20244JJ642 号

责任编辑 刘世洁
封面设计 杨 静

UGS 模式指导下的基础教育改革研究文集
协同视角下师范生培养新模式、中小幼评价改革研究
张峥嵘 总主编
钱源伟 分册主编

出版发行 上海科技教育出版社有限公司
(上海市闵行区号景路 159 弄 A 座 8 楼 邮政编码 201101)
网 址 www.sste.com www.ewen.co
经 销 各地新华书店
印 刷 上海华顿书刊印刷有限公司
开 本 787×1092 1/16
印 张 16.75
版 次 2024 年 9 月第 1 版
印 次 2024 年 9 月第 1 次印刷
书 号 ISBN 978-7-5428-8278-3/G·4956
定 价 70.00 元

总 主 编 张峥嵘

分册主编 钱源伟

副 主 编 王　巍　全玉婷　顾　翡

序

师范大学因基础教育而生，也因基础教育而兴。对于师范大学而言，直接面向基础教育学科教学的学科教育教师的队伍建设尤为重要，这直接关系到师范生实践能力的培养。但这一任务是放在专业院系，还是放在教育学院、教师教育学院完成，一直是中国师范教育改革中的经典难题。2016 年 5 月，上海教师教育创新发展中心在上海师范大学揭牌。同年底，上海师范大学对全校的学科教育教研室进行了重新梳理，20 个教研室，近 100 名教师，入驻上海教师教育创新发展中心平台（由学校基础教育处统筹服务与提供支持）。在全国各大师范院校纷纷成立教师教育学院的背景下，上海师范大学开始积极探索一条不同的发展路径，即教师在学院工作的内容、身份不变，以上海教师教育创新发展中心为平台，为学科教育教师的专业发展赋能，为教师基于学校教育实践的学术成长，提供科研、培训、实践等多方面的发展机会。

自 2017 年始，上海师范大学在上海教师教育创新发展中心这个平台上，通过设立 UGS（大学—政府—学校）课题，推动教师的专业成长。UGS 课题必须是实践方向的学科课程与教学研究，优先考虑结合上海教育综合改革项目，开展关于中小幼教育实践和上海师范大学师范生培养中出现的亟须解决的问题的研究。课题由上海师范大学学科教育教研室教师与中小幼一线教师联合完成，其中上海师范大学教师担任课题负责人，原则上大学教师与中小幼一线教师的比例为 2∶1。课题研究周期一般为一年。这一设想非常有前瞻性和创新性。如此多的教师持续地开展实践方向的研究，并且建立了较成熟的机制，在全国范围内实属难得。

我欣喜地看到，这项工作取得了显著的成绩。呈现在我们面前的三本书，是上海师范大学学科教育教师与中小幼一线教师共同研究的成果，它们的主题分别为：聚焦学科素养的课程与教学改革研究，协同视角下跨校际、跨学科研究，师范生培养新模式与中小幼评价改革研究。这三个主题的研究，紧扣我国基础教育在中国特色社会主义新时代须解决的热点、难点问题，是研究者实践智慧的展现，是理论结合实践的范例，为教师开展相关研究提供了一系列具有创新性和可操作性的解决方案。

同时，我也欣喜地感受到UGS这一基于学校教育实践研究的教师教育创新发展模式的生机和活力。一方面，大学教师走上中小幼教学第一线，直面教育教学的现状，丰富自己的教育体验，为理论寻找最具活力的教育样态和实践平台。另一方面，中小幼一线教师跟随大学教师一起开展研究，解决实践中的难题，并在其指导下开展数据收集和科学规范的论文写作。可以说，UGS课题研究实现了大学教师和中小幼教师的双赢，建立了一种实践方向的学术研究共同体新范式。

师范大学的发展，对基础教育有着重要的意义。建设教育强国，高等教育是龙头，基础教育是基点，而师范大学是高等教育、基础教育的枢纽。上海师范大学迎来了70华诞，希望上海师范大学能朝着教育强国所需要的大国良师队伍的建设目标，不断探索、不断创新、不断前行！

上海市教卫工作党委原书记、上海艺术教育委员会主任 陳克宏

2024年初夏于沪上

目 录

师范生培养新模式篇

小学科学课堂表现性评价的实践研究

基于保教质量提升的幼儿发展真实评价的实践研究

在绘本阅读中培养幼儿思维品质的实践研究

○师范生培养新模式篇○

协同合作的
教育实习指导模式
实践研究

——基于高校和中学学科组团队的视域

教育实习是师范生必经的实践阶段，在这一阶段，高校教师和中学教师同时成为师范生的指导教师。每位指导教师都有自己带教实习生的方法，却几乎都没有系统学习过如何指导师范生。指导师范生的要领就成了不折不扣的“缄默”知识。

寻求科学合理的教育实习指导模式及指导方法就是本研究的初衷。本研究关注教师专业发展领域的职前教师专业发展，以教师专业发展中的实践性知识发展为理论基础，邀请多年合作的中学教师作观察、访谈，并深度参与研究，采用内容分析法等研究方法，总结出指导模式模型，并引入高校教师合作，再进行优化，并在一定范围内作了宣传和推广，从而提高师范生培养质量。

本篇主要介绍了 UGS 联合研究实践课题“协同合作的教育实习指导模式实践研究——基于高校和中学学科组团队的视域”的研究背景、研究内容与方法，以及教学实践案例，希望能为相关问题的解决带来一些启迪和帮助。

合作共赢　共同发展

——基于教师实践性知识发展的教育实习指导模式的个案研究

刘兰

（上海师范大学）

一、研究缘起

近年来，教师实践性知识对于教师专业发展的重要性逐渐被学术界所认识。教师实践性知识是指教师依据个人的生活经验、人生哲学以及人生信念，高度综合并内化的专业知识、教育心理知识以及运用于具体的教学情境和解决问题的知识。它包括非正式的、难以表达的教学技能、技巧与经验，还包括个人的直觉、灵感、洞察力、价值观和心智模式等，大多表现为高度个人化的隐性知识。所以，教师实践性知识具有综合性、个性化、非显性的特点。教师在教育教学中的这种特质正是教师与其他职业不同的一个重要特征，体现出教师个人的教育智慧和教学风格。这些知识虽然不能作为原理普遍应用，但却在解决教学的具体问题上，发挥着实实在在的效用。教师实践性知识在教师的知识结构中占据重要地位，对教师个人专业发展具有重要作用。

虽然教师实践性知识和教学经验直接相关，似乎是在职后才逐渐习得的知识，但是实践证明，其应在职前教育中得到重视。然而，目前教师职前教育并没有教师实践性知识的一席之地。职前教师对教学场景的感知，对教学问题的觉察、方案的寻找、反思方法，以及对行事规则的总结等宝贵的思维过程很容易被忽视。事实上，目前职前教育并没有为教师实践性知识的形成和交流留出应有的空间，只有教育实习是与之有关的课程，反映出"理论优先"的知识价值观对教师教育课程内容选择的影响。总之，教育实习是发展教师实践性知识的重要途径。

教师实践性知识是由教育教学经验积累而成的，教育实习是师范生发展为初任教师、熟练教师乃至专家型教师的起点，是真正发展实践性知识的首要环节，对教师的专业发展具有重要的促进意义。综上所述，教师实践性知识的发展应从实习生开始抓起。

许多研究都指出，高等师范院校的专业训练其实并不足以让一名初任教师胜任教学工作，而教育实习期间真实的教学情境，才是影响教学实践的重要因素。在教育实习过程中，实习生实践性知识的形成和发展会对其之后的专业发展产生重要的影响，理应受到关注。而教育实习模式被认为是影响实习效果的重要因素，相关研究的关注度较高。

对于如何设计切实可行的教育实习模式，有效提高教育实习质量等问题，研究者们已经提出了一些新的教育实习模式或改革方案。例如：回乡顶岗实习，结合试用期进行实习，“三结合”教育实习模式，全程教育实习模式，混合编队教育实习模式，“定点分散、分阶段、集中”教育实习模式，协作型教育实习模式，等等。目前，混合编队教育实习模式比较流行。上海师范大学在试点研究混合编队和专业教师协同管理的方法。

二、文献综述

查阅文献发现，对教育实习指导方法的研究比较少。教育实习的指导者多默认为中学教师，高校教师一般为管理者。对指导教师提出的要求，一是要自身素质过硬，具有较高的理论素养和组织管理水平，有奉献精神等；二是要发挥自身在教育实习中的指导作用，“正确认识教育实习，提高指导实习的自觉性，掌握教育实习规律，以科学方法指导教育实习”；三是要帮助实习生达到实习目的、完成实习任务。

文献中有较多关于中外教育实习比较的文章。通过对比中外教育实习模式，研究者对我国教育实习模式的优化和改革提出建议：加强实习生的自我管理，加强和完善实习学校和高等师范院校对实习生的管理工作，适当延长教育实习时间，等等。还有一个重要建议是强调指导教师对实习生的实习作系统细致的指导。

很多研究调查了实习生教学能力的发展情况，结果显示：实习生在教育实习阶段教学能力有很明显的提高，教学认知能力的提高大于教学反思能力和教学实施能力，各个维度的教学能力发展程度不一。实习生教学水平存在差异的原因之一就是指导教师的指导方法存在差异，这导致实习效果不同。

目前并没有一个确定的标准来指导中学教师的指导工作，他们的指导资质通常由中学审核，一般要求三年以上的教学工作经验。中学教师主要凭借自身的教学实践经验来指导教育实习，导致指导方式存在巨大的差异。有的是模仿型——抱住不放，有的是助手型——撒手不管，有的是伙伴型——互帮互助。

有一项实证研究探讨了教育实习中师范生、中学指导教师和高校带队教师之间的“三角关系”，并分析其对师范生实习的影响，发现中学教师和高校教师都认为自己在实习中的作用有限，而且双方缺乏有效的沟通。正确的“三角关系”应该是在教育实习中明确中学教师和高校教师的指导角色和功能，积极建立相应的机制鼓励双方合作督导。所以，分别确立高校教师和中学教师在教育实习指导中的地位是非常重要的。

目前，教育实习的研究较多关注比较宏观的领域，比如教育实习模式、实习管理、实习时间安排等问题，涉及具体的学科实习的指导问题的较少。在教育实习指导过程中，高校教师和中学教师如何参与，如何协调好两者关系，才能够最有效地发展实习生的专业能力？这个问题亟待重视。目前，对中学教师与高校教师联合指导中的关系的研究还比较缺乏。

三、研究关键问题和研究内容

（一）研究关键问题

本研究基于上海市民立中学(以下简称民立中学)的个案研究，着重解决以下两个问题。
问题 1:实习生实践性知识包括哪些方面?
问题 2:什么样的指导模式能最有效地培养实习生的实践性知识?

（二）研究内容

1. 确定实习生实践性知识的内容

通过查阅文献和调查研究，基于教师专业发展的特点，分析、提炼实习生实践性知识的内容。利用内容分析法分析发展这些实践性知识所需要的系统训练和要求;调查分析目前教育实习指导的模式及特点，调查实习生对实习指导的需求。

2. 民立中学个案研究

通过观察、分析、总结，构建在民立中学教育实习过程中的实习生指导模式。总结管理和指导实习生的各环节的目的、意义、实施效果等，在教师专业发展理论的视角下重新审视分析该指导模式，完善高校教师和中学教师共同指导的模式。

3. 分析新指导模式的可操作性以及推广价值

系统归纳高校与中学多位教师联合指导一名实习生的有效性和可操作性，分析该模式的推广价值。

四、研究发现

（一）教育实习管理模式的调研结果

对东北师大、吉林师大、广西师大等 20 所高等师范院校的调研发现，我国各高等师范院校的教育实习管理模式不尽相同，大致可分为以下四种:

1. 集中编队实习

分属各个学科的多名实习生集中到一个学校实习，高校派一名指导教师长期进驻学校进行指导管理。由于专业性的限制，该指导教师不可能在专业上指导各个学科的实习生，因此指导教师实际上只能承担管理的职责，或许还兼负评价的职责。

2. 分散实习

学生自主联系实习单位，到岗实习，各专业的高校教师巡回指导。虽然高校教师可针对性地负责自己专业的学生，但是由于实习生多分布在省内各地，这种“天女散花”式的指导模式很难保证高校教师指导到位，指导只能是“蜻蜓点水”式的。

3. 顶岗实习

这是近年来个别高校探索的针对免费师范生的教育实习管理模式(也有学者称这种实习生为"实习支教生"),即实习生基本顶上正式教师的岗位,完成所有教学任务。在顶岗实习中,高校专业教师的指导很难到位。

4. 集中基地实习

各专业在高校的协助下自行确定比较固定的实习基地。这些基地离高校较近,实习生相对集中,由多名专业教师分工指导,一名教师固定指导几个学校的实习生。这种管理模式对高校教师的工作量要求较高。

(二)解析实习生实践性知识的内容

根据实践性知识的定义和调研结果,地理实习生需要具备地理专业知识、教育心理知识以及运用于具体的教学情境的知识和解决问题的知识(如图 1)。与正式教师相比,实习生的这些知识基本停留在理论学习阶段,如大学三年的专业课提供了部门地理学、系统地理学的知识,教育学系列课程提供了教育心理知识,但如何运用这些知识来开展中学地理教学,实习生的头脑中基本上还是空白的。另外,运用于具体教学情境和解决问题的知识仍处于待发展阶段。

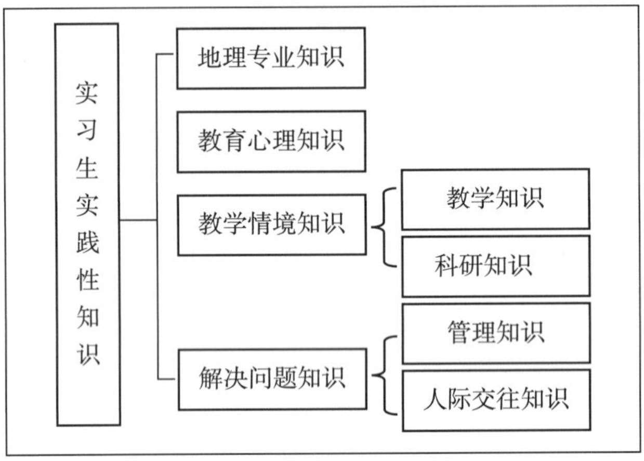

图 1 地理实习生实践性知识结构

(三)民立中学教育实习指导模式的构建

民立中学是上海师范大学的地理教育实习基地,10 多年间帮助上海师范大学培养了地理专业实习生 40 余名。上海师范大学与民立中学合作探究教育实习模式,为实习生的管理和培训构建了完整的指导方法。

1. 教育实习指导特色

(1) 团队优势:教师团队共同指导。

民立中学教育实习指导秉持以实习生专业发展为中心的原则,采用团队指导的方式,促使实习生的实践性知识全方位发展。每名实习生都有固定的指导教师,同时还能得到地理学科组多位教师的指导。一生多师,每名指导教师各有侧重,实习生可以开阔思路,取不同教师所长。

(2) 活动丰富:在实习不同阶段布置不同任务。

举办多种类型的活动来锻炼实习生的综合素养,包括读书笔记,模拟试教,撰写命题文章,参与校本课程建设,编写公众号推送文章,参加各种校、区级教学研讨活动,策划实施实习生综合展示活动,等等。

民立中学作为完全中学,为每名实习生安排了初、高中的贯通实习。实习生既有机会去高中实战,也有机会到初中展示,这也为实习生就业提供了很多便利。

实习生还会参与民立中学的校级活动。如学工学农期间举办的全年级大型地理知识竞赛,就是由实习生独立策划、协调组织完成的,主持人也是实习生。实习生反响很好,中学生也非常欢迎。实习结束前的综合展示交流活动,实习生不仅上课、说课,进行自我展示,还协调、参与各项辅助活动。

(3) 精磨细雕:打磨每一次实习教课。

实习生每次教课,都要先经过多位指导教师综合指导,反复试教才能上讲台。这既是对实习生负责,也是对学生负责。实习生每个"作品"都是精品,培养了认真负责的态度。

(4) 因材施导:发挥实习生的特长。

实习生个性不同,能力各异,而指导教师总能找到实习生最闪光的地方,因势利导,发挥其特长,使其获得成就感,爱上教育。

2. 发展实习生实践性知识模型

根据民立中学的实习指导特色,将指导方式与实践性知识发展联系起来构建模型(如图 2)。

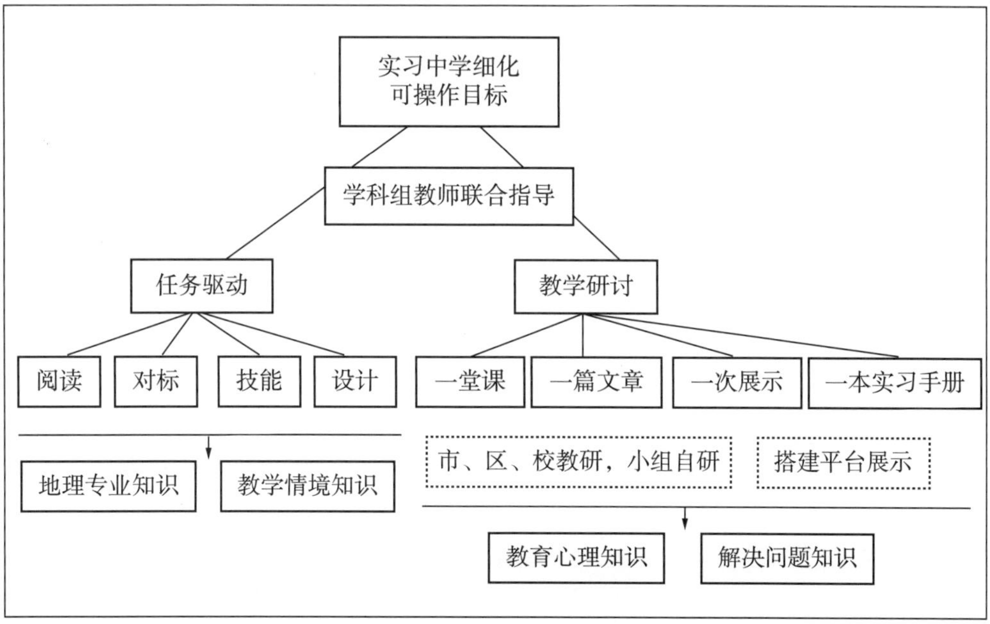

图 2 基于实习生实践性知识发展的教育实习指导模型

（四）关于高校教师和中学教师合作管理的问题

高校师范生在高校学习阶段，确定实习目标，通过模拟授课等环节训练基本功；在中学实习阶段，本着“素养和技能双提升”的原则，就实践性知识开展全方位训练。

高校指导教师确定实习目标，加强和中学的对接，依据中学的特殊情况，在允许的范围内协调目标内容。中学教师参与观课、评课，尤其要充分利用实习展示课的活动，为低年级师范生做好示范，利用展示课的“精品打造课”开展研习活动。

（五）推广的限制及解决措施

调查发现，该实习指导模式的推广会受到一定限制。不少实习学校主要由指导教师安排实习生的实习活动，学校或学科组层面的介入较少。指导教师动力不足，也就无法进一步深化指导方案。

要解决这些问题，高校层面应积极引导，加大经费投入，与中学指导教师在专业发展等领域互动。如高校请指导教师参加课题研究，提供一些面向他们的报告等，使指导教师带教后获益更多。高校还可以向实习基地提供一些指导建议，促使基地在学校层面制订更加科学有效的指导方案。

民立中学的实践研究提供了初任教师专业发展培养路径的中学经验，高校也要在学生基本素养提升以及理论支撑方面提供更好的保障。

民立中学地理师范生“3Q”培养模式的实践

姚伟国

（上海市民立中学）

地理师范生教育实习是地理教师教育课程的重要组成部分，是地理教师培养的必要环节，是地理师范生了解中学实际、运用所学专业知识和教育学科知识、培养独立从事教育教学工作能力的重要环节。习近平总书记提出了做当代好老师的四个标准——有理想信念、有道德情操、有扎实学识、有仁爱之心，并且强调“广大教师必须率先垂范、以身作则，引导和帮助学生把握好人生方向，特别是引导和帮助青少年学生扣好人生的第一粒扣子”。

长期以来，民立中学地理师范生的实习指导既不是模仿型——抱住不放，也不是助手型——撒手不管，而是选择“3Q”模式，正是围绕这一精神来开展的。民立中学引导和指导地理师范生往“四有”教师的方向发展，每一名来民立中学实习的地理实习教师，都能够为“系好教师职业的第一粒扣子”打下良好的基础。

“3Q”模式，是指对地理师范实习生进行“全员”“全景”“全浸”式培养，即“全教员培养”“全图景培养”“全浸润培养”。

一、“全教员培养”

“全教员培养”就是民立中学地理组的全体教师指导、培养来校实习的地理师范生。每一名地理师范生进入民立中学实习后，面对的不是一位指导教师，而是多位。实习生与指导教师不再是一对一的“线性”关系，而是一对多、多对多的“网状”关系。实习生将从不同风格、不同年段、不同资历的指导教师那里获得多样的指导和不同的学习感悟。这样的“Q”——“全教员培养”，具有以下四个特征。

（一）多元性

实习生得到的指导不是单一“信源”，而是多位导师提供的多元“信源”。如民立中学地理组的专家教师可以在“理念和理论”“专题研究”“方向选择”等方面引导实习生，资深中年教师通过“丰富的教学实践经验案例”“个性化的实践操作”等启迪实习生，青年教师则在“信息技术和学科融合”“学生兴趣话题创设”“因境因时地灵活应对”等方面为实习生提供示范，等等。

面对同样的教学主题或话题，教学目标都是创建高效的地理课堂、激发学生主动参与学习，但不同的教师会选用不同的教学设计，设置不同的学习任务，教育着力点不尽相同，采用的教育技术也不一样。“全教员培养”安排实习生参与不同教师的多元课堂，共同研讨、接受指导。实习生接受多元化信息，犹如吃“杂食”，比接受单一的“营养”更有益于“健康”。

（二）选择性

在民立中学实习的师范生，专业基础、地理素养、性格和职业兴趣都各不相同，实习时间又比较短。如何在此期间基于其特点和自身基础，为其制订“合身”的实习计划并落实，提供“接地气”的有针对性的指导呢？“全教员培养”为实习生提供了更多选择机会。如实习生对天文感兴趣，民立中学提供“绘制星座挂图展示”任务，激发其实习热情和智慧；如实习生对社团活动感兴趣，民立中学开放“每周一环保社团”活动，实习生可以参与其中；如实习生执教“岩石”一课，民立中学开放地理室，提供“岩石标本”；等等。实习生的实习效果与是否有更多选择存在极大关联。没有选择或者少有选择，实习生会感到教学乏力，热情难以激发，能力难以提升，智慧难以发挥，势必影响实习目标的实现。

（三）自主性

实习生的自觉性和主动性，首先取决于实习生“实习自主”的多少。“全教员培养”让实习生面对多元的导师和情境，有多样化的选择机会，实习的自主空间增大。这有助于实习生灵活安排实习时间，更有利于实习生发挥自身潜能。如有实习生制作出有“民立地理元素”的微信表情包和个性化U盘等地理文创产品。在实习展示环节，实习生展示了“课堂教学”“活动指导”等多样化的实习成果。如果实习生缺乏自主性，则不会有这样好的实习效果。

（四）人文性

实习生在实习期间受到指导教师的关心，感受到独特的人文氛围。首先，“全教员培养”营造了温馨的集体氛围，建立了指导教师和实习生之间的“网状”关系。人人关心，人人可咨询、请教，一起听课，共同研讨，实习生与指导教师之间的心理藩篱在不知不觉间消失，情感交融，人际关系和谐，优化了实习环境。其次，指导教师团队拥有差异化资源，可以对实习生实施差异化的培训。如实习生在高中听课、授课，可以得到高中教师指导；在初中听课、授课，可以得到初中教师指导。又如，一位导师有事不在学校，师范实习生有“急”问，可以咨询在校的导师。实习生实习效果大大增强，对怎样做教师、做怎样的教师也会有更深的认识，有利于其自身长远的发展。

当然，教学相长，实习生的到来也使指导教师感受到年轻人的朝气、时尚以及与学生的强沟通能力，体会到“互联网原住民”的信息技术素养。“全教员培养”模式也激活了指导教师的活力，丰富了实习学校的文化、资源和活动，并促进了学校地理教育的探索。

二、“全图景培养”

地理教师不仅要上好课，还要知道怎样的课是好课，并说出“道理”，因此实习生在实习期间不仅要提高“地理技能”(地理教育技术)，而且更要提升“地理素养”(地理教育之道)。“全图景培养”对实习生的指导不拘泥于“课堂教学”这一块，还包括理论学习、阅读分享、听评课、活动方案撰写和实施、社团组织与指导、微课题探索、地理课程资源开发和利用等。开放所有资源，以地理课堂教学为核心，对实习生作全方位指导，促进其全面发展，这就是“全图景培养”。它具有以下四个特征。

（一）一致性

“全图景培养”的目标与时代对地理教师的需求一致，与师范生培养目标一致，与高校指导实习的目标一致，其培训节奏和路径也与民立中学地理组活动的开展一致。

学校需要熟悉中学现实情况的合格地理教师，更需要既善教又善说又善研还擅长管理的“全能型”地理教师。高中地理教学难度下降，但知识面、灵活性、生活性增加。双新背景下，教学理念更新、教材使用“创新”，教研主题发生转移，地理教师面临新的挑战。上海初中地理学科出现了“生地跨学科案例”考查，这对地理教师跨学科教研经验、跨学科思维，以及地理资源开发、案例编写、问题创设等专业素质提出了更高的要求。地理教育教学实习不能如鸵鸟将头埋在沙中一般闭门造车，而是要与时代需求同节奏共“命运”。走出高校的师范生应该连通社会，满足当下对地理教育的现实需求。如果能零距离、全方位了解中学地理教师是怎样思考、执教、指导学生、带社团、组织活动的，对师范生更好地胜任初教岗位无疑是大有裨益的。

实习生来到民立中学，首先基于高校情况、自身条件和民立中学地理组教师团队的资源(含活动开展)等，制订实习计划，详列“理论学习”“好书分享”“听课评课”“教案研制”“技术应用”“活动方案制订”“课程资源开发”以及“个人论文撰写对接”等实习任务。计划涉及多个教师素养领域，且各有一定的侧重点和阶段性。另外，对身处实习单位的实习生来说，即使是“理论学习”，也须对接中学实际。

（二）多元性

“全图景培养”涵盖多方面内容，培养路径是多元的，培养要求也是多元和有差异性的。培养内容包括“地图速绘”“课堂教学”“命题思考”“练习汇编”等，培养路径有校内培训、校外培训、校内外联动培训。如某实习生梳理高中等级考模拟试题，以自己的逻辑汇编整理出了一本校本训练册，命名为《能量补给站》；又如某实习生参与策划陕西北路历史文化名街探究活动，校内研发“历史文化名街”课程和研学方案，校外走进历史文化名街体验，最后带领学生开展陕西北路研学活动(如图 1)。

“全图景培养”对实习生的培养，一方面强调多元发展，另一方面因人而异，规划个性化的任务。如某实习生基于毕业论文要求，结合学校的需要，设计了“土壤实验展演站”方案；

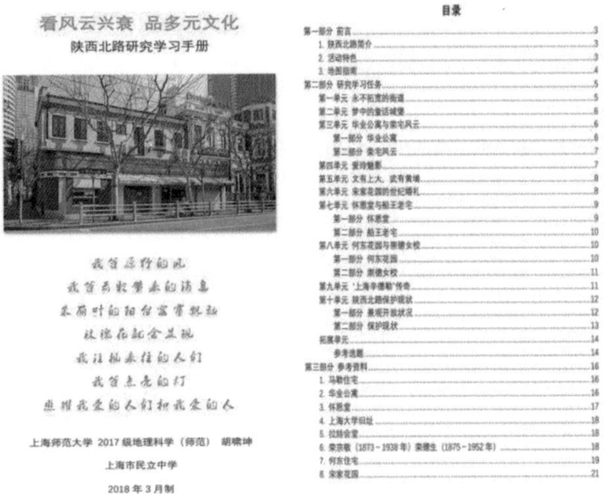

看风云兴衰 品多元文化

陕西北路研究学习手册

上海师范大学 2017 级地理科学（师范） 胡啸坤

上海市民立中学

2018 年 3 月制

目录

第一部分 前言

1. 陕西北路简介

维基百科 Wikipedia

陕西北路，是上海市中心城区一条南北向的道路，横跨静安、普陀两区。该路初建于 1899 年，南起延安中路，与陕西南路相接，北抵苏州河畔的宜昌路。全路由工部局所筑马路西摩路和宁波籍富商李家所筑私人马路李诵清堂路合并而成。该街区自建成以来多为高档住宅区。2013 年 6 月 8 日，陕西北路被评为中国历史文化名街。

1899 年，上海公共租界进行再一次扩界，经由此次扩界以后，公共租界以西原先的农村田舍全都建入租界范围。是年，公共租界工部局开始辟筑租界道路。在此之前，今陕西北路地区已有宁波籍银行家族小港李氏在此定居，并辟筑了两条私家马路，其中一条命名为李诵清堂路，即今陕西北路新闸路以北段。

1905 年，今陕西北路新闸路以南段完工，租界当局以英国将军西摩的名字命名，称之为西摩路。1943 年，汪伪政府收回租界，遂更改租界内道路名称，以示去殖民化，而西摩路随同李诵清堂路一同更名为祁门路。1946 年，上海市政府再度统一全市道路名，以陕西省名来命名祁门路和成都路，原北段即祁门路于是定名为陕西北路。

2. 活动特色

文化景观是城市的一笔精神财富，它们记载了其中人们的故事，承载了城市的历史，是一个城市的积淀。一处处的文化景观如同一个个音符，唱响城市的文化之歌。

静安——上海极富魅力的一个城区。今天，在它成为上海顶级商业区与居住区的代名词时，老上海的文化底蕴同样在这里依旧存在，其中体现得最为淋漓尽致的就是这一区域的经典建筑。2008 年 6 月 14 日，陕西北路静安名人名居文化景观线正式挂牌。2013 年 6 月 8 日，陕西北路被评为中国历史文化名街。有着近百年历史的陕西北路是一条蕴含了上海开埠后中西多元文化交融成果的特色风情街，仅巨鹿路到新闸路近千米的路段，就云集了名人旧居、典型风格建筑、革命遗迹等近 20 处文化景观，其中较具特色的包括：远东地区最大的犹太会堂——西摩会堂，近代外国侨民聚居区——太平花园，"梦幻城堡"——马勒别墅，香港特区首任特首董建华旧居——董家老宅，民国第一家族宋氏家族旧居——宋家老宅，上海基督教可容纳人数最多的教堂之一——怀恩堂等。

漫步陕西路名人文化街，寻找出陕西路名人文化街中的经典建筑，学生可以了解那些在繁华旧景背后的老房子的建筑特点、人文典故、轶闻趣事等。寻找名人名居游可以激发学生了解乡土人文的兴趣，为学生打开文化视野提供生动的平台。

图 1 陕西北路研学活动的学习手册

又如某实习生对户外活动感兴趣，指导教师团队就鼓励其开设了“户外旅游”微课程，取得了理想的效果。

“户外旅游”课程讲授片段

刚才我们看到，有些同学认为旅游和户外旅游是一个意思，为什么呢？因为旅游基本是在户外的，而户外旅游顾名思义也是在户外的。那么户外旅游和旅游究竟有什么区别？

“旅游”从字面上很好理解。“旅”是旅行，外出，即为了实现某一目的而在空间上从甲地到乙地的行进过程；“游”是外出游览、观光、娱乐，即为达到这些目的所做的旅行。二者合起来即旅游。旅游包括六个要素：食、住、行、游、购、娱。首先我们出门在外要吃饭，就是食；需要有休息的地方，就是住；需要有交通工具，就是行；需要到处观赏风光美景，就是游；还会有进商店买一些商品作为旅游纪念等消费行为，就是购；而在旅游过程中发生的一系列令身心愉悦的娱乐项目，就是娱了。

……

有同学可能会问了，旅游这个含义那么宽泛，有没有什么出门在外的活动不算是旅游呢？在当地逗留超过一年以上的，如留学生，或者以赚钱打工为目的停留的，如劳务输出等，就不算在旅游的范畴之内了。

（三）过程性

“全图景培养”着力于实习过程：过程行动、过程体验、过程记录等。实习是引领、指导师范生走进基层学校，熟悉工作场景、内容、状态、责任和任务，与学校互动，与指导教师、学生互动的过程。每一次互动带来的感受是不一样的。实习要达到目标，首先须行动，知行合一，将大学学到的理论知识与一线实际教学结合起来。实习如果只停留在“理论学习”层面，那就难以收获实习效益。

民立中学的指导教师团队调查了实习生的毕业论文课题方向、个人特长、实习愿景等情况，分别为其有序安排实习内容、项目探索、实践安排、时间管理、平台搭建等实习事项；并为实习生搭建展示实习所学的平台，如与上海师范大学环境与地理科学学院联合，组织众多研究生对实习生作观摩、点评，以激励实习生用心、用脑进行实习。

实习的过程还是一个多元体验的过程。实习生要成为“学校见习教师”，须实现角色的多重转换。他们未来在学校是地理学科教师，也可能是班主任、学科活动组织者，又可能是学生微课题的指导者、研修主持人等。民立中学的指导教师团队尽量差异化安排实习事项，以对接学校对教师的需求。在实习过程中，指导、引领实习生体验、经历各项实习项目；在研修、平台交流展示活动中，使不同实习生“辐射”“互补”彼此不同的体验。

实习更是一个专业求索的过程，这个过程中有师师互动，也有师生互动，还有各种信息流的互动、碰撞，组成了一个个实习故事。记录实习过程，尤其是记录这一过程中的思维碰撞等，一方面是对实习的总结反思和提炼，另一方面是一份珍贵的专业成长案例，预示实习生今后的职业历程。而这份过程记录是在导师团的指导下和实习生自主的反省中完成的，其实质也是实习生专业成长的过程。

“山西洪涝”一课教学的成长故事

“山西洪涝”一课从教学设计到教学实施，经历了多次改动(见表1～表3)，每次改动都给我带来了不少反思，使我受益匪浅。

表1　第一版教学设计

设计	修改意见
根据教材中不同的洪水类型，选取了四个案例，依次介绍河南暴雨洪水、贵州六盘水市山洪、新疆沙漠中的融雪洪水、黑龙江冰凌洪水。在介绍洪水类型时，加入对洪水成因的分析，总结得出影响洪水的不同因素。再根据课本中的活动“探究长江中游洪灾频发”，利用网上的地图资源，讨论探究原因。最后再介绍一下城市内涝	姚老师与田老师的改进意见： ① 选择最新的例子，例如把河南暴雨改为近期发生的山西暴雨 ② 在“探究长江中游洪灾频发”的活动中，可以用“图层叠加”的方式来引导学生完成成因分析

表2　第二版教学设计

设计	修改意见
① 把河南暴雨洪水改成了山西暴雨洪水，把介绍贵州六盘水市山洪改成讨论山西发生山洪的可能性 ② 利用 ArcGIS 软件制作了《中国气候类型图》《中国分层设色地形图》《中国人口图》《中国GDP图》《长江局部流域图》等专题地图，把流域图改为半透明，实现在其他专题地图上叠加的效果，即在课堂无计算机的情况下，实现了 GIS 软件中图层叠加的效果 ③ 增加了地理信息技术融合教学。例如，对比不同年份的武汉市遥感影像图，引导学生得出人为因素对涝灾产生的影响	民立中学地理教研组老师的改进意见： ① 选取的例子太多，主线不清；教学内容太多，重点不突出 ② 没有利用新教材中的资源 基于上述意见，我与周学姐合作，只选取山西暴雨作为情境，采用问题式教学，融入地理信息技术，完成“洪涝”一课新的教学设计

表 3　第三版教学设计

设计
主要作了如下改动： ① 以山西洪涝作为情境，分为三个教学环节：识山西洪涝、析山西洪涝、治山西洪涝 ② 制作教学过程流程图，凸显重点 ③ 根据课标，删减、增加教学内容。例如：把四种洪水类型在课前以微课的形式完成教学，在课中只用判断山西洪水属于哪种洪水类型即可。课标对于“自然灾害”知识点的要求是：“运用资料，说明常见自然灾害的成因，了解避灾、防灾的措施。”所以教师要给予足够的资料，支撑学生完成学习活动 ④ 利用 WebGIS 中的洪水模拟分析，直观展示地形对洪涝的影响。地理信息技术主要用于材料单和课件中专题地图的制作

（四）持久性

对实习生来说，“全图景培养”的实习效益是持久的，既能满足当下的“应聘需求”，又能影响未来的发展。一是面向未来所需知识、教学技能，二是学以致用、知行合一以及成果可视化，三是种下享受学科探索、持续创新地理教育和优化生活的种子。

民立中学指导教师团队通过三个策略来达到这一目标。

一是微任务驱动，向实习生提出微任务，驱动其主动学习、实践。例如：听别人课提出优化其中一个教学环节的思考(如从制造冲突驱动学习的视角出发)，设计一项“活”的作业(如地球日活动设计)，创新梳理经典试题，以跨学科视角看热点问题，等等。这些微任务成为实习生的挑战，使其离开“师范生惯性跑道”，面对一些新的实际问题，在真实场景中，代入角色完成可实践、可反馈、可验证效果的任务，后续再优化。这样的微任务容易完成，实习生容易获得成就感。而且，由于任务单一，实习生可以独立思考完成，为培养独立观察、分析现实问题并表达的能力打下基础，更重要的是有助于树立“任务分解、小步快走”的工作意识，应对未来快节奏的校园工作状态。

二是培育生活地理理念。上海二期课改提出贴近生活的地理教学理念，新课标又强调在真实情境中解决问题。民立中学地理组教师已较早对此进行探索并有了一定的成果。如一位教师著有《生活地理新视角》一书，比较全面地阐述了中学生喜爱的生活地理知识；地理组与华东师大联手开展以“基于生活地理培育未来公民的实践研究”为主题的地理学科德育实践探索；地理组的研究课题“新课程背景下生活地理的课程资源开发和利用的研究”获得上海市科研成果一等奖。地理组还一直探索生活地理的混合教学。实习生进入民立中学实习，在如此深厚的基础上，聚焦生活地理教学实践研究，还参加学农劳动，在乡土环境中开展对三农和乡村资源的观察和调查活动，体验探索地理之趣，并形成了微成果。实习生在实习的各个环节都能接触生活地理，体会到学生的学习感受，这为其未来专业发展带来了持久动力。

三是后续扶助协同。实习生实习结束不是“全图景培养”的句号，而是逗号、顿号。民立中学的指导教师依据实习生专业发展的需求和学校发展的需要，让实习生加入教学探索，一起听课、评课；为实习生提供研修活动，使其自主参与教学实践，如跨学科案例编写、长三角生态文明论坛、混合教学、地理公众号运营、地球日活动等，还有公益讲座、命题研究、“生活地理，崇静贤远”活动等。实习生获得了持续的指导，这种长期的联系也反哺了指导教师团队，促使其思考在师范生走向职初教师的衔接过程中，怎样通过实习更好地帮助师范生。

三、“全浸润培养”

实习生以主人翁角色融入民立中学地理教研组，实现共营、共情、共生。

共营，指实习生在学习、教研等实践过程中与指导教师共同经营，推进彼此的专业发展。“因才施策”是共营的基本准则，依据不同实习生的特点，完善实习目标，给予不同的项目。实习生通过互动、浸润、共营，逐步达到目标。如一名实习生不善表现，只是埋头钻研，教研组就让他参与创设地理教室“星座展览”项目。这名实习生自己琢磨，与指导教师探讨，并积极投入了大量时间和精力，最终完成了项目。在实习汇报时，他表现得从容淡定，散发出自信、专业的光彩。而民立中学也多了一道美丽的“星座”风景线和一则地理故事，因共营而增光添彩。

共情，就是教育实习中，实习生与实习学校以及教师、学生深度交流，在浸润中形成师生情、生生情、校园情。教研组视实习生为一分子，基于实习生的意愿，提供实习生不一样的实习机会，如跨区研修、跨区上课、野外考察和学农跟岗指导等。如实习生乐同学等参与民立中学的学农活动，指导学生识别野生植物，组织开展“地理知识竞赛”，最后参与学生联欢，献出歌声，赢得满堂彩。实习结束后，乐同学就成为民立中学地理教师队伍的新成员。

共生，就是实习生在实习中与指导教师共同生成新的体验和感悟。实习生通过实习获得的体验、认知，不是简单的学习进步，而是如登台阶般的提升。如李同学等四改土壤教学设计稿，自行采购多种土壤，在课堂教学时指导学生捏泥巴，生动演绎了学生为课堂主体的理念，实习团队共同达成了“情境教学”“问题驱动”的认知；施同学等与指导教师一起设计“一带一路”课，并为中国、德国学生共同执教，通过中德生活地理对比、丝路风景贴标签、中德商品往来对照等活动，活跃课堂，促进中德学生的生生互动。实习生则通过这堂课的设计和实施，对“国际课堂教学设计”的规则、方法和使用的教具等，获得了新的“国际理解”。

协同奋进，师生共成长

高立洋

（上海市民立中学）

民立中学对实习生的指导工作已成系统，从学科教学到班主任工作，实习生都会一一体验并接受指导。在所有的实习内容中，分量最重的当数实习汇报。每年民立中学会选拔实习生代表开设公开课，并邀请全体实习生来观摩。这既是实习生个人风采的展示，也是民立中学实习指导工作成果的展示。本文就以两名实习生的实习经历和实习汇报为例，展示民立中学对实习生指导工作的成果。

一、因势利导——追求精益求精

有一名实习生给人最初的印象是个子不高，说话声音有点轻，和高中学生没有太大的区别。笔者认为她需要多历练，争取到实习结束时能较好地控班，就为她多安排了一些和学生接触的任务。这名实习生总能细致认真地完成任务，得到了学生的认可。她的实习汇报教学设计选择了当年的时事热点——山西暴雨洪灾作为情境案例，结合课程标准进行了大量的情报检索工作，找到了与洪灾成因、对策相关的权威材料加入教学内容，并设计了学生活动。这一教学设计文本令指导教师相当满意，她由此赢得了展示汇报的机会。为了使这节课上得更好，指导教师团队一起对她进行了指导。

她的这节课虽然教学素材非常丰富也很合适，但是过多的素材使得整节课太过紧凑，学生缺少深入思考的机会，整节课的效果也就打了折扣。同时教学内容之间的逻辑关联不是很紧密，学生在学习了山西洪灾的相关内容后也难以形成对洪灾的系统认识。

针对以上问题，指导教师建议她梳理洪灾知识点的逻辑，并依据逻辑精选案例素材，深挖山西洪灾的情境素材，帮助学生学习后总结出分析洪灾的一般思路，从而达到举一反三的效果。同时，为了让学生有更丰富的学习体验，指导教师建议她通过问题设计制造认知冲突，引导学生在解决认知冲突的过程中深入分析洪灾问题，从而更好地落实对学生地理核心素养的培养。

虽然改进的内容不少，但是这名实习生总能高效地完成修改并向指导教师汇报。看到她的课不断地修改完善，指导教师也都很有成就感。后期她还引入了新地图来演示洪灾的影响，为这节课注入了地理信息技术的元素。经过不断修改，指导教师对这节课越来越有信心，但是对她的课堂表现力还是有点担心，于是建议她对这节课作详案设计，并酝酿好情绪。

最后的上课效果如预料的那样精彩，这既得益于这名实习生在教学设计上的精心准备，也得益于她对教学语言的良好把握。她通过抑扬顿挫的语调和巧妙设计的问题，带领学生全神贯注地对山西洪灾进行探究学习。这节课得到了学生和听课教师的一致肯定。她认真努力、攻坚克难的精神也深深地鼓励了笔者。

二、因材施教——激发潜能释放

有一些不善言辞的实习生，往往缺乏争取交流展示机会的热情。指导教师须更加细心地关注和引导他们，最关键的是要帮助他们树立实习的信心。

有一名比较腼腆的实习生，平时较少主动地与学生和指导教师交流，总是埋头看电脑做自己的事情。这样的表现引起了指导教师团队的注意，如果一直这样下去，他的实习效果肯定大打折扣。为了帮助他改变现状，笔者决定先了解他的特点，安排合适的实习内容，帮助他尽快找到努力的方向。

针对他埋头看电脑的习惯，笔者开始关注他的电脑操作，并与实习伙伴交流他的信息，发现他电脑软硬件知识非常丰富，经常尝试使用不同的软件并改装电脑，他在电脑世界中是一位强者。虽然当前信息技术能力是教师的必备能力之一，但是地理教师也要有合适的教学内容作为载体，才能用信息技术更好地服务教学，而他不善交流的状态使其难以在教学中发挥信息技术优势。

指导教师团队对此进行了研讨，依据民立中学情境教育的特色，计划让他在教学环境营造中发挥自己的优势。当时民立中学正改造地理教室，除了引进先进的地理信息技术设备和软件以外，还要合理布置地理教室的环境，就在教室墙壁上布置了与地质年代相关的手绘墙画，但是顶部还没有设计。对于地理学而言，培养学生仰望星空的习惯是非常必要的，所以学校计划用星座图装扮地理教室顶部。这需要详细的星座图打印方案与原图，只有具备过硬的信息技术能力才能完成，于是指导教师团队把这项任务交给了这名实习生。

刚接到任务时，他比较迷茫，但是眼神中已透出一丝激动。随后他马上开口问去哪里找星座的图案，听到他发问，指导教师立刻明白这个任务对他来说是有效的。指导教师并没有直接告诉他答案，而是提出了做好这件事需要注意的流程：首先是量好地理教室顶部的尺寸，并确定挂图的方法；然后学习星座的相关知识，明确星座的数量、出现的时间、位置等信息；接着确定每幅星座图的制作尺寸和挂放的位置。等以上这些问题考虑清楚后，再考虑去哪里找星座图，以及选择什么形式的星座图。

领到这项任务后，他就像变了一个人似的，离开了电脑，往返于地理教室和地理组办公室，不断沟通具体的设计细节。随后他与指导教师团队确定了用可伸缩挂钩挂放星座图的方案，这样不仅操作方便而且美观。完成星座知识的学习之后，他恍然大悟：原来全天 88 个星座并不是同时出现的，不同的星座有规律地更替，有些星座可能会重复出现，所以并不需要制作 88 幅星座图，这样会导致重复印制，也会压缩星座图的尺寸。基于此，他与指导教师团队一起科学地设计了星图的制作方案，对重复出现的星图作图例标注，从而减少重复印制。确定了这些信息后，商定了合适的制作尺寸，接下来就是寻找星图了。

寻找星图的工作是最具挑战性的，需要权威的、高清的、无水印的星座图，但是在网络上很难找到合适的图源。不过这项挑战激起了他的热情，他发挥信息技术特长，作了大量的尝试，在排除了众多网站图源后，找到了模拟星空类软件。但是这类软件多是安装在手机上的，生成的星座图片像素不高，打印效果不够好。随后他又寻找尝试了大量的模拟星空类软件，终于找到了适用电脑端的软件，并利用自己家配置较高的电脑得到了星座图，随后再为不同的星座图添加图例，以方便观察。

星座图终于完成了，没有这名实习生的信息技术特长，这项工作是很难完成的。这项任务也带给他很大的信心。在之后的实习中，他变得更加主动积极，还经常与指导教师分享他的电脑知识。

最后，他的星图作品在实习汇报中得到了一致的好评，他对星图制作过程的自信介绍更是让大家刮目相看，巨大的转变让指导教师都感到十分欣慰。

快乐忙碌的职初体验

——地理实习生成长记

乐声浩

（上海市民立中学）

2018年，我与宋玥、王宝玉两名同学一起回到了我的母校——上海市民立中学，开始了短暂但又充实的实习生活。作为实习老师进入母校的第一天，民立中学地理组的指导教师就与我们一起召开了一次会议。会议不仅明确了我们要完成的“硬性指标”，即对职初教师的基本要求，还为我们的成长和发展提出了阶段性、分层的目标。正是这些任务驱动我们有的放矢地实习，探寻属于自己的教师之路。

在短短三个月的实习生活中，我们参与了大大小小近20场市、区、校级教研活动，开展了数十场论坛活动，收获良多。简单来说，我们的成长可以分为三个方面：学习、初试和成果。

一、学习成长，润物无声

在学习方面，我阅读了民立中学地理组姚伟国老师主编的《生活地理新视角》一书，为之后的情境教学打开了新的天地。地理新课标提出“要求学生学习贴近生活的地理”，这代表地理学科在中学的教学思路应该是紧贴生活实际的，但是由于高考的压力，地理学科在中学的教学一定程度上成了应试的“象牙塔”。《生活地理新视角》展示了许多现实生活中的例子，让读者可以从生活的点滴小事中发现地理的美。

在进行了专业系统的地理专业知识学习之后，我看世界的角度自然而然地发生了变化。有人开玩笑说：“不要和学地理的一起出去旅游，因为无论什么景色他们都会从地理的角度进行分析，一点情趣也没有。”这句话虽然是玩笑，但道出了学地理前后观察世界的角度变化。生活中处处都是地理，但如何将生活中典型、常见的现象灵活有效地运用到课堂里，是地理教师须学习并努力解决的。《生活地理新视角》一书列举了从衣食住行到工商渔农，大大小小20多个方面的事例，处处透着地理的美，为教师提供了一个课堂教学进步的阶梯，为教学内容的充实和完善提供了很好的帮助。通过这本书，教师更能理解地理学科对学生社会性发展的价值。

另外，多级、多层次的教研活动，多次课标研修和试卷研修，都让我们受益匪浅。

二、职初体验，雏凤初鸣

在实习过程中，民立中学也给予我们很多展示机会。从试卷编写，到新闻地理命题；从生活情景的运用，到馆校活动策划，我们在一次次的任务中不断成长，不断进步。例如在试卷命题和时事地理的运用中，提出了自己独特的思考。

（一）试卷命题

热点事件和地区仍是高频考点

从迪士尼、全球变暖到雄安新区和习近平主席走访过的芬兰，这些社会热点变成了试卷上的一个个考点，其分值占到20%左右。虽然题目被戴上了“时事热点”的帽子，但实则考查同学们知识迁移的能力和运用知识解决实际问题的地理实践能力（如青藏高原灾后重建问题、白洋淀的开发与保护）。这既凸显上海乡土特色，也有利于落实“生活中的地理”“学习有用的地理”的新课改理念，也符合官方公布的试卷分析——“热点，让地理活起来”。从这两年等级考综合题的内容来看，每道综合分析题的分值为 20 分。前两道题一般主要考查地域分异规律、自然资源与自然灾害这两大知识点。区域开发、全球环境变化问题一般合并出现。第三道综合分析题以区域地理为基础来反映全球问题。在综合分析题中，大趋势是将自然地理和人文地理的考点融入拓展教材，将两者有机结合。

（二）时事地理运用

在地理教学中适当地补充一些时事材料是时代的要求。时刻关注地理领域的新发现、新动向以及国际、国内政治经济方面有关地理的新材料，有计划、有目的地运用好地理时事信息，对提高课堂教学效果、配合地理高考复习、开展素质教育都有着重要的作用。

总之，时事热点材料在高中地理教学中的运用，不仅有利于学生学习地理知识，也培养了学生理论联系实际的能力，提高了学生独立思考能力，对学生兴趣爱好、成绩、能力，甚至价值观都有重要的积极影响。

在教育实习过程中，民立中学的指导教师团队给了我们大量命题训练的机会，并与我们就命题内容作深入研讨，使我们对教学内容有了更加深刻的理解，在教学时更能有的放矢。

三、静待花开，成果初现

三个月实习过去了，我们的成果非常丰富：从文创产品——个性化卡片 U 盘的定制，到“吾遥地理”微信公众号文章的撰写（如图 1）；从《解码地理》校本教材的编写（如图 2），到“人文节”的“探寻上海味道”活动的策划，再到实习纪念册的形成（如图 3）……每一项成果都体现出我们在实习过程中的成长。

图 1

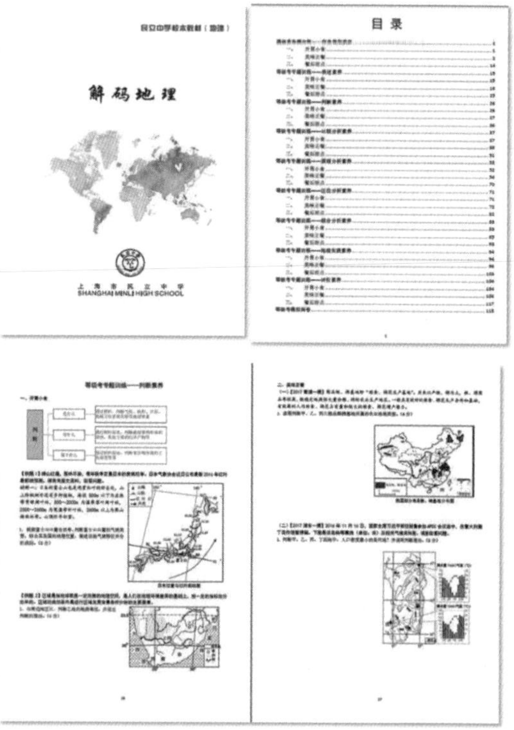

图 2

图 3

（一）“探寻上海味道”活动策划

民立中学有个传统的“人文节”，指导教师提出策划一个“探寻上海味道”的活动。我们选择了学校附近的张园。我就出生在张园里弄，于是理所当然成了探寻张园上海味道的“导游”。

1882 年，无锡富商张叔和建了一座私家园林，取名“张氏味莼园”，简称“张园”。1885 年 4 月 17 日，张园开始对外开放，成为上海当时最大的公共活动场所，被誉为“海上第一名园”。

历史上，上海很多个“第一”诞生在张园，如第一辆自行车、第一个室外照相馆均在此登场亮相。张园还是革命志士的重要活动地，孙中山、黄兴、宋教仁、章太炎等都曾在此发表演讲。

在多次探访张园后，我们为学生设计了三条主要的探寻线路。虽然没有进行大范围的实践，但是我们的收获仍然很大。

（二）“宝玉”成长的故事

王宝玉试教“岩石和矿物”一课，从教案准备到上课有近一个月的时间。他在这期间对教案作精细打磨，并在指导教师姚老师的建议和指导下，作了多次修改。

在导入案例环节，王宝玉搜集了很多相关资料，最后确定将中国天眼（FAST）的选址作为导入的素材。因为其选址因素与特殊的地貌和岩石性质有关，在课前做导入案例能够引发学生思考，顺利过渡到本节课的学习内容。但这一课的进行过程并不像他想象的那么顺利，学生们分组后非常活跃，课堂也变得难以把控，影响了教学进程。

姚老师在课后点评，强调了三个方面：一是对教学知识结构的灵活把握，二是课堂生态，三是板书。教学首先要结合生活和时事，特别是地理，极其注重时效性和创新性。对所讲知识要反复琢磨，自己充分掌握。其次要有大局观，灵活把握课堂进度，与学生构成有机整体。所谓课堂生态就是这节课整体的学习氛围，是积极高效还是沉闷低效，要看教师是否有能力去构建和创造。学生是课堂的主体，但教师是重要的参与者和引导者。

姚老师还着重强调了板书的重要性，因为板书能较长时间留在黑板上，而且板书的内容也是本节课的重点，这样方便学生加深记忆，提高学习效率。

经过教学实习，王宝玉对自己有了更进一步的认识，逐渐成长为一名成熟的地理老师。

四、结语

现如今，我已经进入民立中学，成为一名青年地理教师，并担任了来民立中学实习的师范生的指导教师。王宝玉、宋玥也都成了中学地理教师，王宝玉还运营着一个关注生活中时事的公众号，宋玥则带领学校的社团取得了市级杰出成果。我在指导新的师范生时，都会把这些实习的故事娓娓道来。相信这段实习岁月，也将在他们的职业生涯中留下难以忘怀的一页。

○师范生培养新模式篇○

中学德育实践

——师范生教育见习途径探索

从我国教师教育的基本状况来看，组织开展和落实师范生教育实践是新时代教师培养的必要环节，也是保障培养质量的关键措施。加强师范生教育实践，明确任务、规范过程、加强保障，增强师范生的社会责任感、创新精神和实践能力，着力培养高素质专业化的“四有”好教师，是深化教师教育改革、全面提升教师培养质量的重要任务，也是推动实践就业一体化、促进高校师范毕业生就业的迫切需要。

班级管理实践是构建全方位的教育实践内容体系的重要组成部分，是教育实习的重要内容。师范生可以通过“德育与班主任工作”等相关课程、优秀班主任的经验分享等学习德育经验与知识，但是如何结合理论与实践，提高育德能力，从而为教育实习做好准备，则是教育见习环节需要依托大学和中学支持、通过形式创新着力解决的问题。本篇主要介绍 UGS（大学、政府、中小幼学校）实践课题“中学德育实践：师范生教育见习途径探索”的研究背景、研究的关键问题和方法、实践研究的结论与建议等，希望在 UGS 框架下为相关问题的解决提供一些帮助。文章作者分别为该课题负责人和参与研究的中学思政课一线教师。

双向互动，重在成效

——探索中学德育实践中师范生教育见习的有效途径

刘建良

（上海师范大学马克思主义学院）

一、研究缘起

党的十八大首次提出“立德树人是教育的根本任务”，党的十九大进一步提出，要“落实立德树人根本任务”，党的十九届四中全会再次强调完善立德树人体制机制，并提出了具体要求。教师是落实立德树人根本任务的主体，教师的育德意识、育德能力关系到立德树人任务的落实。综上所述，在师范生的培养中，要进一步增强其育德意识、提高其育德能力。

师范生育德能力和育德意识的培养，一方面落实于课堂教学中，如通过“德育与班主任工作”等课程来实现；另一方面落实于教育实践中，如教育实习包含班主任工作实习的内容。《中共中央　国务院关于全面深化新时代教师队伍建设改革的意见》提出了师范生教育实践不少于半年的要求，强调了师范生培养中教育实践的重要性。在师范专业建设中，教育实践已经形成了比较完整的体系，该体系包括教育见习、教育实习、教育研习三个阶段。在这三个阶段的实践教学中，教育见习的形式往往是一线学校的考察和课堂的教学观摩活动。教育实习虽然也会包含班主任工作实习的内容，但主要还是聚焦于教学能力的提升，师范生的班主任工作实践仍有所不足。

同时，从育德能力和育德意识来看，理论学习可以帮助师范生树立德育为先的理念，了解中学德育原理与方法，掌握班级组织与建设的工作规律和基本方法，但更重要的是实践。因为只有通过班主任工作实践，师范生才能了解中学生身心发展的规律，才能把习得的理论用于组织和指导班级德育和心理健康教育工作，才能理解思想政治教育的育人价值，才能充分认识中学思想政治课在中学德育中的主渠道作用。也只有通过班主任工作实践，师范生才能提高协调能力，懂得在科学的理论指导下育人，反过来进一步加强理论学习。

课题组由此出发，在UGS的理念框架下，探索在教育见习中拓展形式，依托中学资源优势，开展中学德育实践活动，意在让师范生通过班主任工作的实践体验，提高育德意识和育德能力；同时基于合作双赢的考虑，探索通过师范生德育实践指导工作提升中学教师的专业素养、实现其自身的专业发展，从而提高教育质量。

二、文献综述

（一）现有研究的主要内容

有关文献表明，近年来，我国对师范生教育见习的研究主要探讨了见习时间和内容安排、指导教师、基地、模式、评价体系等方面。对这些文献作梳理和总结，有助于对现有研究形成整体了解，为后续研究以及教育见习改革实践提供指导。

1. 关于见习时间和内容安排的研究

对于见习时间的安排，有研究者提出应避开中小学学生考试，可采取两学年见习制。对于见习内容的安排，有研究者提出可以有目的地进行一些教育教学专题调查、社会实践调查，引导师范生深入了解基础教育实际，学会在真实的教育实境中调查研究，促使他们通过调查，多了解基础教育改革动态及办学中存在的问题，探索教学改革。

2. 关于见习指导教师的研究

见习指导教师主要分为大学指导教师和见习学校指导教师两类。大学指导教师应当具有较高的理论素养和组织管理水平，要有奉献精神，应正确认识教育见习，提高指导见习的自觉性，掌握见习规律，以科学方法指导教育见习。见习学校指导教师应为师范生提供充分的指导。教育见习应充分相信、调动、利用好中小学指导教师的积极性与指导能力。他们长期在基础教育的第一线，见习指导更具体、更切合实际，对未接触教学实践的师范生来说尤其重要。

3. 关于见习基地的研究

见习基地一般有两种：一种是师范院校的附属学校；另一种是相关院校根据自身情况，选择若干所中小学，作为见习基地。对于该选择什么样的中小学作为见习基地，研究者的意见趋于一致，认为基地应具备以下条件：教育思想端正，能全面贯彻党的教育方针；具有良好的校风和教学秩序；领导、师资力量强；办学条件好；有完善的教育管理制度；重视教育见习，指导工作认真，学校具有一定规模；交通方便，能解决见习师生的食宿等问题。同时，研究者还提出，见习会给中小学的正常教育秩序和教学管理带来麻烦，所以大学也要给予优惠和帮助，使中小学乐于接受见习生，从而实现基地共建。

4. 关于教育见习评价体系的研究

针对当前见习评价体系存在的问题，有研究者提出新评价体系的改革思路：重视基本素质、突出综合能力，与基础教育改革紧密结合，注重评价的发展功能，促进教师专业的可持续发展；丰富评价主体，使评价"以人为本"；依据教学工作、班主任工作、教育调查三方面的内容，设计出新的评价体系。有研究者则依据见习评价体系构建的三大原则——注重素质、突出能力，既要从实际出发，又要从严要求，评价结果的有效度——以层次分析法为指导，制定出教育见习的三级评价体系。

（二）现有研究的不足

现有的研究为教育见习的改革提供了理论指导，也推动了改革的实践，一定程度上促进了见习质量的提高，为后续研究的开展提供了理论基础，但尚存在一些不足，主要体现在以下几个方面：

1. 对国内教育见习的研究视野比较狭窄

大部分文章都提到了见习时间和内容安排存在的问题，并作了研究。这一方面说明这些问题在当前教育见习中普遍存在，另一方面说明这一领域的研究缺乏新意，须从新的角度、运用新的方法进行研究。

2. 对国内教育见习的研究缺乏系统性

对教育见习的研究主要集中于某个具体方面，提出了一些改进措施。研究都是从不同切入点切入，角度较分散，缺乏系统性。应进行较系统的研究，以协调好各方面，发挥整体优势，促进见习质量的提高。

3. 对外国教育见习的研究存在局限

对外国教育见习的研究主要局限在对见习模式、内容、时间安排等方面的研究，缺乏关于见习的保障和管理措施、见习各环节的要求和考核、见习场所的安排、对师范生的指导和评价等方面的研究。

三、研究关键问题和研究内容

教育部《关于实施卓越教师培养计划 2.0 的意见》提出："着力提高实践教学质量。设置数量充足、内容丰富的实践课程，建立健全贯穿培养全程的实践教学体系，确保实践教学前后衔接、阶梯递进，实践教学与理论教学有机结合、相互促进。"

要提高实践教学质量，就必须做好教育见习、教育实习和教育研习工作。思想政治教育专业作为传统师范专业，主要培养中小学思想政治学科教师、中小学团队干部等，历来重视师范生实践能力的培养，在教育见习、实习、研习等环节积累了一定的经验。本研究旨在系统总结思想政治教育专业在教育见习环节与中学合作开展的中学德育实践活动，对其目的、内容、价值及存在的问题做系统的梳理，形成比较完整的可复制的实施方案，并针对存在的问题提出切实可行的解决办法，以期为师范专业的实践教学提供一些可供借鉴的经验。

上海师范大学思想政治教育专业自 1997 年开始，根据专业培养目标在大学三年级开设了"中小学德育实践课"特色课程。随着该课程的推进，先后建立了田林二中、中国中学、西南位育中学、樱花中学、紫竹园中学等德育实践基地。自本科生全部迁往奉贤校区后，上海师范大学附属第四中学就成为该课程唯一的德育实践基地，连续 4 年接收并指导上海师范大学思想政治教育专业本科生进行中学德育实践，总计 160 人次，建立了稳定的指导教师队伍。

本研究的主要工作和内容如下：

一是在中学德育实践课程建设经验的基础上，立足于教育见习的模式创新和师范生育德意识、育德能力的培养，在教育见习、教育实习和教育研习一体化的框架下，探索教育见习的新途径、新形式；在教育见习中承载班主任工作的相关内容，确定班主任工作见习在教育见习中的目标和定位；注重体验性和实践性，加强师范院校与中学的合作，以中学德育实践课程的形式落实教育见习创新，讨论其可能性和可行性。

二是广泛征询中学教师及参与实践的师范生的意见和建议，在教育见习的内容设置和课程要求框架下，优化德育实践活动方案设计，明确德育实践活动的具体任务指标，由师生共同执行。针对师范生的特点和培养目标，梳理德育实践内容，要求师范生在中学指导教师的指导下，协助班主任组织一次主题班会活动；在班主任指导下做一次主题讲座（与班主任商量决定主题）；协助班主任组织一次文体活动；联系 1～2 个学生作为重点交流对象，学习与学生沟通的技能；协助班主任处理班级的日常事务；随班听课两次，了解中学日常教学情况；进行一次微型教育调查（可以根据中学需要选题），完成调查报告；完成一份中学德育实践报告，包括过程、体会、收获与思考。

三是基于 UGS 的理念和要求，通过实证调查等形式，构建中学德育实践的运行机制，考察中学德育实践对师范生育德意识、育德能力提升的影响或者价值，对中学德育活动的意义，对中学指导教师专业发展的意义等。基于上述调查研究，对作为教育见习重要形式的中学德育实践课程如何在 UGS 框架下充分挖掘中学的相应资源、主动对接课程目标要求，提出改进意见和建议。

四、研究发现

（一）中学德育实践对师范生的育德意识、育德能力提升有积极影响

由于研究时间等的客观限制，研究从“职业情感”视角出发，调研对象主要为上海师范大学思想政治教育专业曾参加过中学德育实践的毕业生，调查问卷以职业认同感、敬业感、爱生感和乐业感等维度设计而成。根据调查数据分析，完成了《中学德育实践对师范生职业情感培育的有效性探究——以上海师范大学思想政治教育专业为例》的调查报告。

调查发现，中学德育实践对师范生的“职业情感”培养总体上有积极的正向作用。师范生参加中学德育实践后，对教师职业的认同感、敬业感、爱生感和乐业感等都有了较大提高，多数人能够体会到职业的乐趣，理解职业的要求，同时能够反思自己的知识结构、专业能力提升。在中学德育实践中，师范生第一次有机会以教师角色持续地投入具体的教育活动，了解和体验一线教师的日常教学活动和班主任工作，对教师职业有了进一步的理解。调查结果表明，师范生在中学德育实践活动中普遍具有较高的探究意识，体现了较为显著的敬业感培育效果。在职业认同感方面，绝大多数的师范生在中学德育实践后，认为从事教育工作可以实现自己的个人价值，并逐步产生了成为一名教师的愿望。

（二）中学德育实践活动对中学德育工作的开展以及中学生的健康成长具有积极意义

师范生在中学开展德育实践活动，在提高自身育德意识、育德能力的同时，对中学生的成长和发展也同样具有积极意义。师范生与中学生年龄差别不大，拥有一定的共同语言，又有比较丰富的高中学习经验。在中学德育实践活动中，他们可以以自身成长发展作案例激励中学生，可以为中学生的学业提供可借鉴的经验，可以以朋辈角色帮助中学生解决一些成长中的烦恼，可以帮助中学生拓展知识视野，可以对中学生的职业规划提出建议，等等。当然，这些作用的发挥，需要大学与中学指导教师加强合作，为师范生的德育实践做好准备工作和指导工作。这些工作可以概括为“三导”：“一导”是用好师范生自身的资源，避免教育“表皮化”。“二导”是多角度挖掘德育实践活动，做到主题系列化，避免单调重复。“三导”是转变师范生的身份观念，避免负能量输入。

（三）中学德育实践课程在UGS框架下应基于课程目标充分挖掘中学德育资源，进一步优化课程内容、改进课程实施

在大学与中学合作开展师范生人才培养的过程中，应考虑大学人才培养的目标要求和课程实施的实际需要，同时也要立足中学实际，充分依托、积极挖掘中学资源，形成育人合力。以中学德育实践为例，主要是师范生参与中学的德育工作，获得德育体验、积累德育经验。首先，师范生在参与中学德育实践之前，要理论为重，学习先行——系统学习教育理论，感悟教育真谛；树立正确育人观念，为践行“五育并举”的德育要求做好充分准备。其次，师范生要基于中学校情，用好中学课程资源，创新德育形式，丰富德育内涵，并以此为基础优化中学德育实践课程的内容和任务设置。最后，还应该充分考虑中学德育实践的课程特点、实施要求，加强大学与中学指导教师的合作，注重过程性评价和评价增值理念的落实，科学合理地评价德育实践中师范生的表现，调动其参与课程的积极性。

中学德育实践对师范生职业情感培育的有效性研究

——以上海师范大学思想政治教育专业为例

刘建良[1]，林炎[2]

（1. 上海师范大学马克思主义学院；2. 上海市市八初级中学）

一、研究与调查说明

中学德育实践是由上海师范大学马克思主义学院与所属区域内附属中学合作开展的师范生实践活动，其目的是帮助师范生体验普通中学的教学和管理情况，了解中学班主任的日常工作和学科教学的基本情况，提高育德意识和育德能力，进而使师范生在职前初步培养积极的职业情感、良好的职业道德及职业素养，促进专业发展。

为了解中学德育实践课程教学目标的完成情况，研究以职业情感为主题，对近几届参加实践的毕业生进行调查，并对调查结果作分析，得出结论，进而发现问题，提出改进建议。

师范生作为未来教师队伍的后备力量，其职业情感可以理解为师范生对教师职业的情感。职业情感具有较强的主观性，每个人的实际工作情况不同，产生的职业情感也不同。根据相关研究，具有积极职业情感的教师对其职业的认识程度较高，能清楚地认识到教师职业立德树人的价值，能做到敬业、爱生、乐业，将自己的个人价值与教师工作紧密联系在一起，从而发挥潜力，终身学习，终生奋斗。而产生消极的职业体验的教师不认可、不理解教师职业的价值，只是将工作作为自己谋生的手段，不利于激发其自身的创造性，面对每天单调、机械的工作就较容易产生职业倦怠，甚至会导致师德问题的发生，这对教师队伍的专业化发展及我国教育事业发展都有不利的影响。由此可见，教师产生怎样的职业情感，主要看教师个人的某方面需要是否得到满足。若其需要在工作中得到满足，则会产生积极的内心体验，进而产生积极的思想观念并通过行为表现出来，反之则不然。因此，教师职业情感也是教师职业素养和职业道德的重要组成部分。而这并非一朝一夕就能形成，往往需要经历一个从低级到高级的发展过程，即教师只有在教师职业中得到了良好的体验，形成对职业的正确认识，才能敬业、爱生、乐业，保持职业热情和创造力，逐渐从一名普通教师向专家型教师转变。因此，教师职业情感也具有一定的渐进性、稳定性。

研究采用问卷调查的方式,调查问卷从职业认同感、敬业感、爱生感和乐业感等维度设计而成。问卷共设 20 题,19 道选择题,1 道开放题。为了得到最真实的反馈,问卷在线上平台发放,并在问卷题目上尽量做到通俗易懂、言简意赅。最终共发出 105 份,回收 105 份,回收率 100%,其中有效问卷 105 份,问卷有效率 100%。

二、调研数据分析与结论

(一) 调查数据的统计与分析

1. 师范生在参加中学德育实践前的从教意愿

师范生在选择就读师范专业的原因时,选高考调剂、家人期望等"其他原因"的占比将近 39%。在参加中学德育实践前,大部分师范生对教师职业价值表示认同,但仍有将近 13%的师范生对教师职业价值不了解或不太认同;16.19%的师范生对成为教师有十分清晰的职业规划,超半数的师范生有成为教师的打算,超过 30%的师范生未思考其职业规划或没有成为教师的打算。另外,大部分师范生愿意构建和谐的师生关系,但有 20%的师范生不清楚如何与学生进行交流。

2. 参加中学德育实践后对师范生职业情感培育的影响

(1) 师范生职业认同感的培育

数据显示,在参加中学德育实践后,18.1%的师范生非常认可教师的职业价值,另有 60.95%的师范生也对教师职业价值与个人生命价值的密切联系表示肯定,但仍有 18.1%的师范生不能清楚认识教师职业的价值,而 2.86%的师范生未能从实践活动中初步获得职业认同感。另外,大部分师范生坚定了想要成为一名中学教师的目标,但仍有 10.3%的师范生不清楚是否要成为教师,另有 2.85%的师范生没有想要做一名中学教师的意向。

(2) 师范生敬业感的培育

师范生在参加中学德育实践期间及结束后,敬业感的表现较为出色。首先,九成的师范生认可教师需要在职业生涯中不断提升自己的专业水平,仅有 8.57%的师范生对教师发展问题的理解较为模糊。其次,绝大部分师范生在实践过程中经常反思自己对教师职业的认识和在班主任工作实践中存在的问题,18.1%的师范生表示偶尔会反思自己的不足,仅有两名师范生反映在实践中很少或从未反思过自己的不足。

(3) 师范生爱生感的培育

在参加中学德育实践后,有 78 名师范生表示自己变得更加喜欢与学生交流;有 27 名师范生对与学生交流持有一般的态度,占总调查人数的 25.71%;没有师范生不愿意与学生接触。另外,关于师范生在活动期间及活动结束后对师生关系构建的主动性,调查结果表明:25.71%的师范生在学生遇到困难时非常主动地伸出援手,超过半数的师范生在学生遇到困难时会给予援助,但还有 15.24%的师范生对与学生构建关系缺乏主动性,没有师范生不愿意帮助学生。

（4）师范生乐业感的培育

被问及在参加中学德育实践后是否能感受到教师职业的乐趣时，绝大多数的师范生表示体会到了教师职业的乐趣，另有19.05%的师范生表示体会不多，仅有1名师范生未能感受到教师职业的乐趣。此外，大部分师范生十分愿意将教师职业介绍给其他人，并能感受到自豪，但仍有24.76%的师范生对介绍教师职业给他人缺乏积极的态度，有1名师范生表示不愿意将教师职业作为职业选择推荐给他人。

3. 中学德育实践课程的实施情况

关于在中学德育实践开展前是否有进行相关动员或培训，大部分师范生表示学院和中学详细说明了实践活动的目的、任务等，但有13.52%的学生表示，学院和中学仅说明基本要求。这表明活动前的动员还不充分，不利于师范生在实践前明确活动的目的，也不利于其尽快适应教师角色并在实践过程中有目的地培养自身的职业情感。

在中学德育实践的指导方面，68.1%的师范生表示高校指导教师经常与自己交流，15.81%的师范生表示偶尔交流，还有师范生表示高校指导教师很少或从来没有与自己或自己所在的小组进行沟通交流。另外，师范生与中学指导教师的交流频率较高校指导教师更高。90.15%的师范生可以经常与中学指导教师取得联系，获得相应指导，5.13%的师范生偶尔能得到中学指导教师的指导。

在中学德育实践结束后，大部分师范生对中学德育实践的整体活动安排持满意态度，但还有17.62%的师范生持一般态度。这表明中学德育实践还有一定的改进空间。主要问题在于中学德育实践的时间不够充裕，考核方式缺少多样化和针对性，大学与中学指导教师的具体业务指导能力还可以提高，等等。对此，师范生提出建议：一是希望在实践过程中与指导教师的交流更加密切、频繁。这要求高校与中学的指导教师开展交流，使其对活动有全面的认识，从而提高师范生的实践效率。二是从大二学习开始就开展类似实践，增加师范生德育实践的工作内容和学习时间。三是针对德育实践活动存在形式化的问题，应该丰富德育实践的形式。四是改进活动考核方式，如增加小组成员互评、经验分享、主题探讨会和沙龙等形式，帮助师范生积累经验，更好地成长。

（二）调查结论

1. 通过参与中学德育实践活动，师范生职业情感培育的整体情况良好

良好的职业认同感是教师职业情感的基础，也是保证教师爱岗敬业的前提。在中学德育实践过程中，师范生第一次以教师角色投入具体教育活动，积累了单纯靠理论学习无法掌握的德育工作经验，并通过承担班主任在日常教学活动中的工作，对教师职业有了进一步的了解。绝大多数的师范生认为从事教育工作可以实现自己的个人价值，并逐步产生了成为一名教师的想法并作出规划。而那些出于家人期望、高考调剂等因素选择就读师范专业的，多数也自发选择成为一名教师。这说明中学德育实践有利于帮助师范生坚定专业理想，实现从师范生向教师的角色转变。

2. 部分师范生处理师生关系的积极性不高

教师不仅要在课堂上运用情感，有声有色地教学，更要在教育教学中主动与学生交流，

构建良好的师生关系。师爱是教师职业情感的核心,也是教育事业取得成功的保障。然而,虽然在参加中学德育实践前大部分师范生有意愿与学生交流,但在参加中学德育实践活动后,小部分师范生表现出与学生交流不够积极,并且有意愿弱化的倾向。由此可见,中学德育实践对师范生爱生感培育的效果尚不明显,这不利于师范生在未来走上教师岗位后以爱化人、以情育人,成为一名有温度的人民教师。

3. 乐业感培育效果还有待提高

教师乐业感的产生基于职业认同感、敬业感及爱生感的形成。只有具备乐业感的教师才能对职业充满热情,有动力去克服工作上的苦难,将身心奉献给教育事业,在不断创新中实现自我提升。因此,具备乐业感的教师几乎不会产生职业倦怠感。然而,部分师范生未能从实践活动及后续工作中感受到教师职业的乐趣。这可能会造成师范生在未来成为教师后,由于烦琐的教育工作及生活压力产生对职业消极的态度,减少工作的信心和热情。

三、对策建议

根据调查中发现的问题,结合中学德育实践经验以及对中学指导教师的访谈结果,提出以下对策建议:

(一)高等师范院校应该注重加强师范生的职业意识培养,帮助其形成教师角色意识,从而以饱满的热情和积极的态度投入教育实践

在教育实践中,师范生能否充分发挥主观能动性对实践效果有着显著影响。若未能在职前就树立对教师职业价值、意义的积极认识,师范生就难以在专业学习中有意识地提升自己的理论和思想道德水平、掌握教师职业素养,在未来工作中可能很难感受到教师职业的成就感,产生职业倦怠。师范生应该在入学之初就树立明确的学习目标,端正自己的择业态度,意识到教师职业虽平凡,但承载着育人的伟大使命,形成对职业的正确认识,尽快将自身有意识地代入教师的角色,制订明确的职业规划,以优秀教师标准为参照,重视在专业学习及实践活动中积累经验,加强自我反思与自我培养,养成从日常学习和工作中发现问题的习惯,在实践中将自己的感性认识逐步转化为理性认识,形成积极的职业情感。

(二)高等师范院校应该高度重视教育实践在师范生培养中的作用,尽可能创新实践形式、增加实践时间

以师范生职业情感为例,它的培育并不是一蹴而就的,而是一个长期、循序渐进的过程。师范生不可能仅仅通过理论学习就养成良好的职业情感,也不可能通过一两次的实践活动就坚定目标,想要成为教师。职业情感的培养须经历认识、实践、反思、认识的循环过程。中学德育实践虽然时间较教育实习早些,但仅利用一个学期中的课余时间,很难让师范生有充足的时间反思自己的实践,深入认识教师职业,产生明显的情感态度变化。高等师范院校应适当延长中学德育实践,并且重新做较为合理的课程安排,让中学德育实践与师范生先前的

实践及理论学习接轨，增强职业情感培育的连续性、系统性。

（三）高等师范院校应该根据教育实践类课程的特点，丰富教育实践考核形式，以科学合理的评价导向提高师范生参与教育实践的积极性

“成长”等于“经验”加上“反思”，这是美国心理学家波斯纳提出的在职教师成长模式。但从职前师范生的培养情况来看，职业情感培育不仅依靠师范生在实践过程中的自主培养、自我反思，还需要一个硬性的考核，检验师范生实践的质量和效果，帮助师范生作反思和总结。而且仅仅在活动结束后提交小结报告显然是不够的，还需要丰富活动考核形式，增加过程性考核。例如，可以要求师范生完成每周实践小结及月度小结，督促师范生自我反思，帮助师范院校了解师范生在实践过程中遇到的问题，及时辅导，促使其改进。也可以在实践期间和结束后开展相应的学生互评、经验交流分享及座谈会等活动，帮助师范生认真、踏实地完成实践的每一项任务，并且总结经验，互相学习，共同进步。

（四）高等师范院校在教育实践中应该加强与中学的合作关系，加强大学和中学指导教师的联系，增强对师范生的针对性指导

教育实践活动是由大学和中学合作开展的，为了保证教育实践的效果，大学应该主动加强与中学的联系，以各种方式保持密切的合作，为师范生的教育实践创造良好条件、营造良好氛围。比如高等师范院校在实践开展前就与对接中学召开教师座谈会、中学教师指导培训会等，让中学指导教师对实践活动的安排、目的和师范生的具体情况有所了解，认识到实践活动对双方都有重要价值，从而建立起互帮互助的合作关系，共同探讨实践活动的最佳方案，给予师范生最切合实际情况的培养与指导，有利于中学德育实践长期、高效地开展，为不同阶段师范生的职业情感培育积累经验、提供保障。

以师范生职业情感为例，师范生只经历一两次实践还不足以积累经验来完美地应对教师教育实践，因此师范生在中学德育实践中必然会遇到一些困难，这就需要指导教师给予及时的指导，帮助其及时反思，从而更好地参与教师工作。而这显然需要大学与中学指导教师的配合才能实现。同时，指导教师在教育实践中还要关注师范生的心理状态，经常沟通谈心。这样不仅可以了解实践活动的开展情况，根据师范生的反馈及时调整方案，而且可以帮助师范生以指导教师为榜样，提高与中学生交流的技巧，从而愿意与学生相处，关心、爱护学生，提升爱生感。高等师范院校也要定期开展大学和中学指导教师的培训活动，让指导教师认识到师范生职业情感培育的重要性，掌握必需的知识与技能，保证其有能力对师范生给予适当的指导。

高等师范院校与中学合作开展的中学德育实践活动对高中生成长的意义探析

田丰娟

（上海师范大学第四附属中学）

高等师范院校的师范生到中学进行教育实践，是积累教育教学经验、提升教育教学能力的重要途径。上海师范大学马克思主义学院思想政治教育专业与上海师范大学第四附属中学长期合作开展师范生中学德育实践活动。在活动过程中，师范生的育德意识、育德能力得到了提升。同时，师范生在实践中参与学校的各项德育活动，也直接影响了高中生的成长和发展。本文归纳中学德育实践对高中生成长的意义，并以此为基础探讨如何改进中学德育实践活动，形成大学和中学的双向育人合力。

一、"过来人"角色对高中生成长的导向意义

大学师范生作为学长学姐式的"过来人"，年龄仅仅比高中生大三四岁，高中生与之相处，和老师相比，不会带来太大的压力，和天天唠叨的家长相比，少产生叛逆和烦躁，以及难以跨越的代沟感。这个独特的群体带给学生不一样的新鲜体验。他们"最近的过去"就是高中生活，相当于高中生的"现在"；他们的"现在"，又是高中生即将迎接并且一心想要到达的"未来"。

这样的角色关系自然会使高中生以"仰视"的目光看待大学师范生。他们希望通过大学师范生了解自己期待的大学生活。作为"过来人"的大学师范生，在某种意义上就是高中生摸着石头过河的那块"石头"，因此大学师范生对高中生学习和生活有着高度的示范作用。对于普遍以考上大学为目标的高中生来说，大学师范生在他们眼中是"成功人士"，是"过来人"，他们很想从这些已经成功的学长学姐身上获得迈进大学之门的秘密，自然形成了"仰从"心理。

同时，大学师范生的经验容易引起高中生的共鸣。他们作为"过来人"，不管是学业还是成长，曾经承受的压力、积累的经验，都能够直指高中生当前面临的困境，击中他们的内心，引起"原来大家都是这样啊"的感受。高中生对大学师范生是"心悦诚服"的，自然而然地接受，而且接受度较高。

从这个意义上说，学长学姐式“过来人”角色使大学师范生对高中生具有天然“导向性”的独特教育价值，是师长之外助力高中生成长的重要的教育补充力量。

二、师范生中学德育实践对高中生成长的意义

大学师范生的中学德育实践课程要求，直接关联高中生的主要有四项活动：主题讲座、主题班会、文体活动、一对一（或一对二）结对活动。既有班级活动，也有与个别学生的深层交流。在这些中学德育实践活动中，大学师范生会针对高中生的“了解欲望”，展示大学生活、回顾高中生活、解答高中学习问题、介绍方法经验等。接地气的分享和交流给高中生带来了以下几方面的影响：

（一）通过成功案例给予精神激励

每一个大学师范生都是一个成功案例，尤其是解决了学习生活中的问题的成功案例，更能赢得普通高中生的关注。普通高中学生的学习问题主要是学习习惯不好、学习偏科严重，而且这些问题往往从小学到高中都伴随着他们，难以改变，甚至在反复“标签”化后连自己都认同了，无力改变。他们虽不想在学习上“三天打鱼两天晒网”，却缺乏坚持的品质，一遇到问题就习惯躺平不作为。他们曾经试图改变，最终因无法冲破桎梏而回到原来的轨道。同时，青春期成长中的问题也会时刻困扰他们。他们内心渴望得到同伴的喜欢、老师和家长的认可，却不善于跟同学交往，不愿向家长和老师吐露心声。他们能够认识到问题并希望得到有效的帮助。

而培养良好学习习惯、成功克服学习问题的案例能给高中生带来精神上的激励和暗示：学长、学姐们可以做到，我也可以。2020 学年的德育实践中，一位师范生分享了自己“从差班生逆袭”的经历：高中时分到差班，得过且过，在一次偶然考试中超常发挥，插班进入了重点班级，随后成绩又骤然下降，最后幡然醒悟，奋力追赶，苦学为乐。她恍惚间记忆过往的表情、真实的照片、清晰罗列的成绩单，使高中生受到了巨大的冲击。他们报以热烈而经久不息的掌声，受到了极大的触动：原来差生并不会一直是差生，差生也会逆袭成功。只要有追赶的动力、追赶的意志，结果就会不一样。这些成功案例并非遥不可及，而是眼前鲜活的榜样，对高中生起到了巨大的暗示和激励作用——从现在开始努力，我也可以！

（二）提供可借鉴的有效学习方法和经验

大学师范生在某一门学科的学习上常有自己独到的方法和经验。他们将这些经验和方法提炼出来，生动地分享给高中生，对处于学习困境中的高中生来说有着极大的吸引力。高中生会将其与自身已有的经验对比，然后判断是否适合自己借鉴，筛选出有用的部分。

在中学德育实践活动中，有的师范生分享自己学习历史的经验，提供了画年代坐标轴来梳理知识点的方法：复习历史大事时标注年代和事件内容，同时标注世界上同年代的国外大事件作比照，清晰而有条理，操作性强，克服了历史学习中容易搞混年代的困难，直指学习问题，给高中生带来了真正有效的学习方法上的帮助。一些数学好的师范生从高中生“上课听

得懂，自己做却做不来”的真实感受出发，以自己当年的学习真实情景为案例，剖析了造成这种感受的原因——自己还没有真正弄懂，缺乏举一反三的能力。高中生听得若有所思、频频点头。随后他们分享攻克这个问题的方法，即收集错题：对同类数学问题反复做比较训练，将做题过程勾连起来，抽象出相同的解题思维。高中生很容易就接受了这些方法。其实数学老师甚至家长也多次强调过类似话语，但高中生并没有真正听进去。而从大学师范生口中说出来，高中生就能听得“顺耳”，并愿意尝试。这些方法就变成了有效的“干货”，给高中生的学习带来实实在在的改变。

（三）呈现相似成长问题的解决范例

根据中学指导教师的要求，大学师范生往往会针对班级中最典型、最普遍的成长问题开展主题班会活动。在活动中，师范生中学德育实践小组成员会结合自身相似经验，或讲述生动的故事，或演出形象的小品，作为一个引子，感染高中生，进而触动他们，使他们代入自己，思考自身成长问题和解决方法。相同的问题当然不一定有相同的原因，大学师范生用自身作为案例呈现，并不是寻求一劳永逸的解决方法，而是给高中生一个解决问题的开端，一个启示。

德育实践中“一对一”或者“一对二”的结对活动，使大学师范生和高中生建立了良好关系。在这种关系中，高中生对大学师范生既心怀仰慕又不感到压力，容易打开话匣子，敞开心门。高中生成长过程中会面临许多的问题，如人际交往困惑、自我同一感的混乱、青春期男女关系、家庭亲子矛盾等，他们更倾向于向大学师范生倾诉。这些学长学姐是“过来人”，无疑也曾面临这些问题，高中生愿意相信他们的经验会成为自己解决这些问题的范例答案。2020 年，一名师范生在得知某学生有很深的亲子矛盾后，对她表达了理解，得到了共鸣，而这是班主任和家长角色无法真正做到的。该高中生是单亲家庭，把妈妈对自己的约束当作是“作”（折腾）自己，认为自己种种不顺心的状况都是妈妈导致的。师范生用自己和家长对抗的亲身经历拉近了与她的距离，打开了她的心防。师范生和她分享了自己过去经历家庭分崩离析的痛苦，告诉她自己转换视角后发现了自己的问题，努力改善关系，最终成功解决了问题。在和师范生深入的交流中，该高中生逐渐从“妈妈对不起我”的固有思维中走了出来，理解了单亲妈妈的不容易，发现了自己对妈妈的深深依恋和抱有过高期待的真相，也发现了自己性格敏感的缺陷，之后在与妈妈的沟通中，改变了一味排斥的态度。

（四）打开风俗文化的不同视界

大学师范生来自全国各地，五六人的德育实践小组中，组员可能来自两三个甚至五六个省（市）。他们本身就是不同风俗文化的“活广告”，为从小生活在上海的高中生打开了不同的视界。风俗文化其实是不同民族、不同地区的人们对于生命的不同体验和感悟，以及信仰和追求。感受不同的风俗文化，会对生命产生不同视角、不同层次的理解，就不会囿于一时一地的文化风俗圈，增加生命的宽度，拥有宽广的视野和胸襟，减少偏执，达到与生命、与社会的和解。这对于“一心只读圣贤书”的高中生来说，尤为重要。

2019 年的德育实践小组六个人恰好都来自西藏。在带班班主任的指导下，他们为实习班级带来了西藏文化大餐。从主题讲座到文体活动，每个人都从一个独特的视角为学生带来了自己心目中的最美西藏。他们展示了丰富的藏族年文化，从各色节日食品、蕴含独特风情的民族服装和装饰、年文化中的各种礼仪、转福避祸的信仰活动，到特产虫草的奇异和采挖方法，让学生大开眼界。在文体活动中，师范生穿着藏族服装为高中生表演了西藏歌舞，高中生也参与进去，亲身体会民族风情。尤其让人难以忘怀的，是每个高中生都获得了自己名字的藏族译文和签名。整个班级就像“神游”去了西藏一次，受到了西藏文化的洗礼，体会了西藏人民对生命的感悟。

（五）开启未来职业规划的思考

受当前社会上“唯分数论英雄”之风影响，高中生很少就“我长大做什么”作认真思考和规划。他们从小到大一直被家长耳提面命：现在努力学习，将来考个好大学，找个好工作，将来过好生活。但什么是“好生活”，却未必有明确的答案。社会上很多人把“高薪酬”当作好生活的标准，却并不考虑工作能否体现个体的价值和意愿。学校把好成绩、好大学当作好学生的标志，社会对学校好坏的评价也多看这些方面。所以，高中生在填写高中毕业表格时，对“兴趣”一栏往往因感到迷茫而不知该怎么填。再深入下去，对擅长什么、想从事什么职业的回答也往往是空白。另外，多数高中生并不能实现“我选学校”的愿望，真实的情况大多为“学校选我”，分数往往决定他们的学习专业和职业去向，所以久而久之，他们对未来职业不敢想、不愿想。

大学生迈入大学校门后，视野逐渐拓宽，从“我要考大学”转向“我要做什么”。所以在大学生活中他们会关注自己的职业需求，由此决定学习方向。在“职业规划”专题德育实践活动的分享环节，师范生往往会追溯自己选择大学专业时的困惑，介绍在大学生活中逐渐明确职业方向的过程，从而启发高中生思考：自己将来想从事什么职业？适合什么职业？如此，高中生便能根据自己的学业情况，理性选择高考的加三学科，为职业选择奠定基础。师范生对各个相关专业的介绍，也让高中生对这些专业的职业发展有了浅层次的大概认知。师范生对自身职业选择的分享实际上是给高中生做了一次职业规划讲座，打破了高中生“职业离我太遥远”的固有想法，触发了他们对职业选择的紧迫感，激发了他们了解大学各专业的欲望。

三、“三导”师范生德育实践，实现高中生成长最大值

在大学师范生中学德育实践活动中，中学带教班主任应该因势利导地指导他们，不能撒手不管。否则不能达到预期的教育效果，甚至会带来不好的影响。

（一）一导：用好大学师范生自身资源，避免教育“表皮化”

在中学德育实践活动中，师范生本身就是最好的教育资源，要发挥出最大价值。不管是主题活动、主题班会，还是文体活动、结对活动，都要注意不要过于理论化，避免空洞，要利用好师范生自身生活、学习的资源宝库。例如，有一届大学师范生在德育实践活动中，为了征服高中生，摆出了自己傲人的高考成绩，并罗列了许多理论，试图表现自己比高中生懂得多，

水平高，但高中生并不买账。除了最初被高分惊艳了一瞬外，对师范生“要想得到这个分数，就必须努力”的论调，他们就十分冷淡了。从小学到高中，高中生对努力这个词早已麻木了。对怎么才算努力、如何努力，他们的认知都是模糊的，甚至在听到这个词时都会愤愤不平：你怎么知道我没有努力。

师范生在挖掘自身资源时，要注意采撷与高中生学习和生活相关的真实问题和经验，避免中学德育实践变成“两张皮”，不能与学生产生真正的互动和共鸣，失去教育效果和意义。对于高中生来说，师范生在学习能力上无疑是具有优势的，但如果师范生总是展示自己的这些优势，只能让高中生“可望而不可即”，他们就会失去兴趣和信心。找到和自身问题相似的话题并获得解决问题的钥匙，是高中生关注师范生的动力。师范生在开展主题活动、主题班会和文体活动时，要从高中生的实际出发，以解决高中生问题、帮助他们成长为目的，自身的资源只是达到教育目的的手段。只有认清这些，师范生才能真正实现中学德育实践的目的，实现高中生和师范生的共同成长。

（二）二导：多角度挖掘，主题系列化，避免单调重复

每一个大学师范生都是一个独特的个体。他们有着自己的生命轨迹，在高中时期会遇到不同的困境，解决这些困境的过程都会留下不同的印象。哪怕是共同的成长问题，每个人的解决方法也不尽相同。如果将这些个人体验追溯挖掘出来，可以形成高中生愿意听、喜欢听的丰富的教育资源库。中学指导教师如果能根据每个大学师范生自身情况，帮助他们从特定角度挖掘，形成系列化的主题活动，可以使高中生获益良多。比如在学习方法上，每个人擅长的学科和方法都是不一样的，一个小组五六人就可以提供不同学科的多种学习方法。如果每一个师范生都提出一个成长问题，那么就会形成青春期恋爱、人际交往、亲子矛盾等多方面问题的解决范例。或者就其中的一个问题，作系列化铺开、深入呈现，避免单调重复，给高中生提供解决问题的多种方案。

目前，对于师范生中学德育实践的研究比较缺乏。中学指导教师应该从中学生学情出发，以新课标改革为契机，尽可能在师范生的中学德育实践活动中开发多样化的形式和内容，既为中学生的成长提供助力，又能够促使大学师范生转变为合格的中学教师。

（三）三导：转变师范生身份观念，避免负能量输入

在大学师范生的德育实践中要注意的一点是：师范生的世界观、价值观并不全然符合教育理念，说白了他们也还是“大孩子”。他们的思想中有比较多需要纠正的东西。如果中学指导教师没有把好关，对主题活动、主题班会、文体活动等不过滤筛选，就会出现不利于中学生的一些负能量的输入。师范生进入中学课堂，就担负着教育任务，身份也相当于“老师”，不文明的行为、不妥当的服饰、不正确的语言，如奇装异服、口吐脏话等，都不应在高中生面前出现。大学师范生身份的特殊性和对高中生的高度示范导向作用，会导致高中生很容易接收这些负面信息，教育出现偏差。中学指导教师应首先提醒师范生他们在中学德育实践活动中的角色定位：当他们来到中学，身份就发生了转变，不再是纯粹的大学生，而是“老师”。不是未来的，而是当下的，一言一行应符合“老师”的身份，时时刻刻记住自己“老师”的

身份。

当然，师范生往往会认为自己是在进行德育实践活动，要自觉带入“老师”身份还有些困难。中学指导教师应以符合教师身份的言行来为师范生作榜样，针对他们的德育实践活动给予诚恳而恰当的点拨，做好过程性的档案袋评价，处理好彼此关系，在充分对话、理解和共享的教育实践过程中，完成对师范生职业情感的培育和职业生命的塑造。

四、结语

总之，从近几年的经验来看，大学师范生在中学德育实践活动中对高中生有独特的导向性教育价值。只要因势利导，既可以对高中生的成长起到积极的促进和推动作用，又可以加强师范生的育德意识，提高其育德能力，为他们今后的专业发展积累经验、打下基础。

“五育”融合视角下中学德育实践课程的改进与完善

刘艳娜

（上海师范大学第四附属中学）

中学德育是落实立德树人这一教育根本任务的重要途径，教师是中学德育工作的实际承担者。在一定程度上，教师德育的水平决定着学校德育工作的实效。作为教师摇篮的师范大学，一定要在全面了解学校德育现状的基础上，有的放矢地培养适应学校德育现状与发展的师范生。笔者所在的上海师范大学第四附属中学近年来承担了上海师范大学思想政治教育专业的德育实践课程，笔者也有幸担任了几年思想政治教育专业师范生的德育带教工作。本文主要结合当前中学德育的现状与我校德育工作特色，对中学德育实践课程的改进与完善做初步探究。

一、我校德育现状与特色

国家的兴衰和每一个中国人的命运连在一起，前几年肆虐全球的新冠肺炎疫情更是让学生明白了这一点。高中学生学习压力较大，普遍存在“重高考分数、轻人格塑造”的倾向，而这种浅层的学习动力明显后劲不足，部分学生因目标不明、动力不足而产生了倦怠心理。只有将个人的小目标和国家的前途命运结合起来，才能意识到今天的拼搏努力，正是在为将来投身祖国的建设积累知识和本领，才能始终保持强烈的求知欲。因此，我校提出了“先成人后成才”的办学理念，并不断推动开展“成才先成人，爱国先爱家”的德育主题教育活动。

2014 年教育部颁发了《完善中华优秀传统文化教育指导纲要》，明确要以弘扬爱国主义精神为核心，从爱国、处世、修身三个层次对学生进行以家国情怀教育、社会关爱教育和人格修养教育为重点的中华优秀传统文化教育，以培育和践行社会主义核心价值观，提出了“开展以正心笃志、崇德弘毅为重点的人格修养教育”“开展以天下兴亡、匹夫有责为重点的家国情怀教育”等中华优秀传统文化教育主要内容。

我校在“十三五”发展规划《弘扬工匠精神，实现特色发展》中提出，秉承“诚・朴・勤・恒”的校训，全面贯彻“历事成人，笃学成才”的办学理念，培养“学养厚、身心健、品性善、思维活、动手强、善规划、乐审美、敢创造”的未来工程师、设计师、教师。通过课程设置、环境布置、文化渗透、活动育人等方式，培育学生品质和人格。

二、中学德育实践改进策略

（一）理论为重，学习先行

针对中学德育中存在的重视智育、轻视德育的“怪象”，应从“源头”抓起，即在师范大学思想政治教育专业课教学过程中，让师范生认识到德育的重要性，彻底转变每一名师范生的教育观念，使其深刻认识到“五育”并举、德育为首的重要内涵。为了让师范生树立正确的育人观念，师范大学思想政治教育专业的课程设置可以从以下几个方面入手：

1. 系统学习教育理论，感悟教育真谛

教育科学是一门系统的理论。为了让思想政治专业的师范生更好地学习德育相关理论，在中学德育实践课程之前，师范院校教师要紧紧围绕思想政治课的教学目标，引导师范生学习系统科学的教育理论。此外，师范院校教师可以推荐师范生阅读教育专著。大部分教育专著都是教育家们结合理论与自身实践所著，具有极强的指导价值。通过学习这些专著，师范生不仅可以熟悉相关理论，更能切实提高解决实际德育问题的能力，从真正意义上转变自身的教育理念。

例如，教育家苏霍姆林斯基以自身教学实际为例，写了 41 本教育专著，包括《给教师的一百条建议》《把整个心灵献给孩子》《和青年校长的谈话》等。又如教育先哲孔子的一些经典文章，以及现代教育家陶行知先生的教育专著等，都值得师范生反复学习。

2. 树立正确的育人观念，践行“五育”并举

青少年时期不仅是学习文化知识的黄金期，更是人生观、世界观和价值观形成的关键期。过分重视智育轻视德育，势必会影响学生的全面发展，甚至培养出“重智轻德”的学生。2019 年 3 月 18 日，习近平总书记在学校思想政治理论课教师座谈会上强调，思想政治理论课是落实立德树人根本任务的关键课程。青少年阶段是人生的“拔节孕穗期”，最需要精心引导和栽培。师范大学思想政治专业的师范生作为未来的德育工作者，更应充分认识到“五育”并举、德育为先的重要性。笔者认为，应该把促进学生全面发展的观念润物无声地渗透到思想政治教育专业各个学科的课堂教学之中。当该专业的师范生树立了促进学生全面发展的观念之后，他们在工作中自然而然就会全面践行“五育”并举、德育为首。

3. 用好中学课程资源，丰富德育实践课程内涵

课堂，是育人的主阵地。中小学丰富的课程设置，对于师范生而言无疑是一个巨大的资源库。笔者要求所带的师范生在实习过程中听两节中学政治或其他学科的课，实际上师范生听的课远远不止两节，也不限于政治课。师范生对中学课程很有兴趣，纷纷表示想要多听几节课。可以考虑在与大学授课不冲突的前提下，让师范生在实习时增加听课时间，如每门学科至少听 1 节课。

（二）基于校情，优化中学德育实践课程

1. 先学后做，上好第一节主题班会课

按照学校要求，笔者从高一年级开始举办“我和我的家乡”贤文化系列主题班会。第一课时，学生通过查阅资料、分组讨论、集体汇报等方式，理解贤文化的内涵。高一上学期的语文课正好涉及“家乡文化生活”这一主题，要求学生搜集资料做访谈，于是笔者与语文老师反复沟通、跨学科共同备课，让学生以贤文化为主题进行探究，形成了访谈、照片、报告等一系列成果。最后举办“我和我的家乡”贤文化主题班会，学生汇报近半个学期以来的收获和感悟。通过跨学科渗透，帮助学生了解家乡、热爱故土，理解“家是最小的国，国是千万个家”的家国情怀，让爱国主义的道德教育在学生心中扎根。这一过程与师范大学思想政治专业师范生实习的时间基本重合，他们有每个小组开设一节主题班会课的任务。最近两年笔者所带师范生开展的班会，主题多为师生商议或学生自选，存在一定的随意性，且师范生仅仅知晓主题教育的理论模式，对于实际操作并不十分了解，仅凭一节主题班会课难以达到较好的实践效果。课程是育人的主阵地，而主题班会课则是道德教育的主阵地，上好主题班会课的重要性是不言而喻的。笔者认为，不妨让师范生前期跟踪参与中学的系列主题教育活动，再接着这一系列设计下一个主题教育活动方案，并接受指导教师的修改指导，这对师范生的成长更有帮助。

2. 我爱我“家”，参与班级环境布置

教室是学生每天学习生活的场所，也是他们的第二个“家”。教室环境的布置会间接影响一个班的班级氛围和学生的情绪状态。师范生在中学的实习时间为一个学期，说长不长，说短不短，要想更好地融入班级这个大家庭，一起参与班级布置是一个不错的“破冰行动”。师范生可以和学生讨论选定班级口号、班歌、班训，并将这些班级的象征贴在教室墙上；还可以选择优秀的学生画作、书法等展示在教室外墙上；在重大活动如国庆文艺汇演、运动会的“高光时刻”，与学生们一起用各项评比的奖状等荣誉装扮班级这个“家”。

3. 家校联动，全面提升育人能力

德育工作具有连续性、系列化的特点。例如，笔者在本班内开展“六个一”感恩主题教育活动，包括召开一次主题班会、举办一次主题团组织活动、筹办一期主题班级板报、写一封给父母的感恩信、周末回家为父母做一件事、期末给父母献一份礼物，培养学生爱家、爱班、爱校的人文情怀，获得了热烈的反响。中学德育实践课程要求师范生每周抽出半天到班级辅助班主任完成德育工作，但没有具体安排。笔者认为，可以安排在每周的班会或年级大会时间，师范生可以指导学生更好地完成班级板报或主题活动。而在此过程中，师范生对中学道德教育的系统性、连贯性有了更清晰的认识，为将来走上德育工作岗位打下坚实的基础。

4. 参与活动，收获丰富多彩

(1) 班级活动

按照学校部署，根据班级实情，班主任通过常规德育工作如“两操”“两会”“寝室纪律”“卫生检查”“一周当家人”“今天我升旗”等，帮助学生养成良好的卫生习惯、学习习惯、生活

习惯。其中,“一周当家人”“今天我升旗”是思想政治专业师范生进行德育实习的难得的“实战”课堂。师范大学可以邀请中学德育负责人为师范生讲解中学系列化的德育活动,也可安排每周半天的实践跟班时间,让师范生亲身体验。

(2) 仪式教育

高一入学教育、高考动员大会、十八岁成人仪式等重要活动都是道德教育的关键环节。“国旗下的讲话”不妨安排师范生和发言学生一对一,帮助学生修改讲话稿;高一入学教育可以增设“学长说”活动,邀请师范生从毕业生的角度作激发学生奋斗动力的演讲;高考动员大会、十八岁成人仪式可以邀请师范生发表现场感言。一方面学生受到更加具体、鲜活的道德教育,另一方面师范生也能获得更加具体和真实的德育工作体验。

(3) 特色活动

我校鼓励学生参加各种学校特色社团活动,如和歌社、织布社,不仅丰富了学生的课余生活,更以此为契机,提高其动手能力,渗透民族认同感。在新冠肺炎疫情严重时,学校的一些传统德育活动,如重走红色之路、文化之旅绍兴行、世界之窗研学活动等一度中止,另开展了一些适应社会情况的实践育人活动,如安排学生轮流饭后擦桌、整理桌椅,“饭前七步洗手法比一比”活动,爱心募捐,“我身边的抗疫故事”大赛等。可以安排师范生参观学习这些特色活动,以进一步熟悉中学德育工作。

5. 全员导师,凝聚德育新合力

我校始终坚持“人人都是德育工作者”的理念,以班主任为骨干,全体教职工共同参与德育工作。按照双向选择模式,为每个学生安排导师,导师为每个学生建立“一生一档案”。笔者认为,师范生也可以在实习的一个学期中参与这项工作,并将其进一步细化。例如,让师范生参与“一生一档案”的工作,从各个视角为学生留下“成长痕迹”,包括学生的“小目标”“高光时刻”“感人语录”等。这项工作具有连贯性与传承性,第二年新的一批师范生加入,在学生分班、升级时及时转交档案。最后可以在高三毕业典礼或十八岁成人仪式上展示一些有代表性的学生档案,或选择优秀的在校内发表等。

(三) 注重过程,细化评价

在中学德育实践课程中,中学的指导教师应对师范生科学合理地作过程性评价,着眼于“过程”和“发展”的价值取向。在学习之前、之中、之后不间断地作过程性评价,不仅有利于评价工作本身,还有利于师范生在学习过程中逐步形成可持续的评价观念,逐步掌握正确的评价方法,为将来作为德育工作者对学生作过程性评价打下坚实的基础,从而促进自己终身学习和发展。

中学德育实践课程的考评方法:总评成绩=小组德育实践总结报告(50%)+个人反思报告(50%)。

具体要求:

1. 以团队合作学习的方式完成德育实践报告,随堂作 PPT 汇报展示

评分标准:(1)政治正确、内容充实、重点突出,特色鲜明(50 分);(2)PPT 符合提交要求,资料翔实,表达流畅(50 分)。满分 100 分,折算成总分的 50%。

2. 个人德育实践总结

评分标准:(1)总结反思的全面性、深刻性(50分);(2)通过反思能够发现问题,提出的改进措施具有针对性、可行性(50分)。总分100分,以50%折算计入总分。

以上考评方法主要是结果性评价,无法考评师范生实践的过程及参与情况。笔者认为可以改进评价制度,建立过程性评价机制。如由中学带教班主任对师范生的各项活动的出勤率、参与度评分,还可以对他们组织的德育主题活动就个人贡献评分。这不仅考查师范生学到了什么,更是对师范生学会学习、学会合作、学会做人进行综合评价。对师范生作多样化的评价,变结果性评价为教育性评价,使评价伴随教学过程,有分项、有综合、有大学教师评分、有中学带教班主任评价,从对结果过分关注逐步转向对过程关注。评价重心逐渐转向师范生参与的过程、实践的过程、努力的过程,关注他们在各个时期的学习状况。

三、结语

作为未来中学教师的摇篮,师范大学应努力培养适合中学德育现状的学生。师范大学思想政治教育专业的中学德育实践课程一定要着眼中学德育现状与校情,充分利用各种有效的教育教学手段,引导师范生切实转变育人观念、掌握德育方法、探寻德育途径,同时完善对师范生的评价机制。总而言之,只有坚持"五育"并举的精神内核,并落实具体措施,才能源源不断地为中学德育工作提供强有力的人才支持。

研究孵化成果

立项课题

2019年上海市奉贤区教育科研一般项目"高中英语第二课堂的创建研究",课题负责人刘艳娜。

发表专著

《中学德育课程实践活动探索》,安徽师范大学出版社2019年出版,刘建良主编。

获得奖项

1. 刘艳娜撰写的《高中英语第二课堂的创建研究》于2020年4月获上海市奉贤区第十二届教育研究成果三等奖。

2. 田丰娟撰写的教案《疫情"大考"得几分——疫情事件的站位思考》于2020年6月获上海市奉贤区"防疫第一课"主题班会教案评选活动二等奖。

3. 田丰娟撰写的《摸准学生成长穴位,按压家校沟通痛点》于2021年6月获上海市奉贤区"新成长理念下的项目化实践"征文评比二等奖。

UGS 协作
开展 STEM 教师教育

——基于 MOOC 混合式教学模式

在国际竞争转化为知识、技能以及创新型人才的竞争之时，STEM（Science 科学、Technology 技术、Engineering 工程、Mathematics 数学）教育受到多国重视。党的十九大强调，创新是引领发展的第一动力，STEM 教育的发展，不仅是满足中国经济社会转型对创新人才的需求的基础，更是中国成为世界强国、实现大国梦想的必要条件。2019 年 11 月，本课题研究团队在中国大学 MOOC（慕课）平台创建了主要面向高校学生和在职中小学教师的 STEM 教师教育课程“科学教育 STEM 项目学习”。上海师范大学科学教育专业和校内通识教育的学生以及社会学习者参与了学习。课程共 32 课时，用于培养学习者 STEM 项目教学的基本能力。2020 年有 19 所院校接受了此课程服务。由此本研究团队开启了 MOOC 教学模式的理论研究与实践探索。目前，MOOC 得到迅速发展，线上学习受到年轻人的追捧。不过，虽然 MOOC 有传统课堂不具备的优点，比如共享优质资源、包容性强、信息化等，但是 MOOC 学习中存在辍学率高、学生自觉性差等问题，导致实际教学效果不佳。美国杜克大学的一项课程调查表明，由于 MOOC 注册程序简单且完全免费，约 30%的学生仅出于好奇去参与在线课程，且课程的参与人数会随时间递减。一门课程，第二堂课的点击量与第一堂课相比下降了约 4000，两周内视频访问量就减少了 75%。MOOC 混合式教学培育 STEM 师资，线上、线下学习的评估机制以及有效教学模式尚未建立。本篇主要介绍 UGS 联合研究实践课题“UGS 协作开展 STEM 教师教育——基于 MOOC 混合式教学模式”的研究背景、研究的主要内容与方法等，并呈现了教学实践研究案例，希望能为相关问题的解决带来一些启迪和帮助。文章作者分别为本课题负责人和共同参与研究的中学教师和教研员。

基于MOOC混合式教学模式，探索UGS协作开展STEM教师教育的新型课程体系

吴畏

（上海师范大学）

一、研究背景

STEM教育是融合科学、技术、工程、数学的跨学科教育，源于美国对理工科人才培养的反思。目前，欧美发达国家均将STEM教育提升至国家战略高度，相继进行教育改革。各国实践证明，高质量的STEM教育是增强国家竞争力、培养创新人才的重要手段，而教师是影响STEM教育质量的关键因素，因此STEM教育实施的重要前提就是培养大量的优秀教师。然而在我国，随着STEM教育在中小学迅速普及，对STEM合格师资以及STEM优质课程资源的巨大需求与严重短缺的矛盾非常突出。探索如何培养符合现实需求的具备STEM课程开发与教育实践能力的人才，已经成为新时代师范院校育人的责任。

MOOC是大规模开放在线课程，是"互联网＋教育"的产物，也是一种在线课程开发模式。它的独特之处在于以连通主义理论和网络化学习的开放教育学为基础。如何在教学中利用MOOC平台，应用在线开放课程资源，构建线上线下相融合的混合式教学模式，成为教育工作者研究的焦点。现阶段，我国STEM教师资源极其匮乏，缺少健全且专业的培养模式。

高等院校课程联盟正通过建立基于网络视频的混合教学模式，实现优质教学资源的广泛共享，推动传统教学向现代化教学转变。大学、政府部门、中小学协作开展基于MOOC混合式教学模式的STEM教师教育，具有一定的现实意义。

二、研究综述

（一）国内研究现状

截至2019年12月2日，以"MOOC"和"传统教学"主题，或"混合式教学"题名进行高级检索，得到文献6124篇，其中2014年138篇，2015年353篇，2016年634篇，2017年987

篇,2018 年 1634 篇。可见,我国对混合式教学的研究在 2014 年到 2019 年呈现上升趋势,且是指数型增长。由此可见,结合传统教学和 MOOC 的混合式教学研究正处在发展期,相关研究还会继续深入。

我国有关 STEM 教育的文献始于 2010 年,2015 年文献数量明显增长,2018 年达到高潮。在知网以“STEM 教师”为主题词进行搜索,能搜到 147 条记录,其中专门研究 STEM 教师培养的仅有 4 篇。

基于 MOOC 的混合式教学相比于传统教学更注重学生的主体性和教师的控制性,为传统课堂的教育资源作补充,取得的教学效果更好。大学、政府部门、中小学协作开展线上教学和线下教学相结合,探索 STEM 教师培养的实践研究显得尤为重要。

1. MOOC 在国内的研究

2012 年被称作中国的 MOOC 元年。目前,MOOC 在我国的主流平台有清华大学学堂在线、爱课程、超星慕课、网易云课堂等。各大高校纷纷加入 MOOC 平台,其中清华大学研究教与学的规律,并成立了相关研究中心。王海明等(2015 年)指出,我国应打造全球化的 MOOC 学习平台,重视实践研究,服务于终身学习的理念,构建系统的 MOOC 服务体系。陈玉琨等(2014 年)指出,MOOC 课堂的设置,已经成为教学形式的又一重大革新。

我国对于 MOOC 的研究自 2013 年开始,起步较晚。2013 年,大部分研究是初探 MOOC 的发展和教学等初步应用。到了 2015 年,从对 MOOC 的单一研究转变为探究基于 MOOC 的翻转课堂。2016 年,主要研究方向为 MOOC 背景下的某门课程在高校中的应用,MOOC 建设中的问题等。2017—2018 年,开始逐步出现对 MOOC 混合式教学的研究,SPOC(Small Private Online Course,小规模在线课程)的应用等。

2. 混合式教学在国内的研究

2003 年,何克抗教授在第七届全球华人计算机教育应用大会上,首次在国内正式倡导“混合式学习”这一理念,拉开了国内研究混合式学习的序幕。自此之后,国内对混合式学习的研究一直在发展。国内文献最早提到混合式教学是在 2005 年。余胜泉等(2005 年)通过分析建构主义下学习环境的要素,构建实施混合式教学的模式,使教育技术和教学紧密融合。

混合式教学利用 MOOC 的优势,可以吸引学生注意力,并提升学生的学习动机和兴趣,它强调学生的自主探究学习和教师在教学过程中作为引导者的作用。尽管混合的方式是多样化的,但混合式教学的最终目的都是通过有机结合线上学习和线下学习两种模式,增强学生的学习效果,促进教学的最优化。

3. 对 STEM 教师相关项目的研究

宋怡等人(2017 年)介绍了 PLTW(Project Lead the Way,项目引路)教师专业发展培训,旨在通过强有力的、灵活的教学支持和持续的专业共同体,为教师创造动态的线上、线下学习经验,激发教学热情,提供互助平台,开展 PLTW 项目实践。高巍、刘瑞(2018 年)提出:我国应加强 STEM 教师培养的顶层设计;实行学生中心的培养模式,提升 STEM 教师的实践技能;构建多元的学业评价体系,保证 STEM 教师的科学化评价;建立持续的指导跟进机制,助力 STEM 教师的专业化发展。

4. 对中小学 STEM 教师现状的研究

马红芹(2015 年)指出:美国 K-12 阶段的 STEM 教师队伍存在数量缺少、流失率高,教师素质不足,在职教师专业发展缺少支持且效果不佳,专业知识不够扎实,跨学科准备不够充分等问题。孙习涵(2017 年)指出,现有的教师无论是专业还是视野都与 STEM 缺乏一定的匹配度,从学校的角度来培养跨学科教师具备一定的可操作性,但同样面临很多制约因素。李春密(2018 年)表示:"学校从实践层面去培养跨学科教师一定会存在短板,需要大学设立一门综合学科来完成这件事情。"

(二)国外研究现状

2002 年,史密斯与艾勒特·马西埃将 E-Learning(数字化学习、网络化学习)的纯技术环境与传统的学习理念相结合,提出 Blended Learning(混合式学习)这一概念。2008 年,加拿大的两位教授基于联通主义的学习理论模型开设了课程"关联主义与联结知识",建立了 MOOC 的雏形。

在美国,STEM 教育是由美国联邦政府自上而下推动的一项国家长期教育战略规划,是一项系统性的工程,而教师是 STEM 教育的直接实施者,关系着 STEM 教育的推进情况与 STEM 人才的培养质量。STEM 教师作为 STEM 教育的重要部分而备受关注。在 Springer 外文资源库中输入"STEM Teacher"搜索,可以搜到 60 745 条记录。

通过文献检索,发现国外教育研究者对混合式教学模式的研究,已由提出混合式教学概念、普遍研究过渡到应用阶段。他们越来越趋向于将 MOOC 作为一种工具化的学习方式,强调在混合式教学模式中发挥 MOOC 平台的交互作用。在此背景下,研究 STEM 教师教育又多了一种新模式——基于 MOOC 的混合式教学。

1. MOOC 在国外的研究

目前,国外 MOOC 三大平台分别是 Udacity、Coursera、Edx,其课程内容的侧重点有所不同。Udacity 主要提供计算机和理工科类的课程,Coursera 是一个营利性平台,Edx 是非营利性平台。

斯基巴(Skiba)2012 年提出,MOOC 能够使整个世界更加聚焦,就像 Udacity 创建者提到的,MOOC 给了非传统学习者一些学习的机会,即使有上千名学生在听课,学生也能有真切的一对一的学习体验。

以 MOOC 为关键词在百度学术上搜索英文学术文献,截止到 2019 年 12 月 2 日,获得了 29 200 条结果。从检索的文章来源看出,MOOC 的研究主题范围比较广泛,但大多集中在 MOOC 的设计和融合、开发和技术等方面,也有对 MOOC 的评价方式的研究。由此说明,MOOC 在国外的研究现在也比较热门,且有一定的深度。

2. 混合式教学在国外的研究

邦克(Curtis J. Bonk)等人 2009 年指出,混合式教学是在信息时代,伴随教学经验的不断积累和教学方式的逐步变革而产生的,它将传统面授教学与网络在线学习有机结合起来,形成自主学习和教授学习相融合的教学模式。

英美等国家混合式教学起步较早，重视程度较高，自2007年以来，每年都会召开一次混合式教学法的国际会议。据统计，在美国有大约80%的高校开设了混合式课程，71%的教师采用了混合式教学。

加里森(Garrison)2004年提出，混合式教学是传统课堂教育与网络在线学习的有效融合。这种融合看似简单，却需要精心的设计和灵活的应用，是一种可复杂化的简单。

3. 对STEM教师共同体的研究

2011年，张晓东(X. D. Zhang)、弗雷希特林(J. Frechtling)和麦金纳尼(J. McInerney)选取了8个数学和科学合作项目(Math and Science Partnership, MSP)作个案研究，探究大学教师的参与数量、参与频率、参与强度、参与广度对参与该项目的中小学教师及学生学业成绩的影响。研究发现，中小学STEM教师和大学STEM教师都从中受益匪浅，学生学业成绩也得到了提高。富尔顿(K. Fulton)和布里顿(T. Britton)通过梳理和分析各种研究报告指出，STEM学习小组对STEM教师及其教学有着积极的影响。STEM专业学习共同体促进了教师更为广泛地参与到STEM教学的讨论之中，使他们对STEM知识理解得更为透彻，对STEM教学也准备得更加充分，更得心应手，能够使用各种研究方法进行有效教学，更加关注学生的推理和理解，采用更多元化的模式让学生参与问题的解决。

4. 对技术强化STEM教师培养、培训的研究

格里夫·琼斯(Griff Jones)等人2016年研究了一个STEM尖端移动式支持平台，它能给予教师及时和定制的指导，解决中小学科技、工程、数学等新教师专业发展问题。玛丽娜·米尔纳-博洛廷(Marina Milner-Bolotin)2015年对技术强化未来STEM教师教育进行了研究，验证了技术融入职前教师教学有助于实现21世纪教学目标。职前教师也应该有充分的机会分别从学生和教师的角度来体验这些技术。邓肯·西蒙斯(Duncan Symons)等人研究了支持职前教师STEM教育专业学习社区建设的移动技术。在该研究中，来自墨尔本大学教育研究院的学者与其他学者合作，为职前教师开设了一门选修课。职前教师通过使用"Padlet"(一种容易获得的基于网络的应用程序)来观察和响应彼此的教学，提供实时反馈。每节课结束后，学生得到相关数据和提示，以促进反思性讨论。通过使用这个工具，职前教师的批判性协作能力得到了培育。

从国外STEM教师的研究成果看，技术已经融入了在职与职前STEM教师培养，如移动技术、网络平台等。但是STEM教育的综合方法，以及STEM课程教学开发、综合和实施，遇到了许多障碍与挑战。

三、研究内容与重难点分析

（一）研究内容

本研究将立足于中国大学MOOC课程"科学教育STEM项目学习"，采用混合式教学方法探索高等师范院校STEM人才培养模式，依托UGS协同创新教育实践基地，充分发挥

师范院校教师教育特色优势，构建“校内基于 MOOC 的理论学习与教学设计指导、校外 UGS 实践基地应用与教学实践研究”的新型 STEM 课程体系，锤炼师范生“学之会用、用而能教”的实践能力，使其完成由知到行的能力转化。

1. STEM 教育现状调研及 STEM 视域下科学教育专业的困境与出路分析

调研对象为中小学科学或科技教师。采用问卷调查法，通过不同的问卷对上海市 STEM 教育现状作调研分析，以了解当下 STEM 师资情况，并反思和探讨高等师范院校科学教育专业课程体系的设置，以期使科学教育专业成为合格 STEM 教师的输出口。

2. 对基于 MOOC 混合式教学模式的研究

通过阅读大量国内外文献，了解 MOOC 混合式教学理论与实践，明确其起源和现状，为本课题打下理论基础。

3. 基于 MOOC 混合式教学模式实施情况的调研

采用问卷调查法，对 MOOC 混合式教学模式的现状、普及度、接受度进行调研，了解如今 MOOC 混合式教学模式的线上和线下实施情况，反思和改进线上和线下的教学模式，以期为 STEM 教师教育找到最优模式，从而为本课题的实践研究打好基础。

4. 对国外 STEM 教师职前培养经验以及优秀项目的梳理

通过阅读大量国内外文献，了解国外 STEM 教师培养的情况，吸取优秀经验，为科学教育专业 STEM 课程体系的进一步建设提供参考。

5. 新型 STEM 课程体系的构建

促使师范人才培养从单纯的“学、教”走向“学之能用、用而能教”的新范式，使师范生完成由知到行的能力转化，强化师范生实践能力的培养，构建“校内理论和实践教学指导、校外 UGS 教育实习基地实践应用”的新型 STEM 课程体系。

（二）研究重点

基于中国大学 MOOC 课程“科学教育 STEM 项目学习”，采用混合式教学模式进行线上和线下 STEM 教师教育，构建“校内理论与实践指导、校外 UGS 实践基地应用”的新型 STEM 课程体系。

（三）研究难点

探索适用于我国 STEM 教师培养的 UGS 协同创新教育模式。预计需要突破的难题：

1. 由政府、大学、中小学协作开展，UGS 多方合作机制尚未明确，没有示范项目引领。

2. 基于 MOOC 混合式教学培育 STEM 教师，线上、线下学习的评估机制以及有效教学模式尚未建立。

3. STEM 教师极其缺乏，缺少知行合一的培养模式。

4. 缺乏关于 STEM 课程标准的研究，课程标准与评估机制尚未建立。

5. STEM 教育师资队伍问题严峻，数量缺口大，现有师资整体水平不高。

6. STEM教师素质不足；在职教师专业发展缺少支持且效果不佳；专业知识不够扎实，跨学科准备不够充分。

7. STEM教师教育课程体系初步建立，尚未形成完整的系统性方案。

四、研究思路与方法设计

（一）基本思路

1. 现状研究

近年来，STEM教育逐渐成为我国教育研究的热点。STEM是一种以项目学习、问题解决为导向的课程组织方式，它将科学、技术、工程、数学有机地融为一体，研究者普遍认为基于项目的学习是开展STEM教育的有效实施方式。我国的教育政策也支持推广STEM教育。2017年，教育部颁布了《义务教育小学科学课程标准》，倡导跨学科学习方式；2018年，教育部颁布了《普通高中课程方案和语文等各学科课程标准(2017年版)》，STEM教育出现在多个相关学科课程标准中。目前，STEM教育已被深圳、上海、江苏、浙江等地区列入地方教育重点工作。很多学校将STEM教育渗透入国家课程的实施过程中，或引进、自主开发STEM校本课程。社会机构也成为推动STEM教育发展的重要力量。但STEM教育仍面临着许多挑战，如缺少融入学校课程体系的整体设计，师资队伍不足，实际育人效果有待提升等。

2. 理论研究

通过阅读大量国内外文献，梳理国外STEM教师职前培养经验以及优秀项目，了解基于MOOC混合式教学模式的理论与实践，为UGS协作开展基于MOOC混合式教学模式的STEM教师教育课程的开发和探索作参考。

3. 课程构建与案例开发

以课题组成员为主，组建一支STEM课程开发团队，由政府、大学、中小学协作开展，制定新型课程体系与评价标准；参考国外优秀案例，结合国内中小学STEM教育现状，开发本土化的基于活动、问题、项目的STEM教学案例。

4. 教学实践研究

以课题组成员为主，组建一支强有力的STEM教师培养的研究团队，以上海师范大学师范生为主要对象，开展基于MOOC混合式教学模式下的STEM教师教育实践研究。研究流程如下：

(1) 首先介绍STEM教育的概念、理论、发展过程、开展意义、教学方法等，使师范生掌握STEM教育教学相关的理论知识，对STEM教师教育有一个清晰正确的理解。

(2) 为不同教学活动提供理论和实践性的分析框架。采用MOOC混合式教学模式，使师范生在中国大学MOOC“科学教育STEM项目学习”基础上进行线上学习；采用传统的课堂教学、实验教学等形式，使师范生开展线下讨论与实训。如，师范生线上对大学生创新创业训练计划项目金奖案例作教学法剖析，学习STEM课程开发的基本方法；线下接受“参与式”专业发展培训，进行精选案例的教学设计实操。

(3) 让师范生分组尝试自主开发教学案例。

(4) 由政府、大学、中小学协作开展 MOOC 混合式教学，师范生进入中小学开展 STEM 授课实践，大学和中小学基地学校指导教师进入课堂，观摩指导。

(5) 教学实践结束后，对中小学师生开展访谈调研，了解 STEM 课程实施效果。引导师范生对教学过程作反思，分析 STEM 教育的关键问题，如 STEM 课程标准以及学业评价标准。构建知行合一的 STEM 教师教育新型课程体系，探索培养中小学合格 STEM 教师的教育模式。

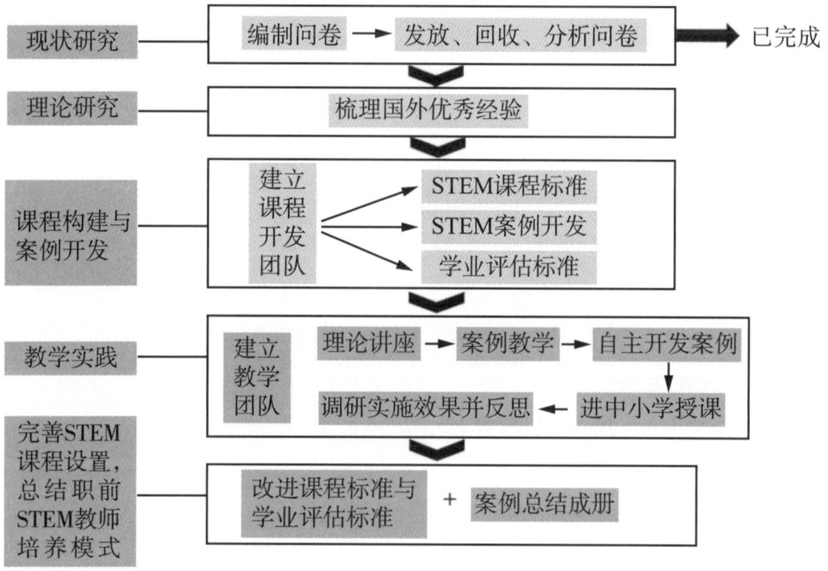

图 1　研究流程

（二）研究方法

本项目采用线上理论学习和线下实操训练相结合、教学设计与教学实践相结合的方式，开展多角度、多平台的研究，促进 STEM 项目学习的普及和推广。

1. 前期准备阶段

设计调查问卷，调查国内中小学 STEM 教育现状和相关政策，以及学生感兴趣的科学问题，为后续开发 STEM 课程作参考。

2. 课程开发阶段

采用“STEM 课程开发”与“STEM 科学教育视频制作”双线并行的方式，将两者有机结合，开发适合不同年龄段学生的 STEM 课程。对 STEM 教学所需的科学知识、活动材料、评价标准、教学建议作设计，以便后续开展实际教学。

3. 实际教学阶段

在中小学的拓展课进行 STEM 教学。录制教学视频并收集学生和老师的反馈意见，不断完善 STEM 课程的设计，最终将优化的 STEM 课程设计在 MOOC 平台上展示分享。

4. 实践总结阶段

根据上述各阶段研究的结果，完成研究报告和研究论文，并将 STEM 课程设计、STEM 教学实录、STEM 科学教育视频展示在网站上，编写《STEM 学习手册》。

五、研究成果总结

（一）研究成果

1. 已初步构建 STEM 教育共同体

借助中国大学 MOOC 平台和上海市中小学基地学校构建 STEM 教育协作平台，团队成员由高校教师教育专家，上海市、区级科学教研员，以及师范院校的研究生和本科师范生组成，跨学科研究能力与教学实践的指导力量强大。

2. 在中国大学 MOOC 平台完成数字课程建设

建设了中国大学 MOOC 课程“科学教育 STEM 项目学习”，携手清华学堂 MOOC 课程“STEM 理论与案例研究”，探索以 STEM 思想为引领，项目学习为载体，在科学课堂中尝试 STEM 项目学习的研究与实践。

3. 总结反思 STEM 教师培养经验

统计分析在基于 MOOC 平台开展的线上线下混合式教学中师范生的数据情况，总结出行之有效的 STEM 教师教育协同创新实践模式和多元评价方法。

（二）创新之处

1. 聚焦高等教育阶段对 STEM 职前教师的培养

STEM 教育的顺利开展，离不开合格的 STEM 教师，国内几乎没有关于高校培养合格 STEM 职前教师的实践研究。因此本项目强调以高等师范院校为领头羊，聚焦在高等教育阶段培养 STEM 职前教师，从源头解决 STEM 教师的数量和质量问题。

2. 创设基于 MOOC 的 STEM 教师教育新型课程体系

当前没有高校开设 STEM 教育专业。科学教育专业最接近 STEM 教育专业，因此本课题以科学教育专业为例，通过创设基于 MOOC 的 STEM 教师教育新型课程体系，探索培养合格 STEM 教师的有效路径，为其他高校开设 STEM 教育课程乃至设立 STEM 教育专业提供参考。

3. 探索 UGS 教师教育新模式

UGS 模式对提高师范生培养质量、促进在职教师专业发展、整合优秀教师教育资源、合作开展教育课题研究将起到良好的作用，有利于提升高等师范院校办学质量、创新 STEM 教师教育体系、深化 STEM 教师教育主体合作。本课题采用 UGS 教育模式，转变 STEM 教师的成长模式，引导 STEM 教师教育改革，丰富 STEM 教师教育文化，将对我国 STEA 教育起到积极的推动作用。

基于 MOOC 的 STEM 项目学习对师范生跨学科教学能力的影响研究

马怡

（上海师范大学）

目前，STEM 项目学习存在师资严重短缺的问题，而相关的师资培训以线下为主。英国通过开设 CPD 在线课程以及举办研讨会和在线论坛来改善 STEM 教师的短缺问题，并强调要加强对中小学 STEM 教师的培养。克里斯·德迪（Khris Dede）等针对美国 STEM 教师专业发展在线培训模式，总结出教师在科学、技术、工程、数学等方面的在线学习能有效促进教师的专业发展。针对我国 STEM 教育师资匮乏现状，2018 年中国教育科学研究院发布《STEM 教师能力等级标准》，在教学能力层面对教师提出要求：开发相关 STEM 课程，并通过课程的实施，促进学生的科学及工程学习，帮助学生建立科学和工程的思维和素养。当前，MOOC 作为大规模、开放式的教学平台，为中国 STEM 教师培育提供了新路径。本研究尝试通过中国大学 MOOC 课程“科学教育 STEM 项目学习”，探索运用“六步教学设计法”教学策略提升师范生跨学科教学能力，期望为 STEM 师资培育提供参考。

一、基于 MOOC 的跨学科教师教育课程的设计与实施

（一）培养目标与教学方法

针对教师跨学科案例开发能力欠缺的现状，中国大学 MOOC 课程“科学教育 STEM 项目学习”通过讲授 STEM 项目学习的教学方法及背后的教学理论，分享成功案例的开发秘诀和教学经验，为学员打造“专属于自己”的 STEM 项目学习课堂。

课程的教学目标是培养具有跨学科教学能力的教师，因此，根据《STEM 教师能力等级标准》以及国内外相关研究，确定本研究中的跨学科教学能力包括多学科知识储备、创新表现、团队合作和实践运用这四个维度。结合项目化学习活动流程，采用“发现问题、头脑风暴、方案制订、测试优化、拓展设计、产品展示”的“六步教学设计法”培养学员跨学科教学能力。“六步教学设计法”培养跨学科教学能力的研究模型如图 1。

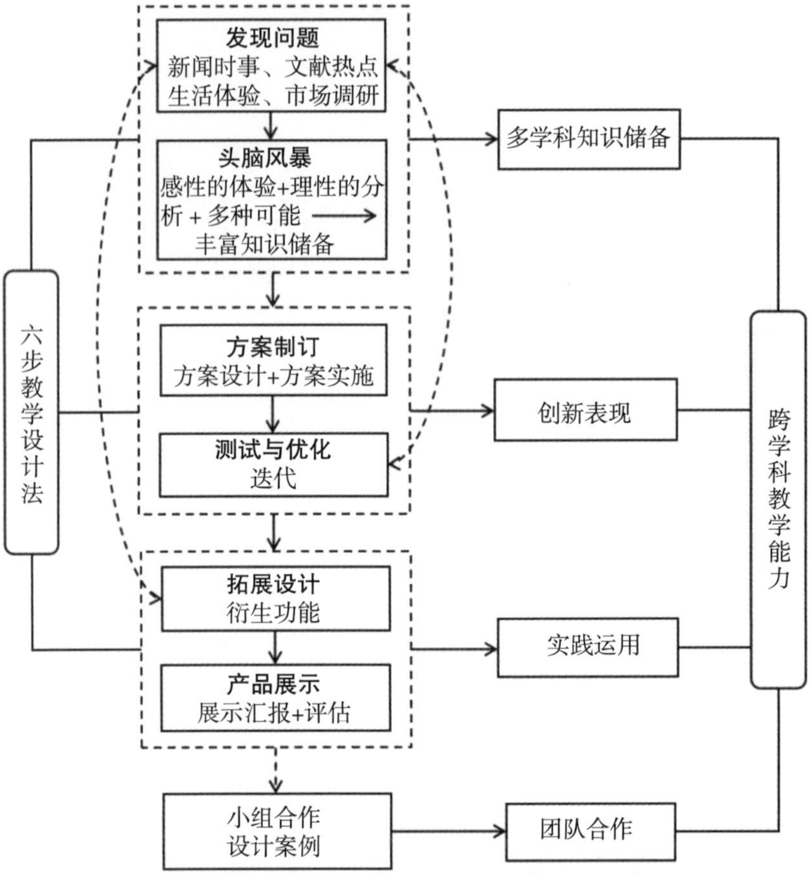

图 1 “六步教学设计法”培养跨学科教学能力的研究模型

（二）基于 MOOC 的跨学科教师教育课程的设计与实施

课程体系设计包括教、学、评三部分，即教学资源、学员学习以及多元评价的设计。课程内容包含四章：第一章 STEM 项目学习的概述，学员主要了解 STEM 的起源和发展，熟悉 STEM 项目学习的基本理论；第二章 STEM 项目学习的教学流程，让学员理解科学与工程之间的关系，掌握 STEM 项目学习案例的开发流程；第三章模型建构案例分享，共有八个项目案例，展示了构建科学模型和工程模型的方法；第四章期末报告，引导学员将课程知识学以致用，并通过展示优秀学员作品，分享学员学习成果。

利用 MOOC 能够打破传统课堂时空限制的特点，将课程资源全面展示于学员面前，引导学员根据自己的兴趣爱好和时间分配，自主地选择学习活动，制订相应的学习计划，掌控学习进程。课程围绕知识点配备了相应的教学视频、课件、参考书籍等资源（表 1）。每节学习视频后附有随堂测验，用于检验学习者的学习效果。课程采用按照时间表逐章开放的形式，每章节开放前都会在公告栏发布提醒信息，引导学习者做好学习准备。在发布每章节内容后，开放该单元测试题，测试结果计入总评成绩。

表 1　课程资源

章节	文档个数	视频个数	随堂测验个数	讨论个数	测试题个数
第一章	6	6	6	5	12
第二章	7	7	7	9	14
第三章	8	8	8	12	16
第四章	0	3	0	0	0
合计	21	24	21	26	42

此外，课程设有答疑群和讨论区，在课程内容发布后，教师定期在 MOOC 讨论区和微信答疑群与学员共同讨论交流。学员可以将自己的疑惑、学习需求以及学习感受发表在讨论区或答疑群，教师针对学员提出的问题作讲解。课程体系框架见表 2。

表 2　课程体系框架

课程模块	教学内容
教	第一章　STEM 项目学习概述 1.1　STEM 的起源和发展 1.2　STEM 与科学教育 1.3　案例分析：自制浇花装置 1.4　STEM 与项目学习 1.5　STEM 项目学习的理论基础 1.6　案例分析：自制滤水器 → 第二章　STEM 项目学习的教学流程 2.1　流程概述 2.2　案例分析：苔藓绿化产品设计 2.2.1　发现问题 2.2.2　头脑风暴 2.2.3　方案制订 2.2.4　测试优化 2.2.5　拓展设计 2.2.6　作品展示 ↓ 第三章　模型建构案例分享 3.1　科学模型：藻类中提取新能源 3.2　科学模型：校园河道水质净化 3.3　科学与艺术：微生物艺术画 3.4　媒体与艺术：共享地球 3.5　工程模型：自制护手霜 3.6　工程模型：探秘暖宝宝 3.7　工程模型：土豆电池 3.8　工程模型：防霾口罩 ← 第四章　期末报告 学习成果交流分享 4.1　优秀学员作品：肠溶片 4.2　优秀学员作品：探究日食之谜 4.3　优秀学员作品：自制浇花装置

（续　表）

课程模块	教学内容
学	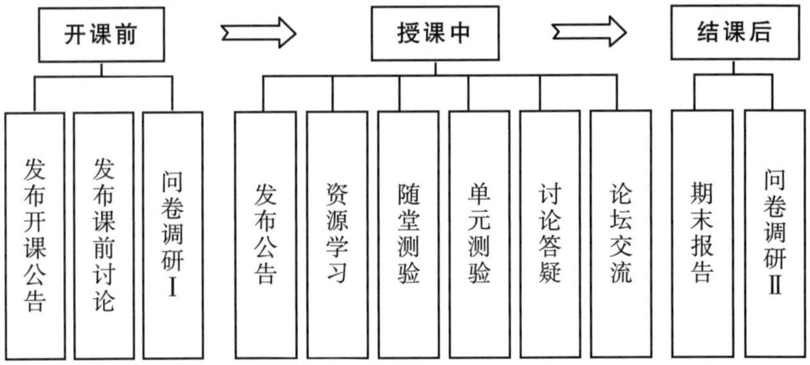
评	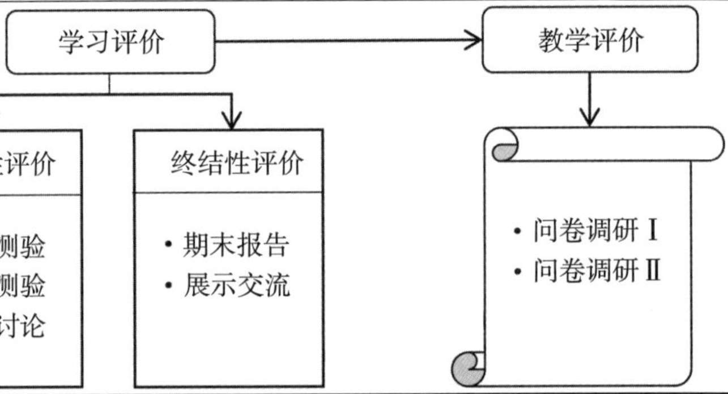

二、教学设计法的基本流程——以“苔藓绿化产品设计”为例

课程第二章围绕“苔藓绿化产品设计”的真实案例，具体介绍开发 STEM 项目学习课程的教学设计方法——“六步教学设计法”，并让学员组成团队，合作设计跨学科教学案例，亲身体验，实际运用。

（一）发现问题

发现问题环节要求从现实生活出发，通过细致观察与思考，提出一个能够解决的问题。问题的切入点可以是多元的，问题来源包括新闻时事、国家政策、生活发现、文献热点和市场需求，并且确保最终能够产生一个创意物化的产品。比如根据现实生活中传统绿化的缺点（攀爬类植物破坏墙面涂层，假花类植物缺乏生机等），通过上述问题来源的几个途径寻找方向，对问题进行精准定位，提出制作一个苔藓绿化产品。课程内容包括 STEM 项目学习的科学探究活动和工程设计活动的任务及具体内容。

（二）头脑风暴

头脑风暴环节最重要的任务是尽可能多地寻找解决问题的可能的方法，包含知识储备、

寻找可行性两个步骤。知识储备能够为产品设计打下坚实基础,包括知识内容(苔藓植物基础知识,如苔藓墙面的安装技术、苔藓培养技术等)、科学方法和实验方法(正交法、雷达法、控制变量法、模型建构法)、技术学习(苔藓绿化安装、栽培技术)。寻找可行性要求学员在头脑风暴中进行思维碰撞,在多个解决方案中选择最佳,并结合实际判断其可行性。如根据所学知识,从营养需求、耐阴能力、观赏价值和成本等方面,分析苔藓植物在园林绿化中的特殊价值,从而证明苔藓绿化产品的设计思路是可行的。

(三)方案制订

工程设计的方案需要不断完善和补充,在选择与提升的基础上制订最佳方案,包括方案的设计和产品的制作。首先明确核心任务,然后进行小组分工,最后分解任务并完成。在这个案例中,任务分解为苔藓筛选、绿化方案设计、苔藓栽培、产品优化。合理分配课程时间,按部就班地完成产品的设计。此外,还要找出方案的核心,即产品的模型如何绘制,可能的制约因素有哪些(如苔藓种类、生长条件和成本),分析遇到的问题并提出解决方案,最后评价方案的限制、缺点与不足(如后期养护、脱落维修),最后完成方案。在这个过程中,要考虑到利益的最大化,即成本占比。接下来实施方案,即产品原型的制作。这个过程要充分发挥小组团队的作用,制作方案制订过程记录表,包括产品模型构思、培养介质组合种类等。

(四)测试与优化

方案来源于学员小组交流,或知识储备中的信息,但是有些想法和角度是学员这个层面考虑不到的,这就要求教师引导学员进行产品的迭代。工程师在解决问题时,同样要将产品性能的测试和优化作为项目重心。第一步方案测试,如测试苔藓是否有脱落,设计部分之外的苔藓繁殖情况。第二步方案优化,通过查阅文献、网络检索等方法寻找解决问题的更佳方案,然后进行技术更新,优化实验方案,最后形成产品一代、二代……在这个过程中可以制作产品设计迭代表,如每次设计的模型草图、成本以及团队分工情况,对遇到的问题所作的分析和对应的解决方案。

(五)拓展设计

即使对产品进行了多次迭代优化,仍可能存在某种局限限制产品的某方面性能。对此,我们需要从另一个角度来看待设计的产品,将产品的弱项作为创新的启示,发展产品的衍生功能。拓展设计即知识拓展,分析实施过程有无局限性(如种类、特色等),对苔藓、蕨类构成的立体绿化的生态功能进行评估(如对室内温湿度等的影响),探索绿化产品的新方向(如寻找新的植物类群,更新技术,改善现有的方案)。

(六)产品展示

产品展示即对制作产品的展示和汇报,也是项目学习的收尾环节。这个过程包括展示、汇报和评估。展示要综合体现产品设计的内容、思想和产品本身。汇报演讲不仅要包含完整、专业的产品信息,还要有细节的支撑。评估包括形成性评价与终结性评价,并且设置相应的评价表。对整个 STEM 项目学习过程的每一个环节，都要围绕该环节的重心设计评估量表，从而达到监控项目进度与质量的目的。在这个过程中，不仅学员接受评价，教师也要对课程作反思，回顾教学过程进行自评，积累经验，逐步形成具有教师特色的 STEM 课程。

三、教学能力测试实验结果

（一）研究对象

问卷调查对象为参与“科学教育 STEM 项目学习”课程学习的在校师范生，包括生物师范、科学教育、小学教育（理科和文科）等专业共 216 名师范生。

（二）研究工具

调查问卷通过问卷星平台制作并发放，通过 MOOC 公告或微信答疑群将链接发给师范生，或发给师范生的导师，由导师再发给各专业师范生，师范生匿名填写。在课程开设之前，向上述四个专业的师范生进行第一次问卷测试，内容为师范生对自己跨学科教学能力的自我评价。在课程结束之后，对上述师范生进行第二次问卷测试，对比两次测试结果，检验这门课程对师范生跨学科教学能力的影响。第一次测试问卷的发放时间为 2020 年 2 月 17 日，收到有效问卷 209 份；第二次测试问卷的发放时间为 2020 年 6 月 24 日，收到有效问卷 205 份。

结合本课程四个方面的培养目标，问卷分为四个维度（表 3）。采用李克特（Likert）五点量表计分法，每题有“不符合”“符合”“一般”“符合”“很符合”五个选项，计分分别为 1、2、3、4、5。

表 3　问卷结构

一级指标	解释	题项
多学科知识储备	了解一门以上的学科知识，能够识别问题涉及哪些学科知识；将各学科知识有效联系起来综合运用；整合来自不同学科的信息资源，实现多学科知识的融合互通	1、2、3、 4、5、6、7 8、9、10、11
创新表现	具有创新心理和创新思维，善于发现新事物，具有逻辑思维（分析、归纳）；能够运用创新方法解决问题，从多角度考虑解决困难的方法	12、13、14、 15、16、17 18、19、20、21
团队合作	主动、积极与不同学科背景的成员合作；与小组成员配合默契，关系亲密；能有效分辨组员的角色，通过有效合作提高团队效率；与组员互相交流、分享观点	22、23、24 25、26、27 28、29、30
实践运用	能够利用图表、示意图等加工信息资源，用抽象、简化的语言剖析实际问题；能够分析所应用技术的优点和不足；能对过程进行指导评价，反思总结所开发的案例的不足	31、32 33、34、35、36 37、38、39、40

（三）测试数据分析

把两次问卷测试数据作对比，了解师范生的跨学科能力培养的情况。表 4 为各维度两次测试独立样本 T 检验结果：

表 4　两次问卷测试独立样本 t 检验结果

维度	问卷测试	均值	标准差	df	t	显著性
多学科知识储备	第一次	3.548	0.410 68	412	−2.590	0.010
	第二次	3.657	0.442 38			
创新表现	第一次	3.510	0.420 23	412	−2.100	0.036
	第二次	3.596	0.416 43			
团队合作	第一次	3.741	0.402 67	412	−1.529	0.127
	第二次	3.803	0.428 00			
实践运用	第一次	3.577	0.455 82	412	−1.934	0.054
	第二次	3.662	0.441 23			
总体水平	第一次	3.594	0.383 87	412	−2.241	0.026
	第二次	3.680	0.394 17			

1. 总体水平上，两次测试存在显著性差异

从表 4 可以看出，总体水平上，第一次问卷测试均值为 3.594，第二次问卷测试均值为 3.680，经方差方程的 Levene 检验，方差相等，$p=0.026$，小于 0.05，即学员在课程前后的跨学科教学能力在总体水平上存在显著差异。

2. 多学科知识储备存在显著差异

在多学科知识储备方面，第二次问卷测试均值为 3.657，第一次问卷测试均值为 3.548，$p=0.010$，小于 0.05，表明存在显著差异。在统计学意义上，学员学习课程后，在“发现问题”和“头脑风暴”环节中运用多学科知识储备的水平有显著提升。

3. 创新表现存在显著差异

在创新表现方面，第一次问卷测试均值为 3.510，第二次问卷测试均值为 3.596，$p=0.036$，小于 0.05，表明存在显著性差异。在统计学意义上，学员学习课程后，在“制订方案”和“测试优化”环节中创新水平有显著提升。

4. 团队合作不存在显著差异

在团队合作方面，第一次问卷测试均值为 3.741，第二次问卷测试均值为 3.803，$p=0.127$，大于 0.05，不存在显著差异。表明学习本课程对学员团队合作能力有影响，但不显著。

5. 实践运用不存在显著差异

在实践运用方面，第一次问卷测试均值为 3.577，第二次问卷测试均值为 3.662，$p=0.054$，大于 0.05，不存在显著差异。表明学员学习课程后，实践运用能力改变不显著。

四、总结与思考

（一）课程设计体现了理论知识与教学实践相融合

在项目化学习理论的基础上，课程主要围绕如何设计与实施一个跨学科教学案例构建课程体系，探索基于“六步教学设计法”培养学员跨学科教学能力，课程内容体系包括理论基础、流程概述、案例展示和持续发展四个部分，体现了理论知识与教学实践相融合的设计思想。

（二）课程能有效培养跨学科教学能力

实证研究表明，本课程对学员跨学科教学能力的培养在总体水平上有积极影响，具体表现是多学科知识储备、创新表现的显著提升。但在团队合作、实践运用方面，还有待进一步改善和提高，原因可能是线下教学实践还不够充分。另外，期末报告完成情况显示，学员基本掌握了跨学科教学案例开发的基本步骤，完成质量较高。由此可见，本课程能有效提升学员跨学科教学能力。当然，这一结果除了与课程体系设计和实施方面的客观因素相关，也可能与大部分学员在学习本课程时态度比较认真、内在学习动机较强等主观因素有关。

（三）“六步教学设计法”适用于跨学科教学的初学者

课程中跨学科教学案例设计环节，考查了学员跨学科教学的实践与思考，验证了采用“六步教学设计法”来培养跨学科教学能力的可行性。尤其对于初学者来说，该方法具有良好的可操作性。

在校师范生以职前教师的身份学习本课程，问卷调查及课程学习数据分析显示，他们对跨学科教学能力的培养非常重视。这反映了师范生对跨学科教育重要性的认同，对目前跨学科师资培养十分有利。

实证研究表明，基于 MOOC 的跨学科教师教育课程，在跨学科教师培养上有广阔的前景，弥补了传统跨学科教师线下培训的诸多缺陷，开拓了跨学科教师培养的新渠道。然而，MOOC 跨学科教师培养课程建设的发展，需要教育者与学员的共同努力。不论是跨学科教师职后培训课程，还是高校师范生职前学习课程，都要以激发学员学习兴趣为出发点，提高教师团队的参与度，促进师生之间的互动，实现共同学习和提高。

构建生态项目学习课程体系,培育高中生生态文明素养

陈伟文

(上海师范大学第二附属中学)

一、开展生态项目学习的研究背景

(一)国家战略的时代要求

党的十八大提出,“大力推进生态文明建设”,必须树立尊重自然、顺应自然、保护自然的生态文明理念,把生态文明建设放在突出地位,努力建设美丽中国,实现中华民族永续发展。我校将突出培育学生的生态文明素养作为育人特色,实施“科技”与“生态”融通开放的特色课程教学,依托兼具科技与生态特色的资源与学习空间,以问题为引领,开展合作、探究式创新学习,培育学生生态文明素养。

(二)区域发展的资源优势

我校属于上海市金山区,地处上海西南,位于杭州湾北岸,毗邻上海化工区,生态环境质量一直是居民关注的敏感热点。在国家大力建设生态文明的背景下,随着城市转型和生活质量提升,居民对区域生态环境的要求日益提高。金山区的城市沙滩、鹦鹉洲湿地、滨海渔村、现代农业园区等滨海生态新产业正悄然崛起。这为学校“生态科技教育”特色创建和项目学习活动提供了独特的生态资源,亦提供了广阔的育人空间。

(三)生态文明素养发展的途径

对高中阶段的学生而言,生态文明素养主要包含生态文明知识、生态文明智能、生态文明态度和生态文明行为等四个主要方面,体现了学生全面发展所必备的对社会和自然的“责任担当、人文底蕴、科学精神、学会学习、健康生活、实践创新”六大素养。2017 年,教育部发布《中小学综合实践活动课程指导纲要》,该纲要提出:“强调学生综合运用各学科知识,认识、分析和解决现实问题,提升综合素质,着力发展核心素养,特别是社会责任感、创新精神和实践能力,以适应快速变化的社会生活、职业世界和个人自主发展的需要,迎接信息时代

和知识社会的挑战。”以“生态问题的发现与解决”为核心的项目学习活动，注重开放式实践以及活动过程中的生成性问题，革新了传统的学习方式和课堂形态，通过跨学科融合，使学生沉浸于丰富多样的学习活动中，贴合综合实践活动课程目标，是发展学生态文明素养的有效途径。

二、实践举措

近年来，学校聚焦生态文明素养培育目标，对区域生态环境和文化资源进行专题优化，融合地理、生物、化学、历史、政治等学科，开发特色生态项目学习课程，并探索课程的设计方案、实施途径和评价方式，尝试建立基于区域资源的培育高中生生态文明素养的项目学习课程体系。

（一）构建辅助项目学习的学习空间

项目学习要面向学生的生活，活动内容应具有开放性。但是项目学习的“根”在校内，学生在走出校门之前应该获得足够的知识与技能储备。学校要引导学生把自己成长的环境作为学习场所，在与学校基础学科学习的持续互动中，不断拓展活动时空和学习内容，不断发展自己的个性特长、实践能力、服务精神和社会责任感。在生态项目学习中，学校“亲生物”的学习空间的设计和应用，是学生学习生态文明知识、培养相关技能的重要基础，是后续项目学习活动向外拓展的起点。

1. 沉浸式校园生态环境

学校位于上海金山区城市沙滩景区，校园被一条河流分隔成两半。多年来，学校建成了绿色、协调、共生的校园环境，将其打造成与自然多感官（视觉、听觉、味觉等）联系、回归自然的生态实践场，为学生走进自然、感受自然、探索自然打下了基础。

自 20 世纪 90 年代起，学校就是上海市花园单位，植物种类繁多，四季鲜花盛开。为了使学生感受自然、亲近自然，学校在花园单位的基础上，实践生物多样性和海绵城市的理念，以校园多种生态要素和低碳环保为内容，以“植物生态”和“水环境生态”为主题，打造具有生态野趣、物种多样、自然体验与教育的趣味学习空间。师生身处良好的自然生态环境中，潜移默化地陶冶身心、涵养德性。

学校拥有在上海中小学中一流的动物标本馆，收藏了 1700 余种动物标本，其中国家一级保护动物标本有 13 种，二级保护动物标本有 58 种。学校与高校和上海自然博物馆合作，共建项目示范校，成为上海市两所高中项目示范校之一，将标本馆全面改造升级为“博物学习空间”，由单一标本展示向综合育人功能转变，并结合生态科技教育课程的开发，改善空间视觉观感，拓展生态功能分区，提升陈列展示效果，从而达到激发学生学习兴趣、增加其学习体验的目的。

“亲自然”的开放式校园生态环境，使学生得以直观体验自然生态环境，为学生开展实践探索和创新研究提供基础，同时打造了资源节约、环境友好型的校园，使其成为各类课程和项目学习活动实施的重要载体。

2. 课程化生态科技研究院

生态项目学习要求学生直面身边的生态问题，通过掌握生态知识与技能，学会用科学论证的方法，创新性地提出自己的观点并且施行，提高生态行为的自觉性。

为了丰富和发展学生的生态技能和对生态问题的科学观察方法，促进学生在实践中运用生态研究工具解决生态问题的能力，学校扩建创新实验室，让学生在生态项目学习中开展“气、生、水、土”等生态要素的检测与分析，了解并尝试解决身边的生态问题。同时打造学生沉浸式学习的开放式校园生态实验场，使之成为课程落地、分层培育、拓展项目学习的物化载体。

学校建成了生命科学创新实验室、化学创新实验室、环境创新实验室、智慧星球创新实验室、生涯规划创新实验室和创客实验室，并整合形成生态科技研究院包含“一馆三中心”的 BEST 场馆。它包括生命科学创新实验中心（Biology）、环境科技创新实验中心（Environment）、标本馆（Specimen）、智慧星球创新实验中心（Terrestrial）。同时开发配套特色课程，配置研究设备和课程所需的相关资源，将生态科技研究院打造成生态科普和体验探究的配套基地，以满足学生探究校园生态科技问题的需要，成为实施生态科技教育的重要载体与学习空间。

3. 体验式河西校园生态走廊

学校以亚热带平原“水环境”为出发点，基于所在区域滨海襟江的地理条件，着重保育上海本土生物群落，在考虑适应性的前提下，科学地安排花草树木，形成多样化且协调的生态环境，并开辟专门区域，建设乡土物种培育基地。

具体而言，在河西岸校园利用生态修复技术修复土地，模拟上海本土生态系统演变，构建以“本土荒野”—“自然山水”—“绿色农业”—“精品果园”为线索的湿地微生态实景系统，分别建设乡土草药区、乡土乔灌木植物区、本土蝴蝶招引区、水生生物区，为本土生物创造了更多的生存空间。

这一生态走廊吸引昆虫、鸟类和哺乳类动物，使生态系统得以完整，为学生提供视觉、听觉、嗅觉等多感官感受。学生在此开展日常休闲、专题课程等活动，沉浸在自然环境中，进行体验式生态项目学习。

另外，以“生态”“净水”为主题设计的具有江南园林风情的科普景观，与校园同龄的猕猴桃园，具有植物养护和跨区域物种培育功能的现代智能系统，为学生进行“水质检测和修复”“乡土物种保育”等跨学科研究提供了基础。它们既是学生了解本区域现代农业发展的窗口，又是开展生态创客实践的场所。

（二）整合泛课程的学习资源

从可持续发展的角度来说，生态问题是生态系统整体受到影响的结果，解决真实的生态问题，需要打破学科边界，整合知识和技能，并在实践中应用。

生态项目学习以提升生态文明素养为目标，在区域生态背景下，以解决生态问题为导向，跨学科整合专题课程，并从知识学习、实践体验和创新研究等多维度实施，让学生开阔视野，发展思维，激发灵感，创新求变，养成保护生态环境的生活习惯，培养改善生态环境的基本技能，做到真正的“学以致用”，提高生态行动能力。

1. 充分利用地域优势和社会资源，打造特色项目学习课程

在独特的地理位置、生态环境、产业发展与城市转型等背景下，学校具有“人无我有”的潜在地域优势和社会资源。打破校园或课堂的空间限制，以各类生态要素及相互关系为着眼点，从整体视角打造没有围墙的生态实验室，为师生的研究探索工作提供活动场所。

学校结合生态文明素养培育的细分目标，对本区域的生态资源和历史人文资源分类，开发了“探秘湿地”“产业发展”“灿烂文化”等多种主题的特色项目学习课程。

以“探秘湿地”主题项目学习课程为例，见表 1。

表 1 “湿地探秘”主题项目学习课程依托生态资源

<table>
<tr><th>项目学习活动</th><th>实施维度</th><th>课程内容（部分）</th><th>依托的生态资源</th></tr>
<tr><td rowspan="16">探秘湿地</td><td rowspan="5">知识型</td><td>认识湿地</td><td rowspan="5">本区域内资源：
校内河、社区池塘、区内水稻田、海岸滩涂、鹦鹉洲湿地、龙泉港
长三角资源：
上海青浦淀山湖、浙江太湖源……</td></tr>
<tr><td>湿地探究方法</td></tr>
<tr><td>湿地研究案例</td></tr>
<tr><td>河口湿地的基础知识</td></tr>
<tr><td>……</td></tr>
<tr><td rowspan="6">实践型</td><td>战斗港河湿地的调查研究</td><td>战斗港河流域</td></tr>
<tr><td>金山滨海湿地调查研究</td><td>金山城市沙滩</td></tr>
<tr><td>崇明东滩湿地公园的调查研究</td><td>崇明东滩</td></tr>
<tr><td>河口湿地的调查研究</td><td>龙泉港入海口</td></tr>
<tr><td>XX 湿地的调查研究</td><td rowspan="2">金山鹦鹉洲、青西郊野公园……</td></tr>
<tr><td>……</td></tr>
<tr><td>技能型</td><td>实验模拟湿地的水源调节</td><td>校园河西生态长廊</td></tr>
<tr><td rowspan="4">研究型</td><td>自然湿地综合调查</td><td>鹦鹉洲湿地、崇明东滩（河口海岸）、天目山青山湖水库（德清下渚湖湿地）</td></tr>
<tr><td>湿地生物多样性调查及研究</td><td>校园生态长廊、鹦鹉洲湿地……</td></tr>
<tr><td>海岸线的演变调查研究</td><td rowspan="2">金山滨海</td></tr>
<tr><td>……</td></tr>
</table>

2. 拓展校外项目学习基地，引入特色项目学习资源

学校充分挖掘和利用长三角地区生态和文化资源，依托区域的生态发展，在浙江省的天目山自然保护区，上海市的上海自然博物馆、鹦鹉洲湿地公园、花开海上生态园等地建设了校外项目学习实践基地，与上海师范大学种质资源库、上海市中心气象台、上海市公共卫生中心、上海市金山区生态环境局、上海市金山区水务局等多个专业单位携手共建大气、海洋、湿地等多维度的专题研究基地，引入特色课程资源。如与上海市公共卫生中心共建的“噬菌

体猎手”、与上海市中心气象台共建的“气象灾害与预警”、与上海科技馆和上海自然博物馆共建的“博老师课程”等。

3. 携手友好学校，进一步拓展生态项目学习基地

学校立足长三角，放眼更广阔的天地，与全国各地的多所学校建立了友好关系。云南和贵州的物种多样性、内蒙古的草原生态、新疆的荒漠绿洲、山西的黄土地貌、四川的天府盆地、广东的热带山地、黑龙江的冰雪世界……各地丰富的生态资源和人文环境为学生研究多样化的生态环境提供了有利条件。此外，学校与法国、美国、英国等国家的学校建立姐妹学校关系，生态项目学习基地得到进一步拓展。学生面对更广阔的世界，获得了更丰富、更多样化的生态探究资源。

（三）探索课程实施的路径和方式

我校的生态项目学习以“基于科技手段，采用创新方式，解决生态问题”为主旨，特别注重多样化的实践和研究性的学习方式，使学生的活动时空向自然领域、生活领域和社会领域拓展，引导学生在实践中学习生态知识，在实践探索中发展生态文明素养。

1. 项目学习活动目标

学校分类梳理校园及区域生态资源，以学生发展为本，打造开放式创新生态实验室，建设学生学习生态文化、实践生态技能、接受生态文明教育的活动场所，同时通过多元主题的生态项目学习实践活动，帮助学生了解生态现状，习得生态知识，确立生态意识，掌握生态科学技能，激发创新思维，践行绿色生活方式，积极主动地运用科学的方法改善生态环境。

2. 实施路径

学校采用“生态认知、生态体验、生态探究、生态践行”等阶梯式学习方式，通过“课程整合”“情境创设”“问题引领”“生活回归”等步骤，使学生经历“学科学习”“技能运用”“课题研究”“创新行动”等学习过程，促使其将生态知识和生态技能同生态保护等行动有机结合，遵守“生态公约”，真正用行动实现绿色环保，达到培育生态文明素养的目标(图 1)。

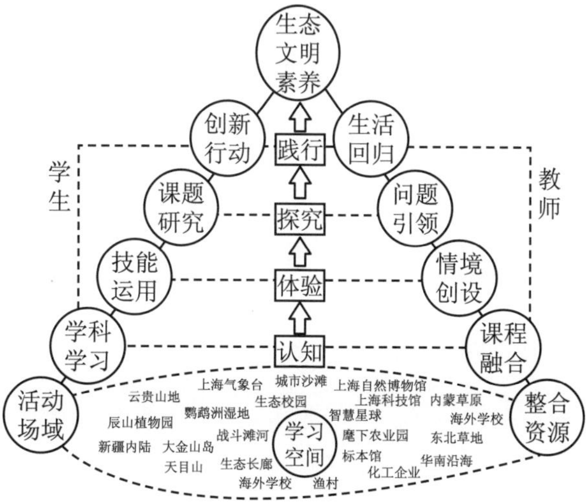

图 1　生态项目学习活动的实施

学校开展了丰富的生态项目学习实践活动，内容如下：

(1) 校园项目学习活动。

以校内为起点，以绿色校园为场域，开展“绿色校园对话”——校园植物调查、标本馆动物分类研究、校园河流水质修复实验、乡土物种保育等探究活动，提高学生生态研究技能。设计开展了按年级开展的系列化生态实践周活动，引导学生广泛参与。

(2) 校外项目学习活动。

引领学生走进自然博物馆、科技馆、规划馆，探秘鹦鹉洲湿地，体验人工智能的未来生活，激发学生的学习兴趣和探究欲望。开展“三走”活动——“走进社区”“走进大山”“走出国门”，学生在游览自然风光的同时，对比不同国家、不同地区的生态系统的差异，感悟人类活动对生态环境的影响。

以上海的海岸湿地、崇明岛滩涂，浙江的天目山等野外基地，以及高校实验室作为开放式课堂，与上海辰山植物园共同打造“未来生态学家计划”研究项目，组织学生分专题开展综合研究活动，参加科创竞赛，达到“在研究中学习、研究中创新”的目标。

3. 任务驱动

学生在项目学习的问题驱动下，通过自己收集、分析和处理信息来亲身感受和体验知识的产生过程，从而学会学习，培养分析问题、解决问题的能力和创造能力，培育自主发展的核心素养。

学校为每项生态项目学习活动精心设计学习手册或任务单，提供学习工具和指引，引导学生通过小组讨论形成项目学习课题的实施计划，预设项目学习成果及呈现方式(如照片、海报、研究报告等)，开展自主、合作和探究学习，培养学会认知、学会思考、学会行动的能力。

4. 评价引导

根据生态文明素养的内涵，结合中学生的认知程度，生态项目学习活动以教师评价、小组评价和自我评价相结合的方式作表现性评价，注重任务单的完成质量，评价方式包括主题汇报、作品展示、研究报告答辩、竞赛等。评价不仅注重结果的合理性和科学性，也关注学生参与活动的态度、解决问题的能力，以及交流合作能力和实践能力。

教师依据学生在每一门课程和实践活动过程中的具体表现给予客观评价；小组成员之间通过交流、互评等方式对每一名成员的表现作评价；学生通过与同伴的交流和比较，对自身的表现作出客观的评价。

三、实践成效

（一）促进学生生态文明素养的提升

1. 学生科学素养和创新思维普遍提高

多样化的生态考察活动，如天目山自然保护区考察、崇明湿地观鸟等，包含一系列专题探究活动及跨学科课程，引导学生关注自然、关注身边的生态问题，探索解决真实问题的办法。学生掌握了基本的研究方法，拓宽知识视野，提出改善生态的创新建议。多名学生在上海市青少年创新大赛以及各项环境和创客竞赛中获奖，每年都有学生进入上海市青少年科学实践工作站，开展环境、医学、生物学、工程等方面的课题研究。如祁千千同学获得上海市“明日科技之星”称号；周佳宁、丁润竹同学获得“明日科技之星”二等奖；薛裕辰、祁千千同学连续两年以“少年科学家”身份参加世界顶尖科学家论坛——科学 T 大会的科学第一课活动。

2. 学生的生态观与生态保护行动同步发展

生态项目学习课程结合校园和区域生态环境，引导学生开展实践研究，强调“学以致用”。如探究战斗港河水水质情况，向“大河长”提交研究报告，提出治理校园河流设想；针对化工区和城市环境绿化，提出了创新建议。

学生树立了生态观，在生态保护行动上也变得十分积极。如积极参加科普志愿讲解活动，“爱鸟周”“世界水日”“世界环境日”等的宣传活动，以及实践场所“净场”行动，为生态科普宣传和创新研究贡献力量。

3. 学生养成了生态文明行为习惯，践行生态生活方式

学生形成了知行合一、亲近自然的自觉。在改变自己的行为方式的同时，也致力于改善身边的生态环境。如在生活和外出考察过程中随手捡起身边的垃圾，少用一次性用具。学校创建国际生态学校，组建了以学生为主体的生态委员会和绿色小记者站。这些组织的成员通过问卷调查，对学校环境情况作了评估，内容涉及校园植物多样性，节约用水、用电、用纸，以及垃圾分类等方面。

（二）打造了生态科技特色的优秀教师团队

1. 提升了教师的课程意识

学校成立了项目学习课程开发团队，聘请校外专家、学者做讲座，更新教师的教育观念，挖掘教师的课程开发潜能。在促进教师教育观念转变的同时，鼓励、支持教师研究课程实施的规律。

2. 转变了教师的课程观念

教师发挥特长，开发出一批兼具学校特色和教师个人特色的项目学习课程。如“外来生物入侵”“空中的眼睛——遥感”等 5 门网络课程在“上海市高中名校慕课”平台上线，成为市级共享课程。还有多门慕课正在开发中，教师的课程观念进一步发生了转变。

3. 优化了教师的教学行为

在特色项目学习课程的开发及实施中，基于上海市金山区创新素养培育“生态教育基地”和“环境科技基地”的建设，学校筹建跨学科教研组，以“实践”为载体、“研究”为主导、“创新”为目标，进行跨学科合作和特色项目的研究，组织实施“基于真实问题解决”的跨学科项目培训，开发了“校园‘荒野’探秘”“发现鸟巢”等特色课程。

（三）推动学校生态科技教育的可持续发展

学校始终坚持以学生为主体，促进学生核心素养和生态文明素养的发展。在全校师生

的共同努力下，学校“生态科技”特色建设取得可喜成果。2022年，学校被上海市教委命名为“上海市特色普通高中”。

1. 推动了学校特色载体的打造

学校致力于建设生态校园，营造良好生态环境。建设生态校园不仅是绿化与美化校园，更将生态理念应用于布局、网络、建筑、色彩、园林、管理及节能减排等各方面。生态科技推动打造学校特色载体，尤其是在学校生态科技教育特色的资源建设方面，完善了生态实践场，营造了生态文化场，整合了外部生态资源。

2. 促进了学校特色文化的建设

学校开展持续性的、学生广泛参与的生态文明特色文化活动，得到了师生的广泛认同。在生态文明建设上，不仅注重打造优良的生态，凸显生态环保教育，更是通过内容丰富的节庆活动，如“世界水日”“植树节”“爱鸟周”“地球日”“世界环境日”等，把生态文明价值观融入校园文化建设，使学生成为生态文明的传播者。

3. 发挥了学校的特色示范作用

学校的生态科技特色在同类学校中发挥引领作用，获得了广泛认可，在上海市具有一定的知名度。例如：学校作为上海市金山区第一所国际生态学校，积极向区内学校介绍国际生态学校的创建经验；学校被评为“上海中小学新科学新技术创新课程平台”试点学校，并担任“地理信息”种子课程2017—2018学年度轮值首席学校；2021年，学校积极开展跨区域教学研究和交流活动。

学校的标本馆（博物学习空间）作为金山区科普基地对外开放，不仅在区内的科普宣传中起到了重要作用，而且接待了国内其他地区（包括港澳台）以及新加坡、韩国、日本、法国、美国等国家的多个兄弟学校的师生，得到了高度评价。

研究孵化成果

立项课题

1. 2021—2023年上海市重点课程建设项目“科学教育STEM项目学习”，课题负责人吴畏。

2. 2022年上海市金山区教育局第二轮融合育人项目“融合育人视野下基于在地资源的生态教育研学实践活动探索”，课题负责人陈伟文。

3. 2022年上海市金山区教育局第二轮融合育人项目“基于特色学习空间的跨学科项目化学习探索”，课题负责人马周静。

4. 2019年金山区学校教育科学研究项目“高中体验式环境教育课程的设计研究——以‘标本馆建设’为例”，课题负责人任方方。

发表论文

1. 2022年，上海师范大学江艺发表论文《基于设计思维的STEAM项目学习对初中生创造力的影响》。

2. 2022年，上海师范大学戴洋洋发表论文《跨学科学习对学生学习动机的影响研究》。

3. 2022 年，上海师范大学张彤发表论文《STEM 视野下中美高中生物教材比较研究》。

4. 林美祯、张彤、吴畏撰写文章《国内外慕课的研究热点和发展趋势——基于 CiteSpace(2012—2020)的可视化分析》，刊登于《教育传播与技术》2021 年第 1 期。

5. 任方方撰写文章《指向学生生态素养提升的“积分制”评价实践研究》，刊登于《现代基础教育研究》2020 年第 40 卷。

6. 张彤、吴畏撰写文章《影视媒体中跨学科生物教学资源的应用——以〈冰雪奇缘 2〉为例》，刊登于《西部素质教育》2020 年第 15 期。

7. 2020 年，上海师范大学顾雨晴发表论文《高中生生态文明素养的调查研究——以生态文明教育特色高中为例》。

8. 2020 年，上海师范大学林鹭芸发表论文《基于大概念的 STEM 项目设计流程研究》。

获奖情况

1. “科学教育 STEM 项目学习”课程于 2022 年被评为“上海市高等学校一流本科线上课程”。

负责人：吴畏。课程开发团队成员：郭水良教授提供大创案例，马怡主讲“1.3 案例分析：自制浇花装置”，陈勇副教授主讲“1.5 STEM 项目学习的理论基础”，杨诗琼主讲“1.6 案例分析：自制滤水器”，赵玉婷主讲“2.2 案例分析：苔藓绿化产品设计”，许丽丽副教授主讲“3.1 藻类中提取新能源”“3.3 微生物艺术画”，顾雨晴主讲“3.2 校园河道水质净化”，张锦副教授主讲“3.4 共享地球”，王秀英高级实验师主讲“3.5 自制护手霜”“3.6 探秘暖宝宝”，林鹭云主讲“3.7 土豆电池”，姚晶晶主讲“3.8 防霾口罩”，沈峰教研员主讲“3.9 制作智能发芽机”，王旭卿副教授主讲案例“3.10 飞行游戏”“3.11 魔镜”。

2. 陈伟文的“全面教育质量视野中的生态教育研究”于 2022 年获上海市金山区第九届教育科研成果二等奖。

3. 尹静的“旨在生态素养培育的主题教育活动设计研究”于 2019 年获上海市金山区第八届教育科研成果一等奖。

4. 2017—2022 年，“外来生物入侵”“昆虫探秘”等 5 门慕课上线“上海市高中名校慕课”平台，成为市级共享课程。

5. “外来生物入侵”“昆虫探秘”等 4 门慕课于 2022 年在“上海市高中名校慕课”平台举办的在线“趣悠学”活动中获得“最受欢迎课程”荣誉。

6. 马周静的“语音合成——植物地图个性导航”“标本识别——图像分类的原理与应用”于 2022 年入选教育部教育技术与资源发展中心(中央电化教育馆)“特色课例”。

7. 姜璐的“当‘垃圾分类’遇上垃圾填埋”于 2021 年在上海市浦东新区初中跨学科案例评比中获得优秀案例奖。

8. 2019 年，姜璐指导学生参与上海科技馆青少年科学诠释者项目“智能垃圾分类系统”活动获得优秀奖。

核心素养下
师范生跨学科教学设计能力
培养的实证研究

学生发展核心素养的提出是我国适应世界教育改革发展潮流的必然选择,也是我国增强人才竞争力的现实需要。核心素养的落实对现有学科教育和教师教学都提出了更高的要求与挑战。近年来兴起的以“跨学科”为特色的课程教学重视学生综合素养和创造力的培育,与核心素养的内涵不谋而合。因此,跨学科教学被视为落实核心素养的重要途径之一,教师的跨学科教学能力则成为保障跨学科教学质量、落实核心素养的关键因素。国内外已有研究关注教师的跨学科教学能力培养,但鲜有对师范生跨学科教学能力养成的研究。师范生作为后备教师资源,是未来承担教育高质量发展任务的主力军。培养师范生的跨学科教学能力,既能提升师范生的人才竞争力,更能为教育可持续发展注入活力。

根据当前上海市基础教育对跨学科教学的需求,本研究针对师范生精准施策,设计了分段式进阶培训模式,通过整合高校与中学资源,开展联合指导培训,在提升师范生学科知识应用能力、学科教学设计能力、跨学科教学设计能力、自我效能感等方面取得了良好的效果。同时,实证研究的结果表明,分段式进阶培训模式具有一定的推广应用价值。

分段式进阶培训，助力师范生跨学科教学设计能力提升

——以生物专业培养为例

李慧

（上海师范大学）

一、研究背景

当今国际竞争的实质是人才竞争。英国和澳大利亚率先开启学生核心素养的研究，随后美国提出了“21世纪技能框架”，对全球教育产生了重大影响。之后，日本、新加坡等亚洲国家也开始制定本国的学生核心素养框架。2014年，我国开始关注核心素养研究，历时两年制定了中国学生发展核心素养。如今，培养学生的核心素养和关键能力已成为世界各国教育改革的主要内容。

近年来，我国聚焦学生核心素养培养议题开展了基础教育课程改革、考试招生制度改革，研究制定相关制度，积极深化教育综合改革，系统推进育人方式转变，推动素质教育全面实施和立德树人根本任务全面落实。上海承担着建成全球有影响力的科创中心、社会主义现代化国际大都市的战略重任，这些战略的实施依赖于创新型、国际化人才的培养和储备。新时期人才需求对上海的教育提出了新的、更高的要求。2014年《上海市教育综合改革方案(2014—2020年)》出台，为上海率先实现教育现代化的目标指引了方向，也为实现国家重大战略、地方发展提供了教育保障。方案实施以来，在诸多方面取得了显著成绩。例如，截至2016年底，上海656所中小学建设了不同类型、不同层次的创新实验室，共计1141个。这些创新实验室成为培养学生核心素养的新平台。如上海市中国中学建设的多功能创新实验室，构建了以跨学科课程为特色的STEM睿学空间；上海理工大学附属中学的创新实验室，成为该校机器人特色课程的教学基地。优良的硬件设备和创新空间为培养学生的核心素养提供了基础保障。

2018年以来，根据中央文件，上海市相继发布了《上海市进一步推进高中阶段学业考试招生制度改革实施意见》和《上海市初中学生综合素质评价实施办法》，明确规定自2021年起，本市高中阶段学校招生计分含综合测试成绩，其中涉及地理、生命科学等学科的跨学科案例分析题为15分，侧重对学生综合运用各学科知识分析和解决实际问题的能力的考核。

2020年，上海市教委又出台了《义务教育项目化学习三年行动计划(2020—2022年)》，以创造性问题解决能力为导向，以项目化学习的实践和研究为着力点，以活动项目、学科项目、跨学科项目为载体，促进义务教育学校教学方式变革。这些教育改革文件不仅为学校培养学生核心素养提供了政策支持，更明确了跨学科学习是学生核心素养培养的重要途径。

随着上海各学校创新实验室的建设和投入使用，跨学科课程如火如荼的开展，一些问题也逐渐暴露出来。例如，在硬件方面，创新实验室利用率不高；在软件方面，跨学科课程的校本化资源质量还有待提高。通过对学校教学现状的调研发现，教学软硬件资源的开发和利用的效率和质量受到学校管理、考试压力等因素的影响，而一个更关键的因素是教师对这些资源的整合与利用能力。这种能力不佳则反映出教师的跨学科知识储备、跨学科知识应用能力和跨学科教学设计能力的不足。

教师跨学科教学能力的培养，随着跨学科教学的发展而逐渐受到重视。近年来，STEM教育作为跨学科教学的典型代表在世界范围内备受瞩目。在我国，STEM教育因整合了科学、技术、工程和数学的跨学科特点和以项目化学习为主的学习方式，被视为培养学生核心素养的有效方式。STEM教师培养的经验为提升教师跨学科教学能力提供了重要参考。学界围绕STEM教师培养开展了诸多研究，主要议题涉及从科学学习特质探索跨学科教育的理论基础、教育教学过程及其影响因素、政策支持等方面。我国积极探索基于STEM教育理念的创客教育和多样化的校本课程等教育教学形式，并以此作为跨学科教学的主要载体，在国际比较与借鉴、国内课程研发与教学两个方向开展了大量卓有成效的研究。越来越多的研究支持这样的观点：教师是跨学科教学过程的关键要素，培养教师的跨学科教学能力是提升跨学科课程成效、培养学生核心素养的重要途径。

师范生是教师的预备人员，师范生培养质量的提升是国家教师队伍建设的重要方面。高等院校是培养教师人才的摇篮，高等院校师范生教育是基础教育高质量发展的原动力。2017年10月，教育部印发了《普通高等学校师范类专业认证实施办法(暂行)》，其中，“产出导向”的核心理念要求师范生的培养必须对接基础教育的现实所需。满足基础教育发展、培养师范生的跨学科教学设计能力，成为新时期高校师范生培养工作的重要内容之一。

有关师范生教学实践能力培养的研究非常广泛，尤其重视理论与实践的整合、专业知识积累对教学能力的影响。然而目前针对师范生跨学科教学能力的研究鲜有报道。本研究关注师范生群体，聚焦跨学科教学设计能力，探索并设计有效的培训模式来促进师范生跨学科教学设计能力的提升，助力我国教师队伍建设，服务于学生核心素养培养和我国人才竞争力的提升。

二、研究概况

跨学科教学能力是指教师为实现培养学生核心素养的教学目标，顺利从事跨学科课程教学所具备的一种综合素养。教师的跨学科意识、对现实问题的分析与解决能力、跨学科教学设计能力、自我效能感等都是其重要的组成部分，也是影响跨学科教学效果的重要因素。基于这样的假设，结合上海市基础教育领域对学校跨学科教学实践的需求，本研究以生物学专业师范生作为目标群体，开展针对师范生跨学科教学设计能力的培训模式的设计与实施的研究，旨在探索出有效培养和提升师范生的跨学科教学设计能力的培训方式，服务于新时代我国高校师范生培养工作，推动我国教师队伍建设和人才培养质量的提升。

本研究围绕“如何提升师范生跨学科教学设计能力”这一问题，开展培训模式的设计、框架建构、内容编制等的研究，然后通过实施培训，检验培训模式的有效性。首先，基于文献研究和师范生的基本教学能力画像，设计跨学科教学设计能力的培训模式。随后，设计培训模式的框架，明确培训各环节的目标、组织过程等。接着，编制培训模式的内容，确定培训各阶段的核心能力要素。最后，组织实施培训，评估培训模式的有效性，改进和优化培训模式，为推广应用做准备。根据研究实施路径图（图 1），本研究以上海师范大学本科生物科学（师范）专业 2017 级和 2018 级共 98 名师范生作为研究和培训的对象，研究负责人联合来自上海市中国中学和大同初级中学的 4 位教师，共同组成培训导师团，设计培训内容，以《STEM＋课程设计与实践指导》[①]作为跨学科教学设计专题的主要培训教材，采用多种形式相结合的培训方式。

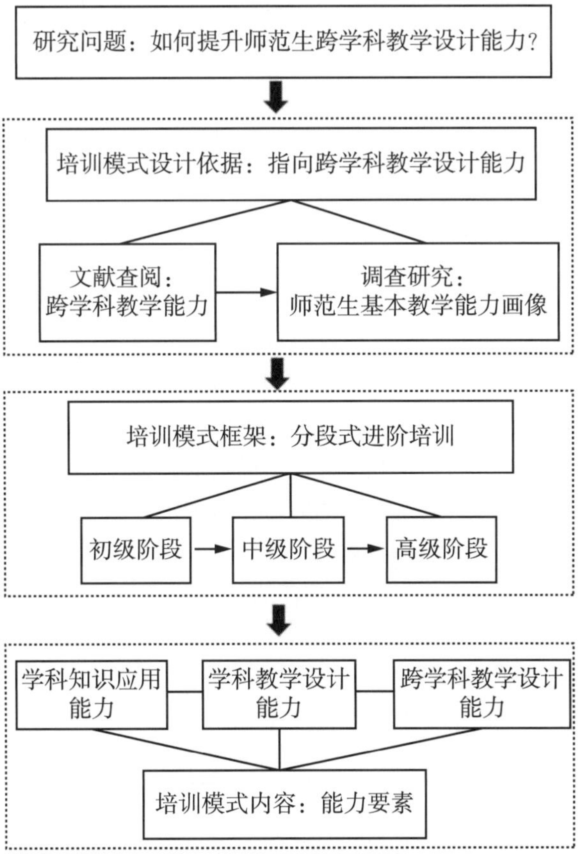

图 1　研究的实施路径

① 李慧．STEM＋课程设计与实践指导[M]．上海：上海社会科学院出版社，2020．

本研究重点解决两个难题：

其一是较为准确地绘制生物学专业师范生的教学能力水平画像，包括生物学科知识应用能力、跨学科意识、生物学学科教学设计能力水平和跨学科教学设计能力水平。为了准确掌握这一目标群体的基本教学能力水平现状，本研究编制了针对生物学学科知识储备和应用的测试题、针对学科教学设计能力的非结构化问卷，以及基于主题的教学设计任务等。在培训各阶段之前、之后，根据不同的培训内容，采用相应的评价工具测量，并对收集的数据作统计分析，勾勒出师范生的基本教学能力水平画像。在研究中，所有培训、测试、访谈等都遵照师范生自愿参加的原则。

其二是针对师范生目标群体的基础教学能力水平，精准设计师范生跨学科教学设计能力的培训模式。为了更客观地对培训模式的有效性作出评价与判断，本研究采用师范生自我反馈与外部评价相结合的方式进行评价。例如，在评价师范生学科教学设计能力时，采用非结构化问卷，让师范生自述教学设计的思路和缘由，同时收集师范生完成的基于主题的教学设计作业，依据本研究自编的评价量表，对教学设计要素赋分，然后将师范生自述内容与教学设计作业作对比分析，梳理总结出师范生学科教学设计能力的真实水平，再据此设计相关的培训内容。

三、研究成果

（一）针对师范生的培训模式设计

本研究以班杜拉（A Bandura）的自我效能理论为理论基础，设计的培训模式应当为师范生创造和提供良好的机会和氛围，以便使他们能够获得掌握经验（mastery experience）和替代性经验（vicarious experience），建立积极的心理状态（physiological state），从他人经验中有所感悟并提升自我效能感，通过提升自我效能感推动师范生跨学科教学设计能力的提升。结合文献研究，本研究设计的培训模式在理念上突出师范生跨学科教学设计的亲身经历，在方式上采取积累替代性经验，加强理论观摩学习与实践迭代。

跨学科教学设计能力的培训效果与受训者的已有教学设计能力、学习经历、实践经验等密切相关。参加本研究培训的师范生共计 98 人，存在一定的异质性：在年级上，2017 级和 2018 级师范生参加人数均为 49 人；在性别上，男性 15 人，占比 15.3%，女性 83 人，占比 84.7%。为了精准设计培训框架和培训内容，本研究于 2020 年 8 月对即将接受培训的 98 名师范生作测试和调研，从学科知识应用能力、学科教学设计能力和教学设计能力自我认知等角度，绘制其基础教学能力水平画像。

通过结构化测试发现，在学科知识应用能力方面，师范生的平均得分率约为 50%，两个年级的平均得分率不存在显著差异（$t=0.786, p=0.434$）。在指定主题的教学设计任务方面，师范生的平均得分率不足 30%，两个年级的学科教学设计能力的平均得分率差异显著（$t=4.554, p=0.000$）。

通过非结构化问卷结果发现，在对给定的生物教学内容作教学设计时，师范生（$N=98$）

能够作出较为合理的分析，但在教学设计诸要素的设计上表现不佳。例如，在进行教学设计分析时，能够提及教学目标的分析，或者准确写出教学重点和难点的人极少。与教学设计其他要素相比，教学策略得到更多关注，但也仅有三分之一的师范生提到采用多样化的教学策略。只有个别师范生在教学设计里分析了核心素养中的科学思维、科学探究和社会责任，但无人提到生命观念。

通过访谈进一步探明师范生教学设计能力水平现状的影响因素。结果显示，师范生普遍不了解跨学科教学，也不知道现阶段基础教育领域正在开展跨学科教学。由于没有学习相关课程，自身也缺少跨学科学习的体验，师范生对跨学科教学的样态、跨学科教学设计的形式等茫然无知。在调查过程中，大多数师范生修读过教育教学理论相关课程，对教学设计的功能和重要性有一定的了解，但对教学设计尚没有形成准确、深刻的认识。2017 级师范生修读过“课程教材教法”“生物教学技能训练”和“计算机辅助教学”三门专业课程。与 2018 级比较，他们对生物学学科教学设计的理解更细致，如能够说出生物学学科核心素养的四个维度，能够在教学设计中重视生物学学科核心素养的融入，但对学科核心素养如何在教学设计里落实，如何检验教学设计的有效性等问题存在困惑。2018 级师范生能够写出基本的教学设计框架和流程，但对生物学学科教学设计的理解缺少学科特色，很难在教学设计中体现出生物学学科的特殊性。造成这种情况的原因可能在于他们仅修读过通识类教育课程，如“课程与教学论”“青少年心理”，但尚未学习与生物学科相关的教育类课程，缺乏教学实践经验。

经过测试和调研，我们清晰地绘制了本研究目标群体的基础教学能力水平画像。总体上，师范生应用学科知识分析与解决真实问题的能力处于中等水平；学科教学设计能力总体水平偏低，但教学设计能力差异显著，个别师范生具有相对良好的教学设计能力；由于缺少教学设计和真实情境教学的实战经验，师范生对教学设计中学科特色的领悟不够深刻。

教学设计是根据国家课程标准的要求和所教对象的特点，将教学诸要素进行合理的编排，通过教师的教学行为，达到教学目标的方案。只有事先做好教学诸要素的分析与设计，才能构建有效的教学设计，进而指导教学行为。上述调研的结果表明，师范生在教学诸要素的分析和设计方面的能力有待提升，而且实践经历和经验都较为匮乏。无论是学科教学设计，还是跨学科教学设计，都应加强对教学设计诸要素分析与设计的培训。鉴于 2017 级和 2018 级的师范生在教学设计水平上存在显著差异，在培训中对两个年级师范生的过程性指导和评价有必要采用不同的方式。考虑到师范生的学科知识应用能力水平不存在显著差异，跨学科教学设计能力培训采用同步、同内容的方式是可行的。综上所述，本研究提出一种分段式进阶的培训模式，采用加强过程性监督与评价、对重点内容各个击破的方式，切实保障培训的有效性。

（二）分段式进阶培训模式的设计

1. 分段式进阶培训模式的概述

分段式进阶培训模式的具体框架如图 2 所示。该模式围绕学科知识应用能力、学科教学设计能力、跨学科教学设计能力三项内容整合设计了初级、中级和高级三个阶段的培训，每个阶段都包含至少两种培训形式。其中，专题讲座、教学观摩用于理论学习，主题研讨、案例教学研讨和实践活动用于加强实践训练。在每个阶段，理论学习与实践训练交替，将替代性经验与掌握经验进行整合，通过研讨和实践活动，引导师范生建立积极的心理状态。从初级到中级再到高级，师范生逐渐增加掌握经验，进一步增强积极心理状态。

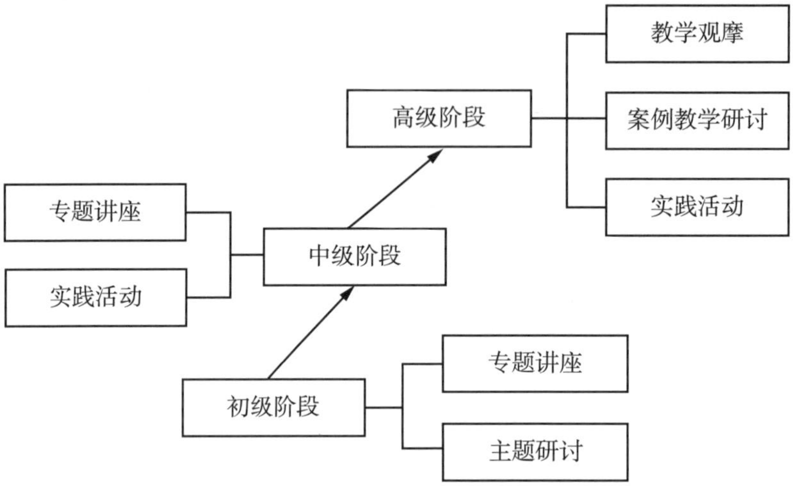

图 2　分段式进阶培训模式的框架

分段式进阶培训模式具有三个显著特点。

第一个特点是重视能力要素的培训。跨学科教学设计能力并非是单纯的一种能力，而是多种能力的综合，其主要包含学科知识的应用能力、问题分析与解决能力、教学设计能力。分段式进阶培训模式中的“分段”体现了对跨学科教学设计能力要素的专项培训，通过培训，既要提升学科知识的应用能力，又要提升问题分析与解决能力，更要提升针对生物学学科和跨学科的教学设计能力。

第二个特点是重视培训中能力变化的过程。正因为跨学科教学设计能力是一种复合型能力，其构成要素中各种能力的发展都会影响跨学科教学设计能力的提升，所以根据“分段”培训的内容，设计了指向能力发展的初级、中级与高级阶段。一方面帮助师范生清楚地认识到自己的教学设计能力水平所处的阶段，形成良性学习的氛围；另一方面有利于我们检验和评价培训的实际效果，发现师范生跨学科教学设计能力提升过程中的薄弱环节，为我们改进、优化培训提供依据。

第三个特点是重视实践环节。不论是学科知识的应用，还是学科教学设计能力和跨学科教学设计能力的培养与提升，都需要师范生主动与外界进行信息交互，这种信息交互形式就是实践。为了加强这种信息交互，我们在分段式进阶培训模式的各个阶段设计了内容不同的实践环节。例如，初级阶段的主题研讨旨在提供机会使师范生与在职教师就学科知识应用的话题进行充分讨论，中级阶段的实践活动要求师范生根据指定主题开展教学设计，高级阶段的实践活动要求师范生根据给定条件作跨学科教学设计。

2. 分段式进阶培训模式的实施过程

分段式进阶培训的初级阶段培训于 2020 年 8 月启动，为期两周，开设了主题为“基于 UbD 理念的教学设计”“单元统整视角下的教学设计”“校本化跨学科课程教学实践”的专题讲座。由于新冠肺炎疫情的影响，这一阶段的专题讲座和主题研讨全部以在线方式进行(图 3)。每场专题讲座结束后，开展 1 小时左右的主题研讨，由师范生提问，主讲人答疑。通过“提问—解答”的方式，帮助师范生加深对相关内容的理解。

在线讲座

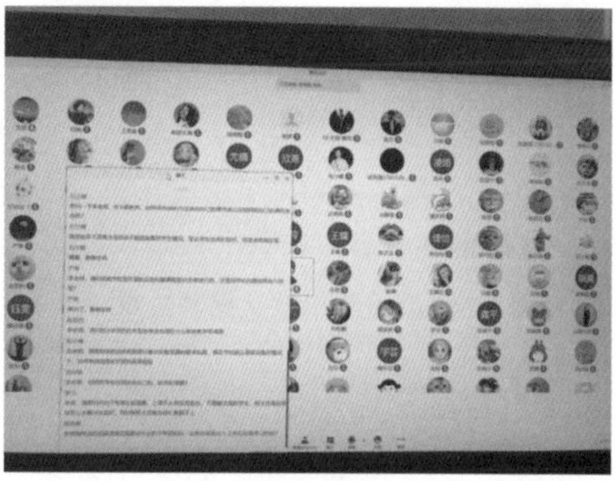

在线研讨

图 3　初级阶段的专题讲座与线上师生互动

分段式进阶培训的中级阶段培训于 2020 年 10 月启动，为期 3 周，开设了主题为“生物学与地理跨学科教学设计”的专题讲座。本阶段培训全部以线下面授方式进行(图 4)。专题讲座结束后，开展 1 小时左右的主题研讨，形式与初级阶段培训的研讨相同。在实践活动环节，本研究团队根据学科知识应用能力测试结果，设计了主题教学设计任务，要求师范生在讲座结束后的两周之内完成。

现场讲座

主题研讨

图 4　中级阶段的专题讲座与师生现场互动

分段式进阶培训的高级阶段培训于 2021 年 3 月启动，为期 8 周，全部以线下面授的方式开展。培训的第一个环节是教学观摩(图 5)，通过展示跨学科教学现场实录视频，帮助师范生建立对跨学科教学的感性认识，并借助教学视频，作教学设计的研讨。第二个环节是案例教学研讨(图 6),由具备跨学科教学经验的教师讲述不同主题和类型的跨学科教学过程,辅以视频等资源展示,引导师范生对跨学科教学的过程、要素等进行研讨,从而形成深刻的认识与理解。第三个环节是实践活动,师范生根据给定的教学素材和主题要求,自行搜集资料,在 4 周内独立完成跨学科教学设计任务。

图 5　观摩跨学科教学视频片段

图 6　案例教学研讨

(三)分段式进阶培训的效果

本研究以目标群体师范生的基础教学能力水平画像作为分段式进阶培训的前测结果,以分段式进阶培训的效果作为后测结果。总体上,师范生的学科知识应用能力、学科教学设计能力、跨学科教学设计能力以及自我效能感都得到了明显的改善。

在学科知识应用能力方面,师范生的平均得分率达到 90%以上,两个年级得分率均显著高于前测得分率(2017 级:$t=8.907$,$p=0.000$;2018 级:$t=11.733$,$p=0.000$),两个年级师范生平均得分率不存在显著差异($t=0.099$,$p=0.921$)。在学科教学设计能力方面,2017 级师范生的平均得分率为 34%($N=49$),显著高于前测得分率($t=4.199$,$p=0.000$),2018 级的平均得分率为 27%($N=49$),显著高于前测得分率($t=7.250$,$p=0.000$),两个年级差异显著($t=4.386$,$p=0.000$)。

在中级阶段培训期间,2017 级师范生已经进入教育实习环节。相较于 2018 级师范生,他们对生物学学科教学设计、教学实践有更丰富的切身体验,因此我们选择他们作为访谈对象,调查分段式进阶培训对他们跨学科教学设计能力的影响。我们从参加全程培训的 2017 级师范生中随机选取访谈对象,有 11 名师范生自愿接受访谈。这些师范生在实习学校已经作过生物学学科教学设计,并开展了课堂教学,但都没有在实习学校以任何形式(如教研活动、培训等)接触跨学科教学的相关内容。鉴于此,这些师范生跨学科教学设计能力的变化可被认为是受分段式进阶培训的影响。

在跨学科教学设计能力的自我效能感方面,师范生在培训之后能够准确描述跨学科教学设计的关键要点。例如,运用真实情境进行跨学科教学设计,寻找学科内容知识的交叉点,并且能够列举初中、高中学段生物学教材中可用于跨学科教学的知识内容。师范生对跨学科教学形成了一定的认识,表现出浓厚的兴趣和继续学习的意愿,但他们对自己的跨学科教学设计能力信心不强,同时对培训提出了较为明确的目标,希望能够通过培训增加自身不同学科的知识储备以及掌握寻找不同学科知识交叉点的方法。

在中级阶段培训结束后，本研究于2021年3月测试了师范生自我效能感变化，发现师范生（$N=95$）在学科内容知识储备、学科教学设计能力和跨学科教学设计能力这三方面的自我效能感均处于积极状态。由于2017级师范生于2021年6月毕业，没能参加为期8周的高级阶段培训，因此高级阶段培训后仅对2018级师范生作自我效能感测试。结果显示，高级阶段的培训进一步提升了师范生（$N=47$）的自我效能感，师范生对学科内容知识储备、学科教学设计能力和跨学科教学设计能力的自我评价积极性均显著提高。在跨学科教学设计能力方面，师范生（$N=49$）的跨学科教学设计任务平均得分率为32%，得分率仍不算高，但相比培训前有了显著提高（$t=4.238$，$p=0.000$）。

学科知识储备、学科知识应用能力、学科教学设计能力、跨学科教学设计能力以及自我效能感五个维度的评价，证实了本研究设计的分段式进阶培训模式能够促使师范生建立积极的自我效能感，大幅提升师范生的学科知识应用能力和学科教学设计能力，进而促进其跨学科教学设计能力的提升。

本研究设计的分段式进阶培训在受训对象的人数和学科专业方面均有局限，但该模式重视针对受训目标群体的基本能力状况进行精准施策，强调跨学科教学设计能力的发展过程及影响因素，而且，本研究开展的实证研究也证实了该模式的有效性。可以说，在培养师范生跨学科教学设计能力方面，分段式进阶培训模式具有一定的推广应用价值。

UbD 理论引导师范生教学设计思维转变

——解决教学目标、教学评价、教学策略的问题

杨晓鸣

（上海市中国中学）

一、研究背景

在新一轮的课程改革过程中，义务教育课程标准多次重申了“大概念教学”“跨学科教学”以及探究式教学。上海高考和中考的全面命题改革，注重在情境中考核核心素养，在学科中加入了跨学科题型，这些都响应了上海市教委推出的《义务教育项目化学习三年行动计划（2020—2022 年）》，推进跨学科、项目化学习。

早在 20 世纪末，美国的教育界就涌现出一批倡导“追求理解的教学设计模式（Understanding by Design，UbD）”的教育家，其中美国的格兰特·威金斯和杰伊·麦克泰便是该理论的创造者。UbD 反映了两个层次的变化：一是目标导向——学习与评估的追求目标应该指向“理解”，即“为理解而教学，为理解而评价”；二是学生导向——通过定义以“理解”为目标的导向，才能在教学的动态过程中让课程设计的各个部分为学生的核心素养培养服务，让学生在真实的情境中，准确地实现“理解”的不同层次。这样的理念与现在国内正发生的“双新”（新课程、新教材）的实施和指向是不谋而合的，也契合了跨学科教学对课程设计所提出的要求。教师学习与实践 UbD 理论，能够从教学设计思维开始转变对课程设计的理解，从根本上转型和适应“双新”实施对一线教师所提出的挑战。接下来就跨学科学习的特征、UbD 理论在跨学科学习中的应用，作一定的介绍。

二、跨学科的发展与演变

在正式说明 UbD 理论的应用之前，我们须先关注跨学科学习。现代在职教师和师范生的学习经验往往是传统的学习模式；同时，限于师范生培养的模式，其单学科特征明显。在探究跨学科学习之前，首先梳理单学科、多学科到跨学科学习的发展与演变。

随着国内外教育改革的推进，“学科”的定义也在趋同“进化”，即从单学科向多学科、跨学科，甚至超学科演变。由于不同国家和地区教育改革的目标和水平不同，师范生培养的模式不同，因此对学科的认知和应用也有较大的差异。在国内，无论是一线教师还是师范生，都肩负突破自身专业限制、从单学科教学发展为跨学科融合教学的转型使命，这也是课程设计转型的必然趋势与发展要求。

所谓单学科，即学科内的融合，将核心素养拆分渗透到各个学科内部。譬如，“结构与功能观”进入物理、化学、生物等不同学科领域，而学科之间并没有明显的联系。

多学科是在单学科基础上的提升。往往在一个共同主题或概念下，包含多个不同领域，以多个单学科模块进行教学。学科之间的联系，有时十分紧密，有时只需分学科教学即可。这样的多学科教学，可以让孩子形成多学科的思维，却无法有效地打破学科壁垒。

与多学科相比，跨学科教学的多个学科之间的联系更紧密。它以一个“跨学科的概念或能力”为主题，比如能源政策与可持续性发展、文化理解与认同、批判性思维等。学生在对真实问题进行研究性学习的过程中，跨越学科边界，打通学科之间的壁垒，形成“可迁移”的大概念。当达到基本完全融合的状态时，也被称为“超学科”。

三、跨学科学习的核心特征

所谓跨学科学习（Interdisciplinary Study）一般是指通过整合和运用两个及以上学科的观念、方法及理论来促进理解或解决单一学科难以解决的问题。美国国家跨学科研究委员会指出，跨学科的关键在于如何将不同的学科联系起来，即学科之间的对话和合作。跨学科是以大概念与核心问题为纽带，或以项目为主要组织形式，解决实际问题。部分学者认为，跨学科课程整合就是环绕一个共同的主题，打破学科的界限，把不同学科不同领域的理论和方法有机融合，有目的、有计划地设计组织课程内容和教学活动，以提高学生能力、促进学生全面发展为最终目的的一种课程组织方式和课程设计理论。基于以上的概念，笔者认为跨学科学习应该具备以下三点特征：

（一）目标设计指向学生深度理解和迁移应用的习得体现

学生发展的核心素养主要指学生能够适应终身发展和社会发展需要的必备品格和关键能力。要能够适应个人发展和社会发展持续变化的需要，学生就必须实现对所学知识与技能的深度理解，进而实现在全新环境下的应用，也就是“迁移”的能力。跨学科课程设计的目标，必然指向“深度学习”和“迁移应用”，同时还必须有明确的习得体现。这样才能在灵活开放的课程框架下，始终紧扣课程目标的落实。

（二）活动设计指向目标和评价体现的真实情景单元构建

跨学科学习活动设计是以真实情境问题解决为导向，而不是以知识内容为导向的。真实情景的构建，使得问题具有多元、复杂的属性，学生必须使用高阶思维来解决问题，通过综合运用跨学科知识与技能，分单元逐步寻得解决问题的方案。在这一过程中，学生主动地寻找资源、积累知识、建构方法、习得技能，实现不同程度的大概念理解和评价体现。

（三）知能选择指向情景问题解决和概念理解的整合区分

跨学科课程设计，应该在目标和评价标准的指引下，据所设计的真实情境中的问题，对所涉及的知识与技能作不同维度的整合和区分，进而充分利用所有教学资源来服务于学生对学习内容的深度理解和迁移应用。以明确的目标导向和活动设计，从容地安排教学时间和教学内容。

综上所述，笔者认为跨学科课程的设计，必须具备以上三个核心特征，才能真正地围绕课程目标，实现核心素养的培育，促进学生全面发展。但是，在一线教学实践中，这些核心特征也是教师作课程设计的“痛点”和“难点”：教学止于“认、知、记”，学生缺乏深度理解，无法实现知识的迁移应用；活动设计缺乏明确目标，为活动而活动；教育脱离真实情境，只停留在纸上谈兵；为教学内容所束缚，为赶进度疲于奔命；等等。那么，有什么方法或工具可以让教师有效地把握跨学科课程的设计，提升跨学科教学的能力呢？笔者认为 UbD 理论是一个不错的通用工具。

四、UbD 理论运用于跨学科课程设计的适切性

UbD 理论是在对“目标导向”模式继承与创新的基础上开发出来的一种教学设计框架。该框架是一种以明确的学习目标为起点、以促进学生有意义的学习为宗旨，强调评价设计先于课程设计和教学活动开展的创新型的教学设计模式。

（一）UbD 理论的教学设计“三阶段”框架

UbD 理论的教学设计框架，又常被称为“逆向设计”。即通过“明确预期结果”“确定合适的评价方案（评价证据）”“设计教学活动”三个阶段来优化课程设计的质量（图 1）。

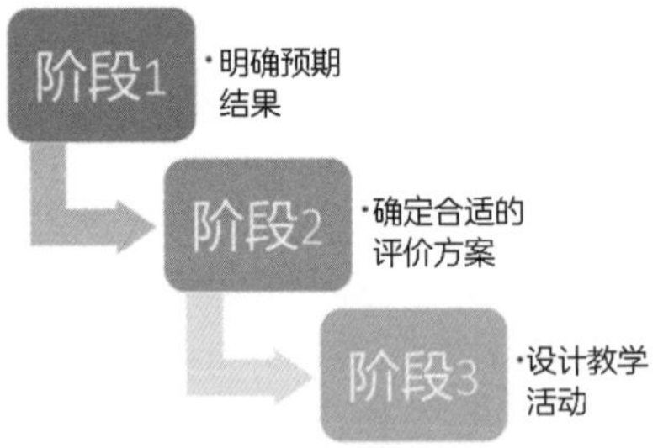

图 1　逆向设计的三个阶段

1. 阶段一：明确预期结果

跨学科课程指向培养学生的核心素养，即培养学生对大概念的认知，关注核心任务的完成。所以“以终为始”，先行确定在课程或单元学习后，学生应知道、理解的知识和具备的能力。教师只有明确了教学的目标后，才能在整个跨学科课程设计的过程中聚焦目标的实现，

合理地整合和区分知识和技能的优先次序(图 2),有目的地设计教学活动,使学生实现对知识的迁移和应用,提升教学实效。

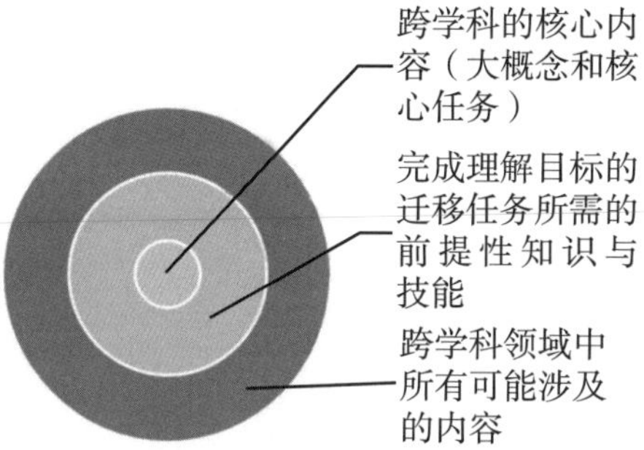

图 2　明确优先次序

2. 阶段二:确定合适的评价方案(评价证据)

为了评价课程教学设计是否有效提升了学生的学习效果,学生的知识和技能是否达到深度理解、迁移应用的水平,提前设计真实的多元评价方式和合适的分层评估标准。威金斯和麦克泰将"理解"分为了解释、阐释、应用、洞察、同理心和自我认知六个维度。教师在不同的单元中,可根据不同维度的"理解"标准,为下一阶段设计相应的评价方案,以更有效地提升学生的学习体验,提高教学效果。

3. 阶段三:设计教学活动

在明确了课程设计的目标,并确定了合适的评价方案后,教师作跨学科课程的设计就更具有针对性,更容易选择合适的真实性情境、构建多元评价形式的活动,使得跨学科教学内容始终围绕着学生深度理解和迁移应用知识展开。

(二)UbD 理论对跨学科课程具有适切性

综上所述,从 UbD 的逆向设计三阶段框架内容和跨学科课程现状来看,该理论对跨学科课程设计有着较大的适切性,具体表现在:

1. 目标优先导向——跨学科课程设计的整合点

以大概念和核心任务的问题解决为导向,更易于在各学科之间搭建可对话的平台,促进学生对知识和技能的深度理解和迁移应用,实现核心素养的培养。

2. 多元评价导向——跨学科课程设计的佐证点

跨学科课程的评价模式必然不能是单一的评价方式,UbD 所倡导的多元评价和分层标准,可以客观地评价学生学习效果和课程教学质量。

3. 适合活动导向——跨学科课程设计的立足点

相较于传统课堂,跨学科课程教学实践容易发生活动与目标脱离的现象。UbD 理论强调在目标和评价的前提下,选择适合课程、适合学生的教学活动设计,使课程形散神聚。

五、UbD 理论视域下的跨学科学习评价的转变

评价是对学习过程、学习结果的评估与判断。在上文所提及的 UbD 逆向设计三阶段框架中,一开始就要设定目标与配套的评价标准。传统学习模式转变为跨学科学习模式,所对应的学习评价也必须作相应的转变。

(一)评价目标的转变

培养学生学科核心素养是课程的价值追求,也是课程预期的教学目标,因此学科评价的目标应以评估和检测学生所展现的核心素养为主。相应地,跨学科评价的目标,也要从单学科的核心素养,转变为跨学科素养。跨学科学习培养的是具有跨学科素养和能力的人才。

而跨学科素养在科学教育中,应该体现为学生针对多元的真实问题,在解决问题的技术与思维框架内,综合性运用多个学科的知识、技能,分析情境与解决问题的必备品格和关键能力。至于具体的跨学科素养评价体系,须以证据为中心来设计。笔者推荐参考国际大型学生评价项目 PISA、TIMSS 等标准。

(二)评价方式的转变

传统教学模式中评价的主要目的是检测学生的学习质量,常以测试的方式进行,多为表现性评价或总结性评价。而跨学科学习评价随着目标的转变,进一步要求以形成性评价为主,配合多种评价方式,全面展现学生跨学科核心素养的发展情况。形成性评价是指在教学过程中为了解学生的学习情况、及时发现教学中的问题而作出的评价。跨学科教学与传统教学的形成性评价不同,可以融入每一课时或每一个活动中。而且,教师、同伴等多个主体都可为评价提供数据。

除了形成性评价外,跨学科学习的评价方式还要多元整合。譬如,通过表现性评价评测学生跨学科综合运用能力,通过总结性评价评测学生知识理解与迁移的能力,等等。总而言之,学习情境的"真实性"、核心问题的"复杂性"、学习过程的"动态性",决定了跨学科学习的评价模式具备多元、动态的特点。

(三)评价工具的转变

评价目标的转变决定了评价形式的改变,这决定了相应评价工具的转变。从国外的跨学科学习案例中不难发现,量表是使用最广泛的课程评价工具之一。而且,它还可以作为引导工具,开启课程教学的环节。

1. 作为评价工具的量表

在许多传统生物学实验考核中,单项能力量表被广泛地用于评价。如实验考中"观察洋葱表皮细胞质壁分离及其复原"实验,采用了测量操作过程与实验结果的评价量表。另外,表现型量表在 STEM 课程中使用,将常见的综合能力细分为设计与模型使用、分析与解释

数据、理解并解决问题等不同维度的表现性指标。

2. 作为课程引导工具的量表

在跨学科学习中，尤其是跨学科的科学问题研究中，量表作为最常见的评价工具，不仅能多维地评测学生各方面的表现，而且可以作为活动的前置量表，帮助学生有目的地调整学习状态、分配学习资源。譬如笔者的教学案例“和氏璧的复原计划”，在正式活动前就发放《工程设计评价量表》给学生小组。在后续的活动过程中，学生以终为始，开展工程项目的设计与修正。在这个案例中，评价量表驱动学生主动思考、自主学习、自我反思。

六、UbD 理论运用于跨学科课程设计的实践案例分析

下面笔者以运用了 UbD 理论的跨学科课程单元设计案例，进一步阐述逆向设计的三阶段实施过程，以及实践中该模式的可行性与有效性。

案例:和氏璧的复原计划

本案例出自笔者设计的跨学科课程“玉见文创：3D 打印文创产品设计”，是基于 UbD 理论的跨学科课程设计实践。由单元封面(表 1)可见，该课程是历史、工程、艺术等学科的跨界产品。以“失传古玉复原”项目作为一个真实情境，学生在完成真实问题和任务的过程中，逐步展开对历史考证、艺术设计、工程模型制作等核心内容的学习。

表 1 “和氏璧的复原计划”跨学科课程设计单元封面

单元封面			
单元标题	和氏璧的复原计划		
学科主题	历史、艺术、工程	学时周期	12
关键词	历史考证、模型制作、观点表达		
单元概述 (包括单元背景与单元目标)	在这个关于古玉复原模型设计与制作的单元中，学生将学习有关古玉的历史研究考证、工程模型制作、观点表达等内容。学生将根据自己的考证和理解，设计和氏璧的形态结构、纹饰图样，并对古玉相关的信息作辨析考证。在最后的表现性任务中，学生将以小组的形式，完成“和氏璧模型”的复原方案设计与模型制作展示		

(一) 明确预期的学习结果

针对“历史考证”“模型制作”“观点表达”等关键词，笔者在课程设计的开始就运用 UbD 理论对课程目标作了确认(表 2)，并将大概念和本质问题细化为可操作的驱动性问题与概念

理解。同时针对目标,对跨学科相关的知识和技能作梳理整合,确认所涉及的教学重点知识与技能。

表 2 “和氏璧的复原计划”跨学科课程设计第一阶段设计表

<table>
<tr><th colspan="2">第一阶段:确定预期结果</th></tr>
<tr><td colspan="2">既定目标(项目、任务或挑战)</td></tr>
<tr><td>大概念
1. 学生将理解历史考证的基本方法和过程
2. 学生将运用工程技术,对考证结论进行设计与物化
3. 学生梳理相关的信息,选用合适的技术,对研究成果和研究过程作展示</td><td>本质问题
1. 历史考证对历史研究的意义?
2. 手绘或模型制作技术,对观点的表达有什么帮助?
3. 如何利用多元素材,综合展现研究过程和研究成果?</td></tr>
<tr><td>概念理解
1. 学生将会理解证据是历史研究的重要依据
2. 学生将会理解图表、模型能更直观地展现观点和结论
3. 学生将会理解对研究成果和研究过程的展示需要合理运用多元的素材</td><td>驱动性问题
1. 如何通过历史考证复原失传古玉?
2. 怎样的信息是考证可采用的有效科学信息?
3. 什么技术适合观点的表达?
4. 手绘或模型制作技术的运用对观点的表达有什么帮助?
5. 展现研究成果和研究过程应该包含哪些方面?
6. 如何合理运用多元素材展现研究成果和研究过程?</td></tr>
<tr><td>知识
1. 和氏璧在历史上的渊源和发展
2. 古玉规格和结构分类
3. 许多媒体与网络信息存在杜撰和改编,使得信息不准确。
4. 激光雕刻技术能准确展现平面设计的内容
5. 外在变量能影响工程模型制作的精度</td><td>技能
1. 能够运用网络学术文献与古籍文本还原事物在历史上流转变化的过程
2. 能够运用手绘和激光雕刻技术物化展现平面设计,表达观点
3. 能够合理运用多元素材,对研究成果和研究过程进行展示</td></tr>
</table>

(二)确定合适的评价标准

在确定了目标,细化了本质问题与驱动性问题之后,笔者针对各个概念理解的不同层次目标,进行了评价标准的定义(表 3)。凸显工程特色的核心素养(技术意识、工程思维、创新设计、图样表达、物化能力)相关的概念理解,与历史考证研究相关的技术,以及在行为和表现中具体体现的表达交流能力。

表 3　“和氏璧的复原计划”跨学科课程设计第二阶段设计表

<table>
<tr><th colspan="2">第二阶段:确定评价方案(评价证据)</th></tr>
<tr><td>六维度理解的证据
解释:
●解释科学的证据是历史研究的重要依据
阐释:
●古玉(和氏璧)历史文化背景与结构特征的相关性
●学术期刊与古籍文献作为科学证据的地位和作用
应用:
●应用不同历史背景的古玉结构与纹饰,复原设计和氏璧的结构与纹饰
●应用手绘、工程设计等技术制作模型,表达观点
●应用多元素材补充和辅助展示
洞察:
●表达影视作品对历史考证的影响
同理心:
●理解方案提出者所希望和喜欢的展现方式
自我认知:
●知道自己表达观点和展示成果的特点,及其对展示过程的影响</td><td>其他证据
1. 反思(形成性评价)
●对设计的图纸、模型数据进行改良,以达到制作对精确性的要求
2. 思维导图(形成性评价)
●梳理和氏璧流传信息的发展脉络,以把握其历史变化的准确性
3. 测验(总结性评价)
无
4. 测试(总结性评价)
无</td></tr>
</table>

(三)设计相关的教学活动

为和氏璧复原项目设计相应的长期表现性任务,其中分阶段设置“和氏璧生平研究”“激光雕刻技术完成和氏璧纹饰复原设计”“3D 建模完成等比和氏璧复原模型设计与制作”等板块活动,逐步引导学生在学习和完成项目任务的过程中,掌握相关核心知识与技能。

表 4　“和氏璧的复原计划”跨学科课程设计第三阶段设计表

<table>
<tr><th colspan="4">第三阶段:设计教学活动</th></tr>
<tr><th colspan="2">任务串/问题链</th><th>成功标准</th><th>目标</th></tr>
<tr><td rowspan="3">表现性任务</td><td>1. 合理分工,根据历史考证,逐步选取合理信息,复原数据原貌</td><td rowspan="2">完成模型制作</td><td rowspan="3">合理分工
获得更高评价</td></tr>
<tr><td>2. 根据数据,绘制并制作模型</td></tr>
<tr><td>3. 梳理多元素材,综合观点与模型,进行展示陈述</td><td>完成展示交流</td></tr>
<tr><td rowspan="3">探究性问题</td><td>1. 怎样的信息是考证可采用的有效科学信息?</td><td rowspan="3">通过实践获得相关问题的观点</td><td rowspan="3">选择合适正确的观点</td></tr>
<tr><td>2. 什么技术适合表达本次设计的观点?</td></tr>
<tr><td>3. 如何合理运用多元素材展现研究成果和研究过程?</td></tr>
</table>

（续　表）

跨学科大单元课程架构图

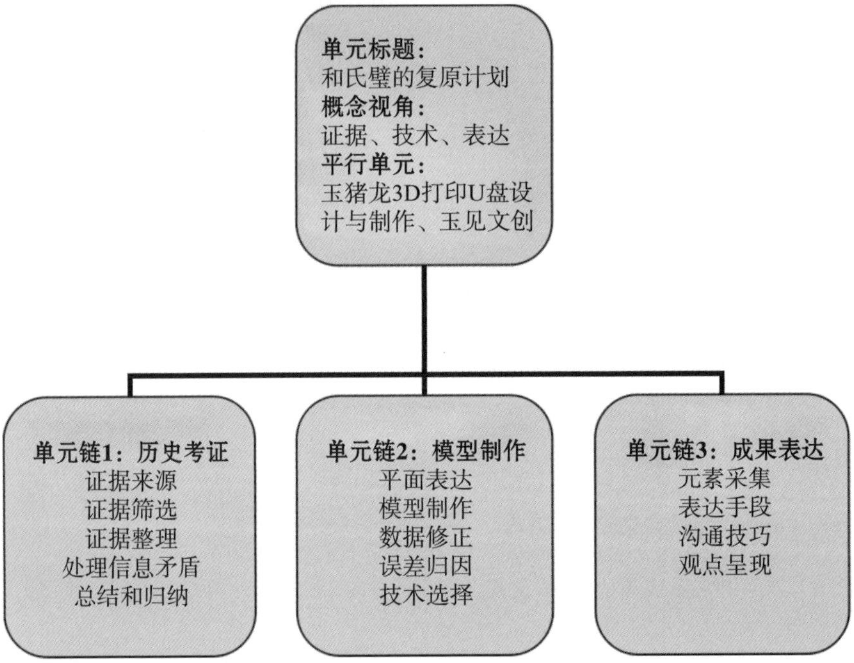

七、UbD 理论运用于跨学科课程设计的难点与反思

从案例不难发现：UbD 的三阶段逆向设计，能很好地对跨学科课程设计的难点和痛点作针对性、计划性的解决。课程的设计始终依从课程的目标，始终能用明确的评价标准衡量教学与学习成果。笔者在设计与实践的过程中，也不断反思。要提升教师跨学科课程设计能力，还须注意以下几点：

教师在设计跨学科课程时，要先研读所涉及的学科核心素养与课程标准，以达到准确定义和提炼大概念的水平。

课程评价的合理性、全面性、多元化，有赖于教师在实践中不断进行修订和改良，使评价标准与课程目标一一对应，与学生学情一一适配。

始终要坚持教学活动设计符合课程目标和评价标准，以帮助学生实现深层次的理解。

聚焦于单元的整体设计，发展学生系统性思维，从而使学生实现深层次的理解，掌握知识与技能在真实情境间迁移的能力。

综上所述，在切实推进中国学生核心素养发展的今天，UbD 理论对教师的教学设计和课堂实施都有着重要的指导作用。其清晰明了的各阶段设计理念和配套设计表格，正成为快速落实和推进跨学科课程设计的重要工具。

实践探索二

从单元统整视角激活师范生跨学科教学设计思维

张放

（上海市中国中学）

为何教师天天教，却有教不完的知识点？

为何学生天天学，却多数没有对学科学习产生浓厚的兴趣？

教师如何既关注学科大概念，又能助力学生习得知识的运用与迁移？

教师如何超越对单纯知识点的掌握要求，帮助学生加强对自身学习结果的整体刻画？

教师如何依托真实情境设计活动，来提升学生灵活运用知识、积极解决问题的能力？

教师如何在“双新”理念的背景下依据素养目标变革教学设计？

教学是个复杂的系统工程，在实际教学中，每个学年、每个学期、每个单元、每节课都有明确的学习目标。教师需在教学的各个环节强化单元统整的理念，从单元统整视角规划教学，处理好每一节课与单元的逻辑关系。

一、高中生物学教学实践中统整融合视角下单元构建的一般策略

如果把一节课比作一棵树，把一个单元比作一片森林，传统教学往往突出对于每一棵树的呵护与培植，期望以日积月累的方式产生量变，构成森林。如果以统整融合视角来重新审视教学设计，那就是先把整片森林带到学生面前，让学生在森林中穿梭、游玩和欢笑。同时为了避免学生在森林中产生迷失感，教师要以逻辑性很强的任务线、问题串、概念网等方式给予学生支持。最终不是由教师告诉学生森林之美，而是学生自己通过一系列真实的探索旅程，从自己独特的视角发现学科之美。学生通过同伴分享突破个体认知的限制，用真实的心声唱诵出学科的魅力。那么，如何以统整融合视角开展高中生物教学中的单元构建呢？

单元设计的一般框架包含单元学习内容、单元教学目标、单元活动安排、单元课时安排、单元学习资源、单元学业评价等模块（图1）。当然也可以根据单元特点或是个人设计理念作出调整。

单元设计凸显“教学评”的一致性，那么按照什么顺序去思考与设计呢？目前较受认可的是UbD理论，一种“理解为先”的教学设计模式，主要采用逆向设计方式。教师首先明确预期学习目标，然后确定能证明学生达到预期学习效果的证据，最后设计并安排相关教学活动。

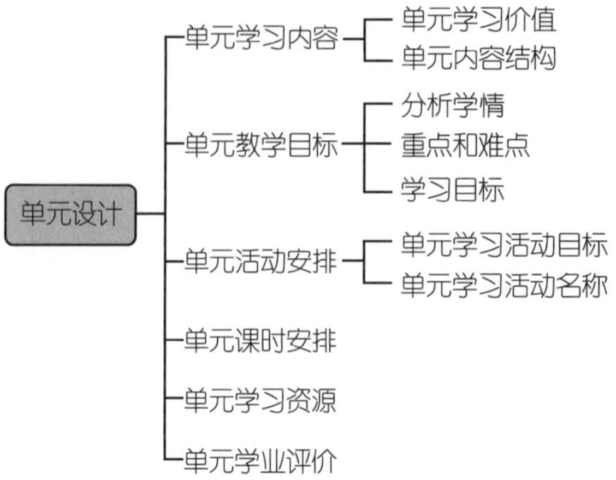

图 1　单元设计的一般框架

（一）明确单元学习目标

基于课程标准、教材及学生学情的分析，结合课标的内容要求、学业要求及学业质量水平 3 个要素，设计本单元的教学目标。比如徐汎峰老师和付雷老师在《基于深度学习的高中生物学单元学习目标及评价设计》中所设计的"生物的进化"单元知识结构（图 2）。从统整视角，按总分总模型，以深度学习为核心，规划出单元知识框架。

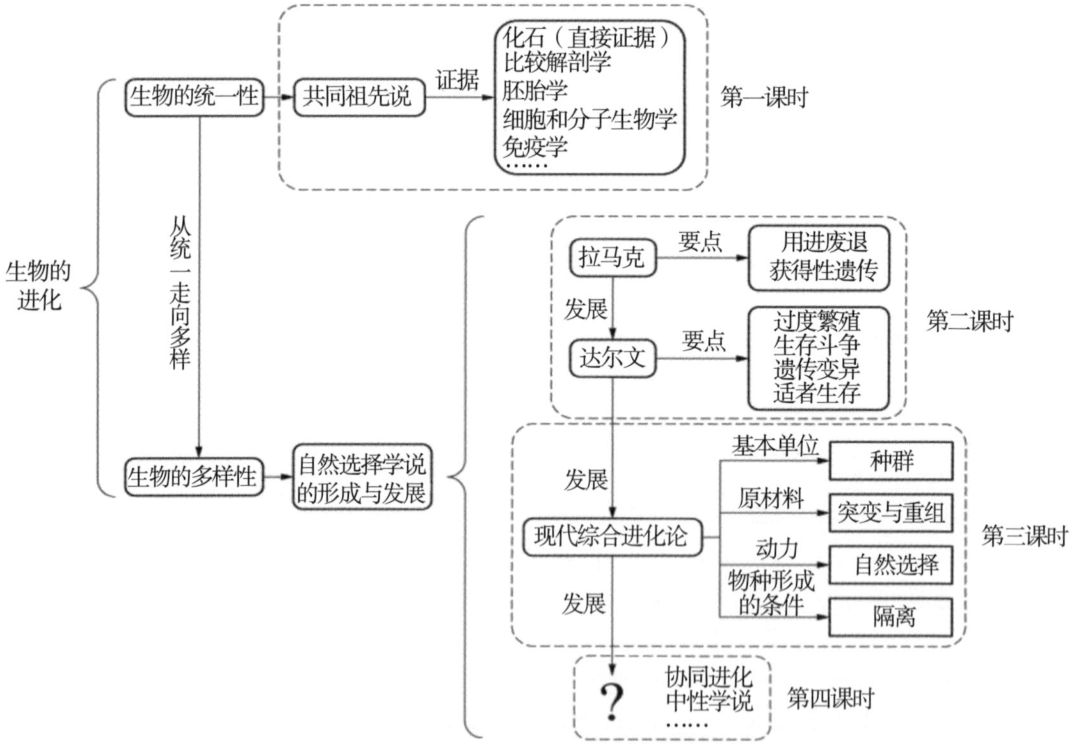

图 2　"生物的进化"单元知识结构

基于教学实践的思考，将课程标准转化为学习目标，采用的通用策略一般包括以下几个步骤（图3）：

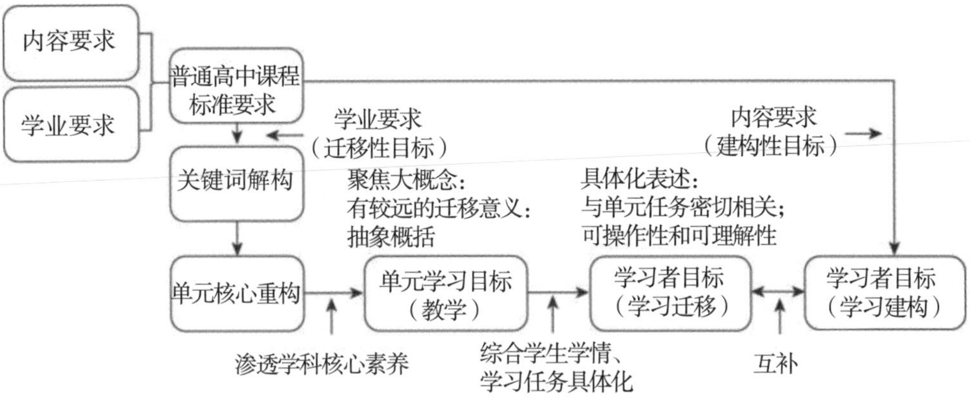

图3 从课程标准到单元学习目标的步骤

1. 基于课程标准，对关键词进行解构

对课程标准中的学业要求作深入解读，找到其中反复出现的名词和动词，分类并按逻辑组合形成该单元的核心概念。

2. 对课程标准作深入解读，实现单元核心的重构

在核心概念的指导下，结合重点发展的学科核心素养，修订单元学习目标（教学）。它聚焦于核心的关键问题和大概念，对其作概括、提炼并适当作迁移和深化，从而引导教师在单元统整视角下进行单元教学设计。

3. 基于单元学习任务，实现学习者目标的转化

在单元学习目标（教学）的基础之上，结合学生学习的实际情况、生产生活的实际情境，对单元学习任务，作具体化的描述，将其转化为具有可操作性、可理解的学习者目标。

4. 基于新课标内容要求，明确单元学习目标

基于新课标内容要求，结合单元学习目标和学习者目标，提炼建构性的学习者目标，与迁移性的学习者目标形成互补。

（二）确定单元评价方案

单元评价着眼于学科核心素养，考查单元教学中学生学科核心素养的发展水平，并反馈到单元教学目标及设计，引导课堂教学按照落实核心素养的方向开展。设计单元评价的目的应该聚焦于引导、激励学生，促进学生发展。评价目标紧扣学习目标，与单元目标和课时目标相嵌套，从而为单元目标的落实提供有力的支撑。

在设计单元评价方案的时候，可以依据学习目标分单元评价方案和课时评价方案来设计。评价内容兼顾知识评价和素养评价，采用二者相融合的方式，从知识点之间的网状逻辑构建、新情境下运用知识点解决问题两方面作出评价，对学生的学科综合素养从生命观念、

科学探究、科学思维和社会责任四方面作出融合评价。按评价方式可以分为自评、互评、师评等。按评价阶段可以分为过程性评价和终结性评价。在制订单元评价方案的过程中，综合考虑评价主体、评价途径、评价目的、评价类型、评价观测点以及评价反馈形式等不同维度，公平、全面地评价不同的学生，旨在给予学生正向引导，让学生明确了解本阶段自身的优势与短板，指明其下阶段的发展方向(图 4)。

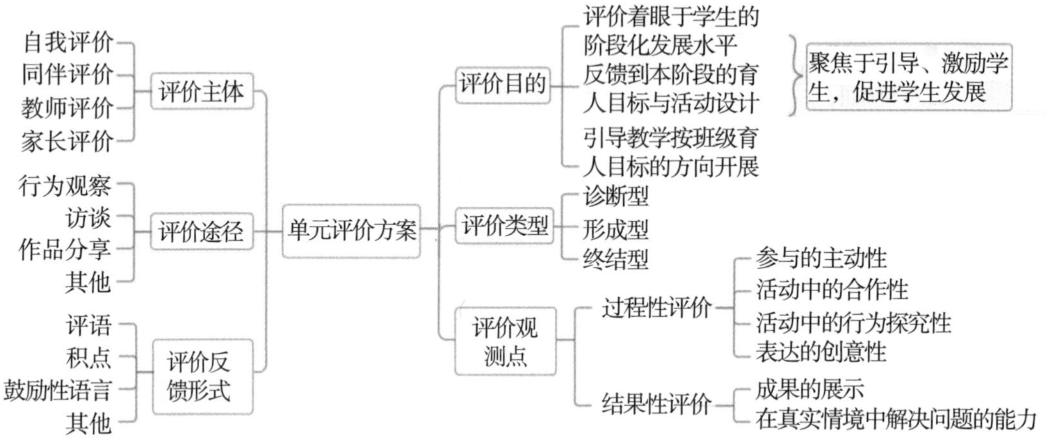

图 4　单元评价方案的维度

（三）设计单元学习活动

创设能贯穿整个单元的学习情境，提出单元教学需要解决的问题并设计学习活动。学习活动的设计着眼点在学生(人的发展)，学生通过形式多样的学习活动(探究、建模、资料收集、交流或展示等)建构学科概念，从而发展学科核心素养。

如李竹青老师在《整体化视角下的单元教学设计实践》一文中，以高中生物学"生物的进化"单元为例所开展的单元设计(图 5)，关键点是"统整"，突破口是"单元选定的教学情境""围绕学习目标设计的学习活动"及"能够真实反馈学习结果的单元评价标准"。把学生的深度学习作为单元教学设计的核心，尊重学生认知规律和身心发展需求，围绕真实情境整体化设计学生活动，设计以学生综合素养为导向的单元评价，同时设计分层评价的多元多维标准，评估学生在解决单元评价试题或任务时表现出来的综合素养水平。①

二、初探统整融合视角下跨学科教学中的单元构建

基于生物学学科单元设计的基本过程，在统整融合视角下的跨学科教学也可以依据上述步骤与理念开展(图 6)。

① 李竹青．整体化视角下的单元教学设计实践——以"生物的进化"单元为例[J]．生物学教学，2021，46(06)：19—22.

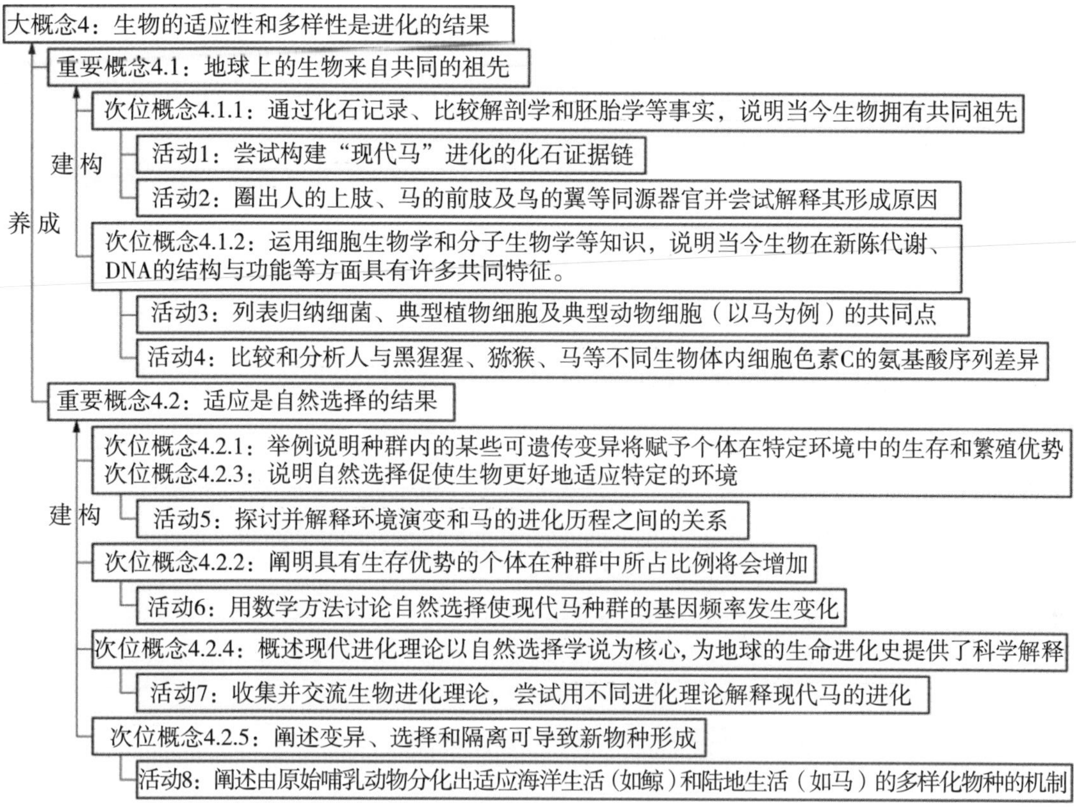

图 5　整体化视角下的单元学习活动设计

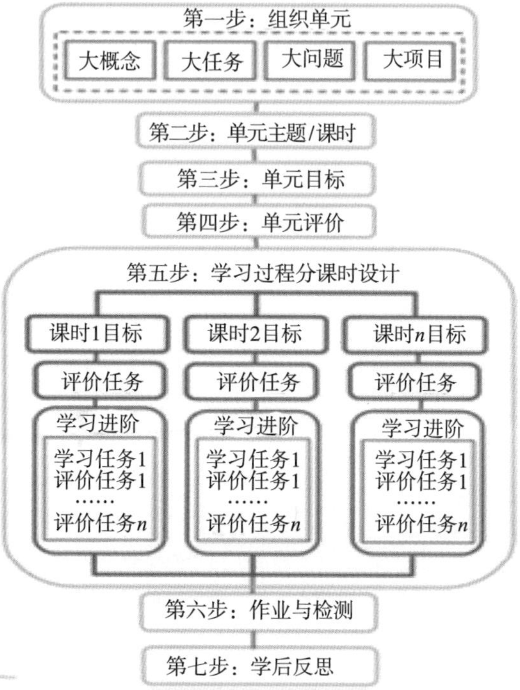

图 6　跨学科单元设计流程

由于跨学科单元学习具有多学科的特点，在明确单元学习目标的过程中可以依据各学科分别对应的课程标准进行学习目标的有机整合，依托逆向思维的模型开展。以“到哪里去”来明确学生的学习目标，以“怎样才能到那里”来设计单元活动，以“怎样证明已经到了”来制订单元评价方案。将不同学科之间的单元作重构与重塑。

不过，在跨学科教学过程中，基于真实情境创设的问题可能并没有现成的学科课程标准链接点，无法运用上述模型进行构建。那怎么设计这一类型的跨学科单元教学呢？科学-写作启发式教学设计（SWH）可能是一有效途径。这是一种从理论到实践、从构建框架到具体实施的设计路径。

（一）构建单元的概念图，聚焦大概念，提炼单元目标

教师要先审视整个跨学科单元包含的全部概念，梳理并构建知识点之间的关系，用思维导图或者概念图的形式将知识点之间的关联可视化。在梳理的过程中聚焦最关键的核心概念，将其定义为本单元的“大概念”，并以其为核心梳理出延伸的次级概念。

比如在“昭通奇迹”的跨学科单元教学中，创设的真实情境为：自 2014 年起，我国将每年 10 月 17 日设立为“扶贫日”。2020 年，注定是中国历史上具有里程碑意义的一年。这是脱贫攻坚、全面建成小康社会的决战决胜之年，是坚持贯彻新发展理念之年。据国务院扶贫办数据，截止到 2019 年末，我国还有 52 个未摘帽贫困县，551 万贫困人口，主要分布在 7 个省区。云南省昭通市境内大多为山区，高山耸立，江河激涌，峡谷纵横。昭通曾经是全国贫困人口最多、贫困程度最深、脱贫任务最重的地级市。至 2019 年末，昭通市的 10 个贫困县区摘帽 9 个，扶贫成就被誉为“昭通奇迹”。

要基于真实情境创设概念图并不容易，这要求教师在该跨学科单元中思考“关于这个单元主题我知道哪些内容”，“我还应该知道什么”，“这些知识点之间有什么逻辑关系”等问题。在构建知识脉络的过程中，教师对单元的整体认知与局部内容有了较为清晰的认知，就能为开展跨学科单元教学设计支架和路径。比如“昭通奇迹”中的大概念是“山区扶贫策略”，概念图为教师提炼、整合单元目标提供了有力帮助，大概念及其子概念就是单元目标（图 7）。值得我们关注与思考的是，一个好的大概念应具备以下特征：能覆盖或贯穿整个单元，简短、重要且综合，是次要概念的聚焦点，可评价。教师可借助概念图确定大概念，并以此为抓手提炼出本单元的学习目标。

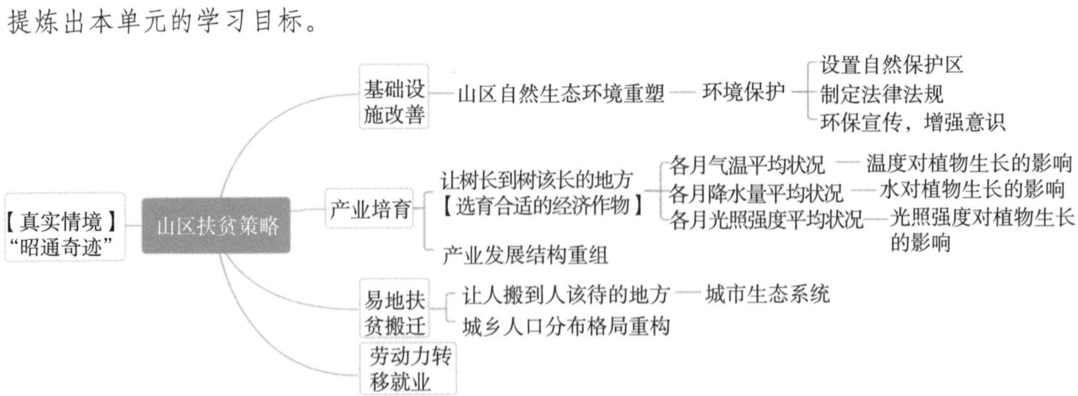

图 7 “昭通奇迹”思维导图

（二）设计单元学习活动

在规划跨学科单元学习活动时应注意，各种活动对于促进学生掌握大概念及次级概念非常重要，很难想象没有规划的活动能引导学生对学习产生兴趣、探究各种问题。一个好的活动应具有如下特征：促使学生对课程发生兴趣，促使学生产生探究问题的欲望，通过激发储备知识使学生比较新旧知识，强调大概念及次级概念，由学生自己发现达到大概念及次级概念的学习要求的途径，在讨论中促进学生与小组内外成员的沟通。

以上海市宝山区教师团队设计的“失控癌细胞与神药格列卫”生物学与化学跨学科案例为例。

你看过根据真实事件改编的影片《我不是药神》吗？影片中一位身患慢性粒细胞白血病的老奶奶面对前来抓捕帮其代购印度低价仿制药“格列卫”的人的警察，说了一段催人泪下的话：“谁家能不遇上个病人？你就能保证你这一辈子不生病吗？你们把他抓走了，我们都得等死。我不想死，我想活着，行吗？”癌症是怎么产生的呢？结合本单元的学习，请你通过查找文献资料，完成一份关于“失控癌细胞与神药格列卫”的研究报告。

【研究内容】

1. 探讨细胞的增殖、分化、衰老与凋亡机理及其与癌症等疾病的关系。

2．从分子角度，阐释格列卫作为抗癌药的作用机制，并进一步查询1～2例抗癌药的作用机制，对这些不同类型的抗癌药作归纳、比较与总结。

3. 提出科学的健康计划与建议，规范人们的生活习惯、饮食结构和运动方式，提出预期目标。

【活动要求】

1. 以团队形式开展，每个团队2～4人，既有分工又有合作。

2. 可任选上述3个研究内容中你感兴趣的一个，收集资料并作阐述。

3. 利用搜集到的文献资料，结合已学知识，撰写文献综述。

4. 上传撰写的文献综述，与同学分享研究成果。

5. 结合评价量表，根据活动中的实际表现，开展自评与互评。

（三）确定单元评价方案

1. 单元评价方案的设计要求

作为一种教育过程中的必要机制，评价的核心价值是促进学生发展，提升教育质量；评价的功能是诊断问题、调整优化、持续改进、动态培育；评价的意图是改进问题、激发学生学习与生活的动机、提高个体学习能力等；评价的根本目的是为学生的终身发展服务，而不是惩治学生，不是打击学生积极努力的意愿。

总之，合理的评价方案能够引导学生前行的方向，适切的评价机制将照亮学生努力前行的道路。学生是千差万别的，个性、能力等亦不同，单一、刻板的评价机制并不能有效促进学生的发展。在单元评价方案的制订过程中，需要关注以下一系列问题：根据梳理出来的跨学科单元学习目标制订单元评价方案，是否围绕“如何证明学生已经达到大概念的学习目标”？

学生应有哪些表现？可以通过哪些途径评价多元化的学生？从教学与评价的角度来分析这些活动特征及要求，可以发现它们实质上是在回答一个问题——教学与评价的设计如何更有效地达到大概念学习要求。在单元评价的过程中，应引导学生根据“最近发展区”实现学习进阶，让单元评价体现出对学生学习正向推动的价值。还是以“失控癌细胞与神药格列卫”生物学与化学跨学科案例为例：

【对学生个体的评价】

评价量表的设计，应关注学生在学习过程中的综合表现。评价指标体系见表 1 所列。评价人：自己、同学和教师。（共 30 颗★。★≥27 颗，为优秀；27 颗>★≥18 颗，为合格；★<18 颗，为不合格）

表 1　个人评价量表

评价人		评价对象	
序号	评价指标		评价（1～5 颗★）
1	在团队研究活动中能够认真完成自己承担的任务		☆☆☆☆☆
2	在团队研究中能主动提出观点和建议		☆☆☆☆☆
3	在研究活动中能采纳他人的意见，与他人合作		☆☆☆☆☆
4	在研究活动中能认真参加每一次课题组活动		☆☆☆☆☆
5	能够积极参与文献综述的撰写		☆☆☆☆☆
6	能认真对待自评和互评活动		☆☆☆☆☆
总评	优秀 □　　合格 □　　不合格 □		

【对学生团队的评价】

根据文献综述的内容和活动过程，评价小组的表现。评价指标体系见表 2 所列。评价人：教师和每组学生代表。（共 40 颗★。★≥36 颗，为优秀；36 颗>★≥24 颗，为合格；★<24 颗，为不合格）

表 2　团队评价量表

评价人		评价对象	
文献综述内容评价指标			互评（1～5 颗★）
1	研究目的明确，能阐述背景或现状		☆☆☆☆☆
2	能结合已有知识，正确分析抗癌药的作用机理（或提出抗衰老方法的机理，或阐述健康生活方式的理论基础）		☆☆☆☆☆
3	基于科学分析，提出治疗癌症的可行性方案（或延缓衰老措施、健康生活的计划与建议）		☆☆☆☆☆
4	报告格式正确，重点突出		☆☆☆☆☆
活动过程评价指标			互评（1～5 颗★）
5	全员积极参与，分工明确，相互协作		☆☆☆☆☆
6	能通过多种途径搜集资料，并作分类整理		☆☆☆☆☆
7	运用科学的语言，条理清晰、图文并茂地展示文献综述内容		☆☆☆☆☆
8	能参与本团队和其他团队的交流活动，表达自己的观点		☆☆☆☆☆
总评	优秀 □　　合格 □　　不合格 □		

2. 单元评价方案设计的重点

由以上评价案例我们可以发现，设计单元评价方案时需要关注以下几点：

(1) 评价主体的多元化。

探索评价主体多元化机制，建构“自评＋他评”的评价方式，形成全方位、立体型评价网络，逐步在教学实践中完善跨学科单元教学的多途径评价模型。

(2) 评价内容的多样化。

由单一结果性评价转向“情感、意志、能力”多维度评价，通过对评价机制的建构，引导学生关注“学习对自身综合素养的影响”，包括价值观、知识与能力，以及学习品质、创新能力等。

(3) 评价方法的科学化。

科学合理的评价方法能够检验跨学科教学的成效，借助“质性评价＋量化评价”完善评价方法，有助于评价者以恰当的方式呈现评价结果。

质性评价和量化评价各有特点，在跨学科教学的评价中承担着不同的任务。量化评价注重数据分析，质性评价注重事实认识和价值认识，二者的结合能更准确地反映跨学科教学的成效，为单元统整视角下跨学科教学的完善与发展提供真实可靠的信息。

(4) 评价过程的持续化。

目前常用的评价方式通常针对学生参与的某一活动作评价，呈现出“点块式”评价样态，没有关注学生的过程性变化、学段变化。评价方式应由“点块式”转向过程性与结果性结合，注重学生知识技能和综合素养的持续性发展。

(5) 评价工具的优化。

形成可操作的评价系统、评价制度以及合理的评价程序，制订评价量表并合理分配各板块的权重，形成与多种学生实践活动匹配的评价标准，逐渐形成从活动设计、实施过程到结果全程贯通的评价模式，最终统整制订出相应的评价手册。

校本化课程点燃师范生跨学科教学设计的思维火花

——以中国中学校本化课程为例

李健

（上海市中国中学）

一、中国中学校本化课程（以生物学支线——“中医文化”课程为例）

（一）显性+隐性，跨学科完善课程体系

为了更好地推动中医药文化进校园，学校发挥“中华优秀传统文化教育”的办学特色，不断完善以“中医文化”为主题的课程体系。该课程以生物学为显性课程，融合化学、地理、艺术等学科，进行跨学科设计，结合上海市中医药大学、中国科学院上海药物所、龙华医院、古法易筋经非遗技艺代表性传承人等高校和第三方资源，以“二十四节气与养生”通识课程为接入点，以中医药特色学科空间建设和配套课程为突破口，通过逐步专业化和分领域研究，建设以“中医文化”为核心的课程群，引导学生逐步与高校专业、未来职业方向接轨，实现生涯导航；同时，立足于课程，设计生产相关周边产品，组织开展活动、线下课程与线上文化传播微课，探索辐射社区、学区及更大范围。

（二）项目+科研，多角度提升课程实效

作为学校特色的重要课程，上海市中国中学“中医文化”主题课程体系主要包含以下项目：

1.“中医文化”主题课程

与专业团队合作，开发面向不同学生的模块化“中医文化”主题课程，主要包括中医诊断、中草药鉴别与鉴定两个模块。学校落实课程单元的整体设计、分章节课时及活动设计，完成学校校本教材的讲义设计和印制，完成教师教学资源库建设。

2. 中医药大学和中医院专家团队的课程与讲座

通过购买、引入中医药大学和中医院专业团队的课程与讲座，丰富、完善学校的课程、

专题讲座和教师素养课程。建立了以学校校本课程为主，引入课程为辅助与提升的课程模式。

3. “中医文化”主题师资培养

推动学校校园文化建设和“中医文化”主题师资的培养。通过高校专业课程的研修、高校教授和一线中医工作者的带教，培养“中医文化”主题师资团队，为下一阶段建设独立的中学中医师资库做好储备。在这一过程中，多位教师撰写的课程设计方案、教育论文，先后获得上海市级教学评比活动的奖项，论文刊登于《上海教育》杂志。

（三）通识＋进阶，全学段推进课程实施

“中医文化”主题课程从2018年开始逐步进入中国中学初高中学段校本选修课程体系。根据学校对校本课程的整体规划，该课程分为通识必修课程、专业选修课程、活动体验课程，主要授课对象为中国中学初高中在校学生。截至目前，在线下已覆盖学校1700余名学生，并通过微信公众号推送、网络微课等形式，向社区、学区乃至全国推广传统文化与中医文化。

为了进一步满足学生多样化的发展需求，“中医文化”主题课程从单一学科课程转变为跨学科、多方向的课程，并逐渐发展为三阶段、四方向的系列课程，与相关大学专业对接。具体课程安排见表1。

表1　“中医文化”主题课程安排

<table>
<tr><th>高一上</th><th>高一下</th><th>高二上</th><th>高二下</th></tr>
<tr><td>通识课程</td><td>专业初级</td><td colspan="2">专业高级</td></tr>
<tr><td>2周4课时/轮，6轮</td><td>2课时/周</td><td>2课时/周</td><td>1课时/周</td></tr>
<tr><td rowspan="5">二十四节气与中医养生</td><td rowspan="3">从岐黄之术到世界医学</td><td colspan="2">中草药的多样化调查</td></tr>
<tr><td colspan="2">本草探源：中草药成分鉴定</td></tr>
<tr><td colspan="2">中医药文创和产品设计</td></tr>
<tr><td>二十四节气与气候变迁</td><td colspan="2">二十四节气与地缘文化差异研究</td></tr>
<tr><td>从炼金术到生活中的化学</td><td colspan="2">本草探源：中草药成分鉴定</td></tr>
</table>

（四）空间＋时间，全方位创设课程环境

1. 建设“中医文化”实践空间

为了更好地落实中医药文化进校园活动，发展“中医文化”课程体系，学校积极创建以“中医文化”为主题的场馆，形成了“一阁、一园、一轩”的中医药文化教育实施平台与课程实践空间。

(1) 一阁:岐黄阁。

学校用综合楼5楼整层楼面(面积约为600平方米)建设融合中医文化元素的“岐黄阁”。利用系列课程,从“二十四节气”“中华养生文化”等生活中的中医药文化引入,让学生学习“中草药学”“中医诊断与治疗”“中医功法”“中医文创”等领域的文化与技能。

(2) 一园:百草园。

学校在校园中建设了一个主要用于中草药种植实践的特色景观“百草园”(面积约为100平方米),供学生开展中草药种植、采摘、标本制作等实践活动。

(3) 一轩:格致轩。

学校建设以“生命科学”为主题的创新实验室,取名为格致轩(面积约为100平方米)。它可供“中医文化”课程的学生作微生物学、生物化学、分子生物学、细胞生物学等领域的实验探究与课题论证。从现代生物技术的角度,为学生科学研究中医提供了技术支持。

2. 开展“中医文化”主题校园活动

学校将中医文化的活动引入了学校的日常活动。许多学生习以为常的校园传统项目,逐渐有了中医文化的色彩,体验到古为今用的新鲜感。

(1) 特色防疫穴位保健操。

2020年,学校生物组的教师与中医药大学的教授在传统眼保健操的基础上,共同设计了防疫穴位保健操。将中医文化、经络穴位学说通过学生推广到学生家庭,进入了防疫第一线。该举措还被“学习强国”平台收录并广泛宣传。

(2) 特色文化创意产品。

针对学生兴趣多元的特点,学校生物学教师与艺术教师合作,开展跨学科学习活动。引导学生以中医文化为主题进行文创设计,以学生喜闻乐见的方式将中医文化、中医哲学融入他们的学习与生活。

二、融通创生,激发课程生命力(以“岐黄学社”的“岐黄:从术到道”课程设计为例)

(一)课程目标

1. 通过“课题”式社团活动,学生能够了解中医药文化的脉络,开展文化探索性的社团活动以及验证文化真实性的探究活动,以增强传统文化素养、文化自信与文化认同,增加人文底蕴。

2. 改善目前社团活动中存在的单一化、碎片化的传统教学模式问题。学生主动探索,拓展思维模式,改变学习方式,形成自主探究传统文化的社团群落,并能够与高中生课题探究接轨,培养学生可迁移的深度探究思维能力。

3. 学生通过课程学习,紧密联系,加强合作,最后能以多种形式展示探究成果(如中医药文化展板设计、中草药产品介绍等),提高交流协作能力以及行动力。

（二）课程结构与内容（图1）

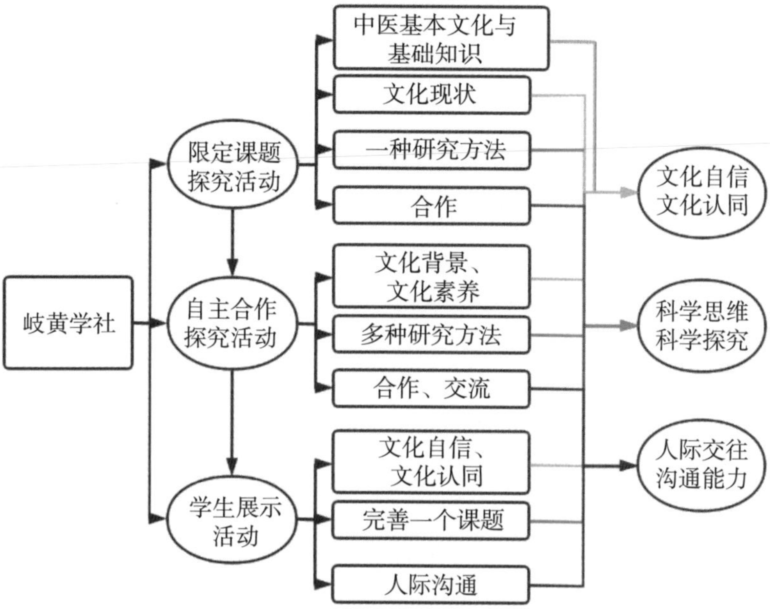

图1 “岐黄学社”课程结构与内容

（三）课程实施与评价

1. 限定课题活动探究阶段(2课时)

在社团活动初期，让学生在活动中了解社团基本文化，学习相关基础知识。学生在第一次探究活动中积极思考，作出尝试，与小组成员协作，初步实践探究活动，理解其基本模式。(核心驱动问题)

案例：“岐黄学社”限定探究活动——“我身边的中草药”问卷调查

【活动意义】

初步了解岐黄、中医文化，初探中医文化在生活中的现状，学会一种问卷调查的调查方法，提升小组合作探究能力。

【评价】

各小组参与评选“我最喜欢的问卷设计”(学生互评)。教师选出不同角度的问卷设计方案，如“最受欢迎问卷”“最具探究价值问卷”“最有影响意义问卷”等等。

2. 自主课题探究活动阶段(4课时)

基于初期的学习，学生已能够适应小组活动。选择一种中草药或其衍生物(如“枸杞子”“枇杷膏”等)开展文化寻根活动。小组协作调查，厘清它的来源、文化脉络、发展历史、现在情况以及发展前景，形成课题。初步完成课题相关兴趣调查表(图2)以及课题研究启动表(图

3)。

【活动意义】

探索文化背景,增强文化素养,增进文化自信;学会多种探究能力,如文献搜索能力、资料收集整合能力等;小组合作分工明确。

【评价】

各小组作自主研究课题中期汇报,并进行互评(图4)。教师对学生课题进行中期指导与论证,并适时帮助学生作阶段性修正。

评价方案:最后通过“课题启动表”20%“课题中期评价表”20%,“结果呈现”60%的比例进行学生评价。论文完成优秀者额外加分。

课题相关兴趣调查表			
微生物发酵原理的了解程度	熟悉	知道	不清楚
传统酿造工艺的掌握程度	熟练	一般	生疏
课题方向的选择	有多个想法想尝试或者创新课题	有简单的课题	无
课程方案的设计制定	有明确的设计方案	有简单的想法	无
附表: 课题方向选择 课程方案初步设计			

图2　课题相关兴趣调查表

根据表格填写情况分为优秀A、良好B、尚可C、需努力D四个层次。

课题研究启动表	
课题名称:	
组内成员:	
明确计划(包括课题材料、实验操作、小组分工、时间节点等方面)	

图3　课题研究启动表

根据表格填写情况分为优秀A、良好B、尚可C、需努力D四个层次。

课题中期评价表	
课题名称:	
组内成员:	
实验存在不足或者问题 实验改进方案(简案)	

图4　课题中期评价表

3. 学生课题成果展示阶段(2课时)

学生互相交流,通过多元化的方式(如课例报告、活动设计方案、校内科技节展示、校外文化宣传等)展示小组探究成果。

【活动意义】

增强文化自信和文化认同感;在展示过程中转换角色,进一步思考,完善探究;培养小组合作能力、人际沟通能力。

【评价】

各小组互相对课题成果作评价;教师对课题作出结题评价,并对课题存在的问题提出改进建议;学校推送相关新闻稿,评选出校内学生最感兴趣课题、最具探究性课题等。

【案例】

“岐黄:从术到道”课程

活动一:初识岐黄——“我身边的中草药”问卷调查

活动设计:本课程有别于学生既有的知识体系和传统的课堂教学模式,且学生的中草药知识十分匮乏,对中草药现状的认知缺失,故本社团的第一次活动从一个小型探究课题“我身边的中草药”问卷调查入手。学生在准备的阶段中学习中草药文化，对其形成初步认知。随后设计调查问卷、进行问卷调查、展示交流调查结果，在这一过程中产生思维碰撞，真正认识中草药知识和文化。

设计意图：学生掌握一些基本的信息获取方法，如问卷调查、走访调查；学生能自主探究，对于中草药知识有自己的探索和领悟，初入岐黄。

关键事件：什么是岐黄？（岐黄之源）

在交流问卷统计结果的过程中，有一个学生的问卷中有这样一个问题：“你知道什么是岐黄？”而该问卷结果显示，有78%的人对岐黄之术知之甚少（图5）。在场的其他学生也仅知道社团名称叫作“岐黄学社”，知道“岐黄：从术到道”是一门与中草药、中医药相关的课程，却不知道“岐黄”的来源。好在该学生精心准备了关于“岐黄”含义的论证。这样一问一答，其他学生也就了解了“岐黄”的含义，以及社团的名称“岐黄学社”的由来，对课程内容也大概明白，知道是学习中草药、中医药，而岐黄学社是一个学习传统文化知识与技艺的探究型社团。当然，除了这个问题以外，学生设计的问卷还有更多有意思、有意义的问题，如对中草药文化的认同程度、身边常见的中草药种类及其药效等（图6）。像这样自主探究、相互沟通交流的学习，相较于传统的课堂模式，学生学习兴趣更强，且初步形成了一定的探究能力。学生较快地形成对于社团课程的初步认知，有助于在接下来的活动中进一步发展。

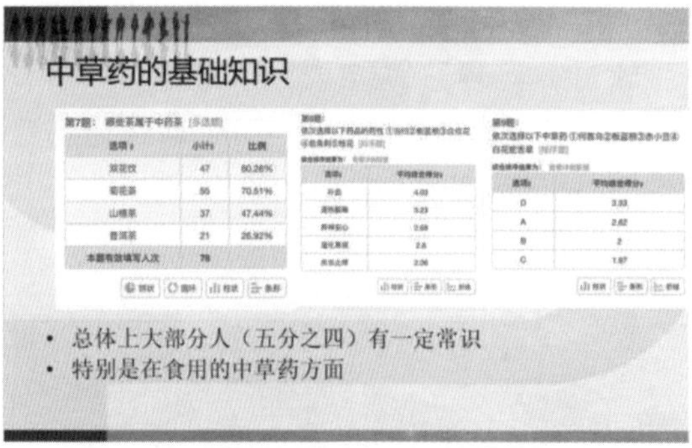

图5 关于中草药基础知识的调查结果

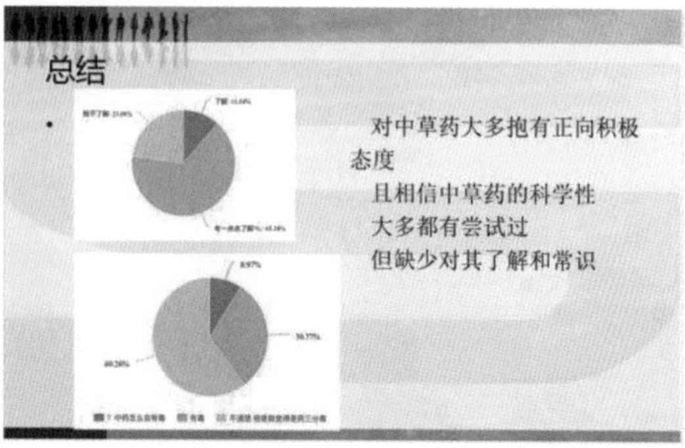

图6 对中草药认知的调查结果

活动二：寻根溯源——一种中草药的“刨根问底”

活动设计：中草药文化是中华传统文化的精粹之一，学生对一些中草药知识与应用有了简单的认知之后，进一步挖掘中草药传统文化魅力，其实也是对中华古代传统文化的深耕，因为它们是相辅相成，浑然一体的。设计寻根溯源活动，从一种中草药出发，探寻中草药的文化脉络（来源、发展、趣闻等），结合古代背景，探索中华优秀传统文化的传承与创新。

设计意图：学生通过对中草药追根溯源，走进中华古代传统文化，更加深入地了解中草药的故事，也明白文化是连绵不断的，是传承发展的，由此增强文化自信；同时，也学会一种课题探究的方式以及过程性的描述方法。

关键事件：“枸杞子”可以被替代吗？

在自主选择探究活动过程中，有一个小组选择探究生活中常见的中草药“枸杞子”。他们从枸杞子的文化来源出发，从故事中了解名称的由来，也从一则小故事知道了枸杞子的功效：滋阴补肾，利于调养。最终以该故事为载体，结合现代宁夏中卫的红枸杞，完成了海报展板设计。

活动三：知行合一——“行动性”研究课题成果展示

活动设计：在进行了至少半学期的几个限定课题的中草药知识学习和文化探究活动后，怎么将所学知识整合和应用是一个大难题。于是本社团采取自主“行动性”研究课题的成果展示作为最终小组评价依据，让同学们能够把知识付诸实践，由此催生出了多样化的实践研究，如传统香囊的改良探究、线香制作、艾条自制、梨膏糖制作等。

设计意图：学生能够在“行动性”课题中合作分工，各司其职，完成课题研究，最终完成高质量的研究报告，同时完成高中生的课题任务。增强协作能力，且更好地体验、感受传统文化，能够将中草药文化融入生活。

关键事件：制作结合上海文化的梨膏糖。

小组成员共4名，他们有明确的分工：2名同学负责收集数据、采购材料、市场调研等活动，1名同学负责后期文章的撰写与展示PPT的制作，1名同学（小毛）负责录制梨膏糖制作视频并收集过程性照片。其中让我印象较深的是小毛同学，他之前在我的生物学课堂中是“两耳不闻窗外事，一心睡觉”，学习成绩也不理想。但是他在本次探究活动中表现出的积极性以及思考深度，让我不得不对他重新审视。他在小组中任务最重，整个梨膏糖的熬制流程大约需要8小时，而他投入的时间远远不止8小时。在第一次熬制失败后，他改制药方进行了第二次探究实验才获得成功。两次实验大约16小时，当我问到梨膏糖的文化、来源、涉及的中草药的功效时，他都能侃侃而谈，所以他应该是花了超过16个小时的时间去学习与了解。这样的探究过程让我觉得他与其他人不一样，有科研的品格、探索的精神，展现出不同于课堂中那个小毛的人格。

图7　梨膏糖原料

图8　制作好的梨膏糖

通过课程实施，我们反思总结了“岐黄学社”课程设计的经验。在社团活动中，学生开展了多元化的活动，如限定探究活动的梨膏糖制作、线香制作、香囊手绘制作、文化展板制作，等等。此类活动不仅能与学校文化艺术节、科技节有机融合，也能通过生物学课堂，面向全体学生作文化展示和成果交流。

在课程实施过程中，我们也发现了一些问题，并提出了改进措施。

问题1：由于社团活动多数以小组为研究单位，所以目前既定的小组模式普遍存在组长挑重担，组员划水的情况。

改进措施：①采用组长轮换制；②根据项目的特点，为团队任务设置不同的角色，让学生选择感兴趣的角色完成小组合作任务；③除了布置团队任务外，也要布置个人任务，参与的学生须提交独立的个人成果；④在课程内容和成果展示上更多创新，增加学生的选择机会和参与度。

问题2：核心驱动问题的设计维度比较单一。

改进措施：①问题设计应更具挑战性和开放性，能够让学生深入探究而不止于实质的结果；②从生活实际出发来设计驱动问题；③设计分阶段的问题，可以设计问题链或者过渡性挖掘问题。

问题3：欠缺评价量表，对于学生表现的评价维度比较单一。

改进措施：①设置多维度（如探究能力、参与度、表现能力等）的评价量表，做好教师评价。②做好学生小组之间的互评以及组内的组员互评。评价进行细化分类。

研究孵化成果

立项课题

1. 2020年，上海市浦东新区区级课题“基于深度学习的跨学科案例编制与教学实践研究”。

2. 2020年，上海市普陀区教研科研一般课题“‘科学思维’视域下的跨学科案例分析校本课程开发”。

3. 2021年，上海市徐汇区区级一般课题“‘双新’实施背景下混合式教学在高中生命科学单元教学中的实践研究”。

4. 2021年，上海市徐汇区青年课题“基于混合式教学的高中生物学学科单元设计与资源建设”。

5. 2021年，上海市徐汇区德育课题“‘双减’背景下厚植中华优秀传统文化的高中生‘课题式’社团活动的实践研究”。

发表论文

1. 《UbD：跨学科教学设计的通用工具》发表于《上海教育》2020年第32卷。

2. 《“站点－翻转”混合式教学在高中生命科学单元教学中的应用与研究》发表于《现代教学》2021年S2期。

3. 《上海江河的绿色变迁》发表于《中学科技》2021年第1期。

4. 《奇趣大自然》发表于《中学科技》2021年第2期。

5. 《你从哪里来？我的能量》发表于《中学科技》2021年第3期。

6. 《生态系统服务功能——隐藏的价值》发表于《中学科技》2021年第4期。

7. 《“荒山”变金山》发表于《中学科技》2021年第5期。

8. 《建筑万花筒》发表于《中学科技》2021年第6期。

9.《会“变色”的雷鸟》发表于《中学科技》2021年第7期。

10.《“站点一翻转”混合式教学在高中生命科学单元教学中的应用与研究》发表于《现代教学》2021年第7期。

获奖情况

1. 2020年，李健设计开发的跨学科探究性课程“从中华传统酿造到微生物发酵工程”获上海市徐汇区中学研究型课程说课评选二等奖。

2. 2020年，杨晓鸣撰写的教学实践案例《和氏璧的复原计划》入选“跨学科教师专业成长”论坛。

3. 2021年，张放撰写的教育案例《我的努力为什么不能被认可》入选《2020年见习教师规范化培训教育案例分析集》。

4. 2021年，石兰馨设计的跨学科教学案例《南汇水蜜桃》在上海市浦东新区初中跨学科案例评比中荣获优秀案例奖。

5. 2021年，李健设计的“妙手回春——传统中医到世界医学”课程获上海市徐汇区青年教师创新科技比赛三等奖。

6. 李慧撰写的教育案例《设计思维视域下的教学设计转变——从单一学科到多学科、跨学科历程》获上海市第一届教育硕士优秀教学案例一等奖。

教育信息化背景下，为教师赋能，构建初中英语口语精准教学新模式

教育信息化是时代发展的必然趋势和要求，推进教育信息化，是很多国家教育发展的战略举措，也是各国教育面临的重大挑战。2021 年 1 月 3 日，《2020 上海基础教育信息化发展蓝皮书》正式发布，提出常态化用好信息化手段，满足学生个性化发展需求，全面提高教育质量。信息化手段可以帮助我们记录学生的学习过程，形成大数据，在数据为教学赋能的同时，我们更应该为教师赋能，培养教师有效利用信息技术的技能来支持学生学习，深入思考评价学习数据，精准灵活规划学生的学习路径，因材施教，实现大规模个性化教育。教学评价是教学的一个重要环节，在信息技术的辅助下，一些学校利用智能平台对英语口语作业作评阅和管理，但目前的平台数据结果无法很好地反馈学生的学习成效和教师的教学质量。英语教师只有学会评价，具备语言评价素养，才能有效利用信息化手段监控教学过程，改善教学成效。本研究由教学经验丰富的大学研究者和中学教师组成实践研修共同体，组织参与项目的教师阅读相关文献，定期开展网络工作坊、联合教研活动，产生有效的新理念、新方法；同时学习《中国英语能力等级量表》，制定口语作业评价标准。通过这些理论与实践探究活动，为教师赋能，不断探索初中英语口语精准教学新模式。研究团队利用优质教育资源和信息技术，边实践边反思，不断改进教学，并积极为教师专业成长赋能，对建设高素质专业化创新型教师队伍和培养有国际视野创新能力的未来人才，有着积极的理论和现实意义。本章主要介绍 UGS 联合研究课题“教育信息化背景下为教师赋能，构建初中英语口语精准教学新模式的探究”的研究背景、主要研究内容和方法，并分享相关教学实践案例，希望对相关问题的解决有所启示和帮助。文章作者分别为本课题负责人和共同参与研究的上海市区级英语学科带头人及初中学校的英语教师。

教育信息化背景下，从为教师赋能的视角，构建初中英语口语精准教学新模式的探究

顾翡

（上海师范大学）

一、研究背景

近年来，我国中小学教育信息化的发展突飞猛进。2018 年，教育部发布了《教育信息化 2.0 行动计划》，2019 年，中共中央、国务院发布了《中国教育现代化 2035》，教育信息化从重点关注量变，向重点关注质变转变，对信息化学习环境的建设与应用、教师信息化创新能力、信息技术与学科教学深度融合提出新要求。上海随后发布了《上海教育现代化 2035》《上海教育信息化 2.0 行动计划》，谋划和部署人工智能与教育融合发展，让新技术、新理念、新应用走进中小学，拓展教育教学的智慧空间，加速了线上线下教育深度融合的发展进程。积极建设一体化智能平台，深度挖掘分析学习数据，科学诊断智慧决策，改进教学、优化管理、提升绩效，成为当下教育信息化建设迫切要完成的任务。

2019 年，《中共中央　国务院关于深化教育教学改革全面提高义务教育质量的意见》强调了课堂教学主阵地的作用，提出精准分析学情，提高课堂教学质量的要求。作业是评价学情的重要指标，是评判学生学业成就水平的依据。2020 年 10 月，中共中央、国务院又发布了《深化新时代教育评价改革总体方案》，提出立足智能多元创新教育评价方法，研制教育评价工具。基于教育数据分析，对学生学业成就水平进行诊断分析，并指导改进教学，真正发挥教育评价的调节和改进功能。2020 年上海中考英语改革，为了提升学生的英语应用能力，增设英语听说测试，采用人机对话的方式进行，满分 10 分，测试时长 10 分钟。这一切都对现有的初中英语教学提出了新的挑战，尤其是教学资源薄弱学校的口语教学。

对比 2019 年和 2020 年中考考纲，对能力目标的考查从“评价考生的英语基础知识和运用英语进行交际的能力，在语言知识和语言能力之间侧重对语言能力的评价”细化为“评价考生的英语基础知识和运用英语进行交际的能力，重视学生运用所学英语分析问题和解决问题的能力”。《义务教育英语课程标准（2011 年版）》及《义务教育英语课程标准（2022 年版）》（以下简称《新课标》）均提倡在中小学英语教育中采取形成性评价和终结性评价相结合

的路径，采用多元优化的评价方式，评价学生综合运用语言的能力，通过评价激发学生学习兴趣，促进学生自主学习、思辨、创新等多种能力的发展，真正实现素质教育。《新课标》提出："教师要充分理解评价的作用，明确评价应遵循的原则，基于评价目标选择评价内容和评价方式，将评价结果应用到进一步改进教学和提高学生学习成效上，落实'教—学—评'一体化。"这方面的理论研究也不少。但在实际教学中，尤其在教育资源相对薄弱的学校，传统考试驱动的教学模式没有得到根本性的扭转，以考代教、教学效率低下、学生作业负担重的状况依然存在，原因复杂，而教师的信息化创新能力低下和语言评价素养欠缺是重要的原因之一。

在日常教学中，教师常通过学生的课堂表现和抽查口语作业来衡量学生的口语能力。由于缺乏准确的评价标准，以及受限于课时紧、班级规模大等实际问题，评价往往比较主观模糊。平时的课堂活动中，教师只能观察到部分学生的能力表现，无法精确记录数据构建学生画像，无法准确评估学生的学习能力和学习状况。传统的英语口语作业评价，评价方式单一，往往拘泥于对语言知识的对错判断，对学生完成作业的能力等因素缺乏深层的思考和判断，受到课时和技术条件等的限制，不能及时获得准确反馈，更无法全面了解学情、更精准地制订下一步教学计划。

2018年，《中国英语能力等级量表》(以下简称《量表》)正式发布和实施。作为我国首个英语学习者英语能力的测评标准，《量表》制定了中国英语能力等级的描述体系，建立了语言能力、语言知识和语言策略的描述框架，致力于在我国英语学习、教学、测评间架起一座连通的桥梁。《量表》从语言教学和社会需求的实际出发，以交际语言能力模型为理论基础，将语言能力定义为语言使用者/学习者运用自己的语言知识和非语言知识以及各种策略，参与特定情境下某一话题的语言活动时体现出的语言理解能力和语言表达能力。除了可以对接现有的测评系统(如托福、雅思和高考)外，《量表》也可以用于指导日常教学中的形成性评价，促进多元评价、反馈教学。由于《量表》实施时间还不长，大多数初中英语教师不太了解《量表》，建立研修共同体、学习与初中口语作业评价相关的分级量表以及示例描述语，有助于教师重新认识初中英语口语教学与评价，制定英语口语作业定性评价的标准，探索如何参照《量表》作形成性评价，从而准确把握学生的口语学习情况，精准设计教学内容，做到因材施教。

二、相关研究现状

(一) 关于《中国英语能力等级量表》的研究

自《量表》颁布实施以来，已有不少相关研究。最初的研究多聚焦《量表》的研发背景和理论基础，大部分成果是由《量表》研制组成员或顾问专家发表的，如揭薇描述了《量表》的口语量表制定原则，界定了口语能力概念，构建了口语量表框架结构。也有学者探讨《量表》的信效度，王华验证了《量表》的口语分量表效度较高。在实践方面，《量表》在语言测评方面的应用较多，范围较广。雅思、托福、高考已与《量表》对接，还有一些机构和平台已基于《量表》开发测评工具，如外语教学与出版研究社开发的诊断测试系统"优诊学"，为不同级别水平的学习者提供英语诊断测评,旨在帮助他们更好地了解自身英语能力。在教学方面的相关研究不多,大都探讨《量表》在不同学段的写作和阅读教学中的运用,但在义务教育学段口语教学中的运用的研究甚少,现有的研究多关注利用《量表》帮助确定课堂教学目标和作教学活动设计,缺乏将其用于作业设计与评价来反馈学习者能力和学习状况的实践研究。

根据《量表》,口头表达能力具体表现为"说话人在分析情境、参与者、表达目的、交流渠道等语境因素的基础上,恰当地运用语言知识和交际策略,有效地完成口语交际任务,实现交际目的"。口头表达能力量表包括口头描述、口头叙述、口头说明、口头指示、口头论述、口头互动六个方面。形成性评价需要统一的标准,《量表》对语言能力标准的界定,能够为形成性评价提供连贯统一的参照标准。

(二)关于口语评价的研究

在口语评价中,评价标准是个重要因素。在传统的作业评价中,受应试教学的影响,多数老师采用终结性评价标准来评价朗读、看图说话、复述、口头陈述等口语任务,在口语语言的准确性和流利度两个维度打分定级,智能平台也是如此。评价方式单一,以分数或等第呈现的评价结果无法对教学作及时有效的反馈,也容易挫伤能力偏弱的学生的自信心和学习积极性。形成性评价是对学习活动进行跟踪、监测和反馈的动态评价过程,《新课标》明确提出多元评价的要求:"将形成性评价和终结性评价相结合,定性评价和定量评价相结合,使评价全面、准确和灵活。"

目前的中小学口语形成性评价研究,一为形成性评价工具应用的案例分析,如自评表、互评表的探索;二是与国外形成性评价的对比研究。由于缺乏统一的标准,依托智能平台进行口语作业档案袋的形成性评价的研究较少。

(三)关于精准教学的研究

精准教学是由美国教育学家奥林登・林斯利提出的。林斯利将精准教学定义为"根据测量的标准加速度图表现出来的持续性自我监控的频率数据的变化而作出的教育决策"。在我国,春秋时期孔子提出的"因材施教"理念,也包含了精准教学的目标。在教育信息化背景下,精准教学被赋予新的含义。张灵芝(2016 年)将精准教学定义为:教师在教学过程中借助现代化的技术手段来精准设计教学环节和教学内容,并做好记录,对数据进行不断分析。彭红超和祝智庭(2016 年)认为,精准教学模式应该包含"三准":目标精准、问题精准和干预精准。在本研究中,精准教学指的是教师基于学科专业素养精准解读教育教学数据,精准决策,确定下一步教学和学习目标,选择灵活高效的教学组织形式,优化教学。

三、研究的主要内容、重点及难点

(一)主要内容

本研究主要探讨如何通过为教师赋能和教学干预,帮助教师发展语言评价素养和信息化创新素养，利用智能系统发布和评估口语作业，建立学生电子学习档案袋，准确解读数据，反馈教学与学习，构建初中英语口语精准教学新模式。

斯蒂金斯等将课堂评价分为准确评价和高效运用两部分，前者包含清晰的目的、明确的目标和良好的设计三大要素，后者包括有效传达和学生参与两大要素。戴维森和梁(2009年)提出外语课堂评价框架，将课堂评价分为四个阶段：规划评价、收集关于学生学习成果的信息、作出专业判断和提供恰当的反馈或建议。每个阶段都须翔实地记录，这在传统课堂中很难实现。

本次参与研究实验的三所学校认同学生自主成长的理念，坚持融合创新的办学理念，积极探索智慧教育平台的使用方法，建立了作业批改和评价的平台。目前系统能根据学生的口语发音给出简单评价，推送正音练习课程。通过智能作业系统，教师可以布置多模态作业，建立学生电子学习档案袋，采集学生的伴随式学习数据，及时评价反馈，改进教学组织形式，构建精准教学新模式。

（二）研究重点

本研究聚焦三个问题：

为教师赋能对教师信息化创新能力和语言评价素养的提升有何影响？

教师探究口语精准教学新模式的干预原则有哪些？

教师根据实践反馈逐步改进教学设计，最终形成的口语精准教学模式对教学效果有何影响？

（三）研究难点

本研究可能会碰到以下难点：

平台技术支持不够，数据无法被智能化归类分析。

教师的教学理念和方法在短时间内难以转变。

教学过程动态多变，学生学习情况复杂，教师难以找到规律，精准教学模式无法大规模复制推广。

（四）研究创新

本研究的创新之处：

选题新颖，符合国家教育信息化发展和义务教育优质均衡发展的迫切要求。

研究者在真实情境中与教师合作，有效干预，确保教师理解所学的新理念新方法，以研促教，真正为教师赋能，促进教师专业成长。

通过智能系统，建立学生电子学习档案袋，帮助教师获取形成性评价的教学信息、改进教学方法，也有助于学生优化学习策略，提高学习能力。

基于《量表》提升初中英语教师的语言评价素养。

四、主要研究思路与方法

本研究立足真实的教育教学情境，在教学实践中分析复杂且有代表性的问题，找准理论依据，有序开展研究，形成研究的理论框架，设计具有教学理论特征的教育干预方法，并通过不断应用、评估、完善的渐进过程探索实际教学问题的解决方案和理论解释。通过采集和分析数据对干预措施作形成性评价，利用反馈结果进一步完善设计，最后生成设计原则和精准教学新模式。采用定量研究和定性研究相结合的混合式数据收集模式，有效整合量化和质性数据，为研究提供多种数据视角。

研究工具包括问卷调查、教学日志、培训反思和访谈。通过问卷调查和访谈，了解口语教与学的现状和存在的问题。通过教学日志和反思，记录“设计—反馈—迭代”过程中的心得体会，有助于日后提炼干预的关键特征和设计干预的指导原则等。

本研究的实验周期为一学年。

第一阶段(2021 年 1 月)：搜集并研读文献资料，制订调查问卷和访谈提纲，发放问卷，进行访谈并录音，完成文字转写。通过调查和访谈结果了解口语教学现状，发现有待解决的问题，初步设计口语作业形式和教学模式。

第二阶段(2021 年 2 月—2021 年 10 月)：通过中外网络工作坊和教研活动，学习信息技术和教学的融合方法，学习《量表》，制定和完善口语评价标准。通过智慧教育平台上传和评估作业，不断完善优化教学模式，撰写教学日志和培训反思。

第三阶段(2021 年 11 月—2021 年 12 月)：对实验数据作归类和分析，汇总研究结果，撰写教学研究论文或报告。

五、主要研究成效

（一）以研促教，为教师专业成长赋能

研究者在真实情境中与教师合作，有效干预，确保教师理解所学的新理念新方法，以研促教，真正为教师专业成长赋能。在本次研究中，教师学会了关注理论与实践良性互动和相互促成的过程，更关注学生特点、学习过程等影响教学成效的复杂因素，意识到语言学习的复杂性和动态特征，主动积极地探索教学实践问题，把教学理论和教学研究成果转化为具体的教学实践行动，最终改善教学成效。

（二）以评促教，提升教师语言评价素养，探索精准教学

本次研究形成了由大学研究者引领、以真实任务驱动的教师研修共同体。首先，教师逐步熟悉了《量表》，理解不同的口语表达任务以及评价维度。经过一段时间的学习探索，三所学校的教师各选择了一个口语任务来制订作业评价量表(朗读、复述和叙述类口语陈述)，探索评价维度，撰写描述语。随后，教师开始理解形成性评价和终结性评价的区别，能初步基

于《量表》制定不同口语作业任务的评价标准，并结合实际教学情况细化修订口语能力描述语。最后，教师利用智能平台建立学生口语平时作业的电子档案，获取形成性评价的教学信息，尝试不断优化口语评价定性反馈，给每个学生撰写诊断报告，并总结提炼全班的共性问题，确立教学目标，改进教学方法，建立初中英语口语精准教学新模式。

（三）以评促学，提供个性化反馈，明确学习目标

电子档案为学生提供个性化反馈，帮助实现学生和教师之间的良性互动，提高学生对英语口头表达的兴趣，鼓励学生自由探索、不断反思的精神，有助于学生优化学习策略，提高英语学习能力，促进独立思考解决问题的能力，为实现自主学习打下良好的基础。

基于量表优化评价，培养初中学生英语朗读能力的研究

叶岚[1]，潘晓霞[2]，华楠[2]
（1. 上海世外教育附属浦江外国语学校；2. 上海市同凯中学）

一、研究背景

随着我国教育需求的变化，《义务教育英语课程标准》（2022 年版）（以下简称《新课标》）应运而生。《新课标》注重“教一学一评”一体化设计的课程理念，该理念坚持以评促学、以评促教，将评价贯穿英语课程教与学的全过程。“教一学一评”一体化设计既注重发挥学生的主观能动性，也引导教师科学运用评价手段与结果。在以往的教学中，终结性评价是广大英语教师主要使用的评价工具，但过于单一的评价方式已明显不能满足当今英语教学的需求，所以《新课标》中强调教学评价应采用多种评价方式和手段，体现多渠道、多视角、多层次、多方式的特点。应将形成性评价与终结性评价相结合。形成性评价对语言学习的帮助是巨大的，所以本文尝试通过优化评价标准表，使教师从发展的视角、以发展的眼光、用发展的观点评价学生在英语朗读中的表现。教师在描述性评价中，能够充分关注学生的个体差异，帮助每个学生在原有基础上提高朗读能力。

语言的学习从听并模仿朗读开始。朗读是实践的开始，也是最初的兴趣萌发点。一个不会“读”的学生，英语学习往往困难重重，所以教“朗读”是中小学英语课堂不可或缺的一环。在很多英语课中，朗读教学就是带着学生读几遍单词，或让学生跟着录音读一遍课文。但学生机械地模仿往往容易造成“课上读，课后忘”的后果。走形式的朗读对于学生自身学习能力与效率的提升是明显不够的。在《新课标》中，对初中学业质量的描述，关于朗读的内容为：“朗读相关主题的简短语篇时，连读、自然停顿、语音、语调基本正确。”这让教师在设计评价标准表的维度时有了方向。

本文结合《新课标》和《上海市初中英语学科基本要求》（以下简称《基本要求》）以及《中国英语能力等级量表》（以下简称《量表》）中有关口语表达和语音系统表中的相关描述，尝试为六、七年级，不同单元教学中的朗读教学，设计符合不同课时目标的各类评价标准表（作了诊断维度的细化），供师生评价用。内容包括师生评价、自评/互评检查表。这一张张表最终构成学生的电子档案袋，学生从中能完整地看到自己学习提高的过程，以及学习前后的关联

性。形成性评价在培养学生朗读能力上的优势得以充分体现。教师设置的教学目标和学生的任务清单都体现了形成性评价在教与学的过程中的反馈和激励作用。学生能够在发现问题、解决问题的过程中获得知识和提升能力。

二、研究现状分析

在既往的英语口语教学研究文献中,针对学生朗读能力培养的文献很少。李劼全(2012年)和王秀雪(2011年)的文章关注了学生在朗读中需要提高的能力,并提出了培养学生朗读技巧的方法。同时,两者的文章都提到了语音的多维度,如节奏、停顿、语调等。梁鲜、符其武(2010年)对学生语音材料就某些方面(如朗读节律、语调、调群)作了分析。以上文献给我们启示最多的是朗读评测需要多维度,但是这些评价多数是从老师的角度,在学生朗读材料后,分析提出学生朗读中存在的问题,对于评价标准的设置,以及标准对师生的共同促进作用都没有体现。

如果把范围扩大到听说教学的评价,我们发现大多文章关注的是评价的内容,如不同的考试题型和形式、评价的过程(关注评价者的多样化、评价语言的积极性和鼓励性、评价结果的不唯一性、评价过程的趣味性)。

关于评价维度,温中义(2015年)对比分析了现行的国内外两个外语教学纲领性文件和三个权威英语测试评分标准,概括出英语语言表达能力的三个评价指标维度——准确性、丰富性、连贯性。滕云(2010年)通过对比中外小学英语口语评价方式,呈现了中外评价标准的不同,发现在评价目标的层次性、目标指向性、科学性等方面,国内口语教学还需努力。

从形成性评价的有效性来说,李向勤(2019年)认为,形成性评价是教学过程中师生共同参与并及时反馈信息改进教与学的评价过程,其宗旨是帮助师生明确下一步努力的方向,从而获得更大的发展和进步。张婷(2012年)指出,发展性评价(形成性评价)从根本上提高了英语专业学生的专业技能,促进了他们在口语学习目标和策略上的进步。持同样观点的还有李楚梅和蒋焕新(2013年),他们认为形成性评价不仅能很好地帮助学生提高英语口语水平,也能够帮助学生增强自信心和合作精神。以上评价都体现了国内教师对口语评价的重视。

不足的是,以上文献中,关注初中英语听说或者口语评价的甚少,大多数文章的研究对象为小学生、高职生或者大学生。根据学生学段的不同,制定的评价标准肯定也是不同的。这就需要一个能够贯穿各学段的统一标尺,《量表》的出台为教师提供了科学的参考。周珊珊(2020年)通过对比《量表》与《新课标》发现,《量表》更详细、具体,认为量表提倡"多维度、多层次的教学活动"。刘建达(2019年)认为,《量表》提倡形成性评价,有利于提升学习者的主动性和积极性。

基于以上分析,为提升我校初中生英语朗读能力,我们从朗读评价的角度,以校内六、七年级部分学生为研究对象,以朗读评价标准表为工具,期望通过对评价方式和维度的细化和精准化,正向反哺朗读的教与学。

三、实施过程与策略

（一）实施过程

项目实施前期，教师受以往教学经验和评定等级分数制和等第制的影响，制定出的标准仍限于 A、B、C、D 等形式。如此一来，所谓标准呈现给学生的不过是一个符号，不具有让学生清楚了解自己具体问题和前进方向的指导意义。随着项目的推进，教师在专家的引领下，多次参加从不同角度解读量表的培训，并在专家指导下，参考现行学科标准及基本要求，针对学生学情，不断调整和完善评价标准。我们遵循形成性评价的理念与方法，突出《量表》科学性、多维度、多层次的优点，制订了朗读能力评价标准总表。并结合学生当前所学内容，在总表的基础上，制订阶段评价标准表。依据《量表》，我们制订了分别供师生使用的评价标准表，包括教师评价标准表和学生自评互评检查表。

具体流程：朗读能力总评价标准表的制订→阶段评价标准表的制订与解读→朗读策略指导→回家作业布置→评价标准表格的应用与学习档案的记录→学生水平诊断/档案袋资料分析→评价标准表的改善与解读。需要注意的是，除了总表的制订外，后面的过程是不断循环迭代的（图 1）。

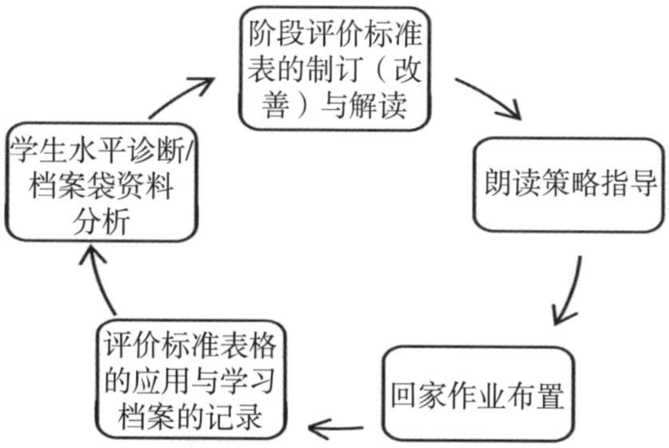

图 1　朗读评价标准表应用于形成性评价的流程

我们对《剑桥国际英语语音教程 Ship or Sheep》中的 Diagnostic Test 和现阶段教学内容中的一篇作初评，诊断出学生存在的问题，并根据目前突出的问题，制订出总评价标准表（表 1）。

表 1　七年级英语朗读能力评价标准表

	诊断维度	能力表现
读音规则	单词读音	1. 能够在读单词时，读对易混淆的元音及辅音如/ŋ/，/n/；/m/，/n/；/ʌ/，/ɑː/；/f/，/θ/，/z/，/ð/
		2. 能够听辨易混淆的两个音
		3. 能够标出文章中的难点单词，并读对

（续 表）

	诊断维度	能力表现
读音规则	单词重音	1. 在老师的引导下,能够理解音节是什么 2. 能够通过音标意识到哪些单词是多音节单词,以及哪些音节是重读音节 3. 会读重读音节 4. 能够学会自己总结常错的多音节单词,并总结规律
节奏	句子语调	1. 能够理解不同语调的功能 2. 能够听出句子中的语调,并正确标注 3. 能够模仿课文中的语音语调
	句子中的连读	1. 在老师的引导下,能理解连读现象 2. 能够听出课文中的连读现象,并正确标注 3. 能够模仿课文中的连读
	句子中的断句	1. 在老师的引导下,能理解断句 2. 能够听出课文中的断句,并正确标注 3. 能够模仿课文中的断句

制订总评价标准表后,根据初测中凸显的问题,结合当前阶段教材内容,制定阶段评价标准。在评价维度不变的前提下,对评价标准进行了细化,并突出重点。如某一阶段,单词读音上侧重于“能够标记并读出新学课文中重难点单词的读音”,而语调上侧重于“能够正确区分升降调,作出标记”。之后,根据阶段评价标准的关注点,确定教学目标,评价内容以现阶段教材(上海教育出版社出版的牛津上海版《英语》)为主,教师对学生作朗读策略的指导并制订评价表(表 2)。

教师选取教材上的一篇文章作为学生作业,通过统计学生在不同目标语音现象中的表现(如记录升调共有 7 处,学生能找出这些语音现象且读对了几处,比例为多少,说明了什么),诊断和记录学生目前存在的问题。

表 2　教师评价记录示例

课文来源:牛津上海版《英语》7AU10　　　　朗读时间:2021 年 12 月

学生序号	升调(7)	连读(5)	断句(10)	opposite	the(armchair)
1	4	5	10	0	0
2	2	5	10	0	0
3	1	5	10	0	0
4	6	5	10	1	0
5	4	5	10	1	0
6	2	5	10	0	0
7	7	5	10	0	0

（续　表）

学生序号	升调(7)	连读(5)	断句(10)	opposite	the(armchair)
8	4	0	10	0	0
9	6	5	10	1	0
10	0	5	10	0	0
总数	36	45	100	3	0
占比	0.51	0.9	1	0.3	0
	总体问题呈现： 1. 学生对 the 在元音前发/ ðɪ /的意识不强，在没有提示的情况下都读错了 2. 对新授单词，特别是多音节单词的中元音，掌握得不够扎实，把 opposite 中的 i 读成/e/或/aɪ/的情况较多 3. 没有完全意识到升降调，能掌握句子末尾升调的情况更多(please)，而能掌握句中语调的情况很少 4. 连读和断句做得比较好，大多数学生都有正确的意群停顿意识				
	教学启示： 1. 对于 the 出现在元音前的情况，要强调并要求学生在读句和听录音时标出 2. 重视多音节单词的音节划分和每个音节中元音的读音，课堂上分音节读和“开火车”练习。 3. 教授学生常见字母和字母组合在重读和非重读音节中的读音，引导学生观察并总结规律 4. 结合先学课文，讲授语调的作用和功能，引导学生理解并能够及时纠正自己的语调错误；要求学生在听课文录音时标注好升降调				
	备注：本次录音是在开学后提出过几次让学生把升降调和断句标注在课文中的要求后，期中考试时布置的一篇练习。在布置作业时没有提醒学生要标注升降调和断句。检查下来，10 名学生中有 6 名标注了，他们朗读的效果也较好，而另外几名没有标注的学生朗读效果各异				

形成性评价的特点之一为引导学生自我评价和同伴互评，以便于检测目标完成情况。在经过一个月的以教师评价为主的评价实践后，教师逐渐放手，制订学生自评和互评表，鼓励学生参与评价。学生在评价自己、评价同学，解读自己、同伴和老师的评价中，逐渐意识到自己在朗读的哪一个方面需要改进。

（二）实施策略

为了使朗读评价发挥更大的作用，对教与学产生正向的影响，达到以评促教、以评促学的目的，两位教师在两个年级实施了不同的策略。总结如下：

1. 解读学习评价标准表，引起重视

评价标准让师生对评价有了很清晰的参照，而为什么设置这些标准，如何使用这些标准，不仅仅是教师要明白的，更需要学生去理解、应用甚至参与到标准的改善与制定中。解读评价表让教师更能潜心研究和思考评价表的合理性，学生也能从教师的解读中，意识到评

价的重要性，而不是像传统教学中那样，因为不理解教师打的等第或分数，对评价视而不见。

2. 利用信息平台，及时收集朗读音频资料，记录评价过程，建立电子档案袋

教师将“互联网＋”理念融入评价过程，借助“口语100”平台或微信平台布置作业，并及时收集资料，为每个同学建立电子档案袋。这为接下来的师评、自评、互评提供了分析的语料，也使个性化的评价跟踪成为可能。

3. 鼓励学生参与评价并及时反思，提升学生的参与感

在传统教学中，学生从老师给出的等第或分数评价并不能准确了解自己在朗读的哪个维度需要提升，怎样提升自己或评价他人的朗读水平。而在本次研究实施评价过程中，评价表具体的评价维度让学生对这些问题的答案一目了然。学生根据教师描述性的评价，能够准确定位自己的薄弱环节，及时反思自己该阶段朗读的长短板，也能有的放矢地评价同伴的朗读。这也提升了学生的参与感。

4. 重视连续性与个性化评价，从长远看有助于建立良好的师生关系

教师以至少两周的时间为周期，连续收集学生朗读能力表现的数据。在评价过程中，教师引导学生改变用评价贴标签的思想，鼓励学生关注自己的进步点，并及时把反思写在阶段评价中。而教师以发展的眼光关注学生的学习过程，让每个学生在良好的氛围中实现朗读能力的进步。

四、研究成效

经过一个学期的实践，教师对朗读作业的评价有了更深的理解，学生的朗读能力因为评价准确性的提高也得到了提升。研究的成效主要体现在以下几个方面：

（一）师生提高了对评价的重视

依托评价表给出的评价是可解释的、描述性的评价。教师不再依据已有经验给出简单的等第或分数评价，而是给出考量每个维度的评价，这也让教师更加重视评价。学生在教师的反馈中得到了清晰明了的解释，自然也会更加重视评价。

（二）教师更精准地设计教学目标和改善教学策略

有了评价标准作参考，教师可以阶段性统计和分析学生在朗读方面遇到的问题，从而更精准地制订下一阶段的朗读教学目标和相应的指导策略，教学效果也就得到了提升。

（三）培养了学生的朗读习惯，提高了学生的朗读兴趣和自主学习意识，使学生朗读水平稳步提升

培养学生优秀的朗读习惯，既包括朗读过程中做标记的习惯，又包括朗读后作自评和他评及反思的习惯。同时，教师也是从学生是否理解（是否正确标记）和是否能够表达两个方面（“能够标记并读出”）作评价。例如：学生在老师要求下，运用各种符号（如升降调符号

↑ ↓，连读符号⌒，弱读符号○等）完成标记，再在教师的指导下，在“学生自评与互评表”的“评价自己”和“课文例子”两栏中作自评。随后，另一位学生在“学生自评和互评表”的“评价他人：对比参考答案”中对他作评价。有了“学生自评和互评表”的引导，学生在每次作业完成后，都会根据表格作评价和反思。这些评价和反思习惯都是他们朗读能力得到提升的重要原因。

在研究过程中，进行了4次检测，对比初期的结果，大多数学生在经过近一个学期的学习后，朗读能力进步明显，但是在一些语音现象上，学生出错率依然较高，如升调的准确朗读、重音单词的正确朗读。针对以上问题，教师继续改善、细化、调整评价标准，以期帮助学生针对性地提升朗读水平。

（四）提升了学生朗读的主观能动性

在评价过程中，学生不仅要了解评价表，能够读懂评价表，而且成为评价的主体，参与了对自己的评价和与他人合作的相互评价，这些都很大程度地提升了学生学习的主观能动性。通过互评，学生有了做教师的感觉，还与同伴互相帮助，因此更加愿意参与评价。

（五）增强了学生朗读的兴趣和信心

电子档案袋的评价表中没有等第或分数，只有学生在某一个方面的问题和该问题的解决过程。学生从中看到自己的进步，增强了朗读的信心和动力。

在学期结束时，对学生进行了一次问卷调查。调查结果发现，一些学生有了明显的转变，对自己的评价有所提高。例如：部分学生明显对自己提出了更高的，甚至是超出了初中低年级学生的要求——不仅仅要读对，还要从情境出发，更贴合朗读内容情感地表达，以及掌握声音的力度；部分学生对提升自己有了一定的计划，如去网上找哪些音频资料学习，会安排什么时间练习，还有学生提到利用 App 进行后续的提高。在和这些学生的沟通中，能感受到他们对提升朗读能力的热切期望。不少学生表示希望老师能够提供后续学习资料，给予示范，尤其是当好纠音工具人。在形成性评价的帮助下，学生在学习过程中发生了从“老师教我”到独立思考学习的转变。虽然并不是每一个学生都能有如此变化，但相信星星之火可以燎原，同伴的影响也会带动学生集体改变，共同进步。

五、反思和进一步思考

在朗读能力的形成性评价中，充分发挥评价标准的作用，不仅学生的朗读能力得到提升，教师在朗读教学上也有了很多收获。如结合量表确定教学目标，制定符合学情的评价标准，根据量表的原则和精神制定更为精准的阶段标准，引导学生积极参与评价，根据实际教学情况调整和改善标准等。但本次研究还存在一些问题：

（一）评价主观且效率低

虽然有了评价标准表作参考，但评价主体仍以老师为主，评价具有一定主观性。由于缺乏相应的信息技术支持，教师处理数据费时费力，效率不高。后续的研究可以在信息技术支持上寻求帮助，作出较大的改进。

（二）样本少，不具有代表性

同样由于缺乏信息技术的支持，研究的样本量少，因此只能反映部分学生的问题和效果，不具有代表性。

（三）学生的主动参与意识有待提高

评价标准表的制订以教师为主体，那么在学生适应了评价标准表后，是否可以引导学生自己制作评价表？学生可以尝试用一段时间（如一个月）进行自主评价实验，如不断评估自己的朗读能力，修改自己的评价表，做到主动学习，从而独立提升朗读能力。

（四）教材内容和课外内容的整合是挑战，且学时有限

无论是《新课标》《量表》，还是《基本要求》，都覆盖了整个语音知识系统，但具体的教学内容，如音标、重音、连读、弱读等，在教材中并没有单独体现。如果把课外的语音知识融合到课内，又存在内容是否合适，与教材内容怎样有机衔接等问题。而且，每学期 20 周左右的学时，如果在学完教材内容之外，把语音和朗读加进来，时间会非常紧张。

（五）教师的评价标准设计能力和朗读相关专业知识技能急需提高

教材内容缺少系统的语音和朗读指导，相应地，对于如何教授、设计朗读教学，教师没有受过系统的培训，只能靠自己阅读相关书刊摸索。在设计评价标准时，教师经常会受传统终结性教学评价的影响，且普遍存在目标设计过多、细化目标的意识不强的问题。

形成性评价在初中英语听后复述教学中的应用研究

——以评价记叙文听后复述作业为例

施圣杰

（上海市闵行区浦航实验中学）

上海市初中生学业水平考试（以下简称中考）对初中生的英语听说能力提出了要求。如何提升学生的听说能力一直是一线教学工作的难点。对学生听说能力的评价往往泛泛而谈，缺乏科学有效的评价，评价结果难以为教学服务。本文以评价学生听后复述作业为例，以精准施教为目标，以《中国英语能力等级量表》（以下简称《量表》）和《上海市初中英语学科基本要求》（以下简称《基本要求》）为参考，设计针对听后复述任务的评价维度，探索形成性评价在听后复述教学中的应用。

一、研究背景

2021 年，中考迎来了重大改革。英语学科听力和笔试部分的分值由 150 分降至 140 分，新增听说测试 10 分，计入总分。在听说测试的各个题型中，听后复述对学生而言有一定的难度，失分率较高。在日常教学中，学生的口语作业很难保存。课堂上的评价转瞬即逝，导致学生无法在课后对自己的口语表现作反思。虽然市面上有许多口语测试软件可供使用，但这些软件打分机制不清晰，学生不知道自己的分数如何得来，也不知道自己的具体问题，更不知道该如何改进。2020 年修订的《普通高中英语课程标准》明确提出了学科核心素养的概念，其中对语言能力的定义是："社会情境中，以听、说、读、看、写等方式理解和表达意义的能力，以及在学习和使用语言的过程中形成的语言意识和语感。" 并指出语言能力是英语学科核心素养的基础要素。2022 年 4 月颁布的《义务教育英语课程标准（2022 年版）》（以下简称《新课标》）中同样出现了学科核心素养的概念，也包含语言能力这一基础要素。对学生的听后复述作形成性评价，能直观考查学生的语言理解和语言表达水平，帮助学生持续提升听和说两方面的能力。对学生听后复述任务的完成情况作形成性评价，不仅迎合了新课标的要求，而且关注到学生在中考听说测试中的弱项，无论在研究层面还是实用层面均有一定的价值。笔者以学生听后复述作业为研究对象，以《量表》和《基本要求》为参考，设计评价指标，对学生记叙文听后复述作业作形成性评价，为学生的作业提供精准高效的反馈，提高学生听后复述的能力，提升教学效率。

二、相关的研究现状

形成性评价这一概念是美国哈佛大学的斯克里芬(M. Scriven)在其课程研究中提出的。形成性评价的任务是对学生日常学习过程中的表现、所取得的成绩以及所反映出的情感、态度、策略等方面的发展作出评价。形成性评价就其内涵而言包括学习态度(学习态度的主动与被动取决于学生是否明确学习的目标及学习需要)、学习能力(包括学习计划的制订及实施、学习机会的创造和把握以及对有效学习方法的探索)、思维品质(逻辑思维能力、创造性思维能力、思辨能力等)、文化感受力(对所学语言国家的历史、地理、风土人情、传统习俗、生活方式、文学艺术、行为规范和价值观念的感受能力)、品格和性格的完善(在学习过程中，正确认识自己的学习优势与不足，乐于与他人合作完成学习任务；树立自信，养成和谐和健康向上的个人品格)。北京师范大学外语系课题组认为，形成性评价是在教学过程中作出的评价，是为指导教学过程顺利进行而对学生的学习结果和教师的教学效果的评价。① 本文所使用的形成性评价只用于评价学生听后复述作业的情况，为学生提供指向学习过程的学习档案袋，对学生听后复述能力的形成过程作评价。

目前针对形成性评价和英语听说教学的研究主要针对大学学段，初中学段的研究相对较少。根据在知网以“形成性评价”“英语听说”和“听后复述”为主题关键词搜索到的文献，目前研究主要有以下情况：

第一，研究以思辨为主要形式，分析形成性评价在听说教学中的原则、方法，并对教学提出一定的建议。侯悦对初中英语中形成性评价的作用和须遵守的基础原则予以分析，提出了初中英语教学中形成性评价的应用方式。② 祁小君认为形成性评价与传统评价方式的运用不同，不但会激发学生学习的潜能，还会改进学生学习的方式，能得到更好的反馈效果。③ 蒋雁鸣提出了初中英语教学运用形成性评价要遵守的原则和应用方法。他认为形成性评价与终结性评价应当相互结合，且形成性评价应当贯穿英语教学的全过程。他提出了三种形成性评价在初中英语教学中的应用方法：科学导入形成性评价，实施形成性评价测试，构建形成性评价机制。④ 彭菲认为复述目标应当融入听说课的教学目标，要对学生作听中记录的指导，帮助学生搭建复述支架，引导学生根据文本特征归纳复述要点，对学生的复述开展多元的评价活动。⑤ 张莉青提出了具体的操作方法，鼓励学生展开细节复述，通过列举提纲的方法使复述更有条理。利用概括性复述的方法帮助学生关注主要内容，使用创造性复述法

---

① 北京师范大学外语系课题组. 论外语在教学中构建形成性评价体系[J]. 中小学外语教学，2001(5).

② 侯悦. 形成性评价在初中英语教学中的应用分析[J]. 校园英语，2018(39)：1.

③ 祁小君. 形成性评价对提高初中英语听说能力的实践研究[J]. 学周刊，2019(36)：1.

④ 蒋雁鸣. 初中英语教学形成性评价教学运用[J]. 英语广场：学术研究，2018(9)：2.

⑤ 彭菲. 初中英语听后复述的教学策略[J]. 中小学英语教学与研究，2021，No. 384(12)：41－44.

激发学生想象力。① 卢璐从引导学生复述和设计有效活动两方面提出了教学建议。②

第二，有一部分研究者虽将形成性评价用于实践层面，但多数研究仅仅是零散经验的汇总。刘娟为形成性评价的具体开展提供了三条路径——教师可以从学生的自我评价、相互评价、教师评价入手开展工作，并提供了相关教学案例。③ 孙霞提供了形成性评价在听说教学中的实践案例，介绍了几种学生活动，教师对学生在活动中的表现给出评价。④ 刘惠中以培养学生听说能力为目的，将形成性评价用于学生课堂内外的活动，通过学生自评、小组互评、教师评价三方面对学生在课堂内外活动中的表现作评价，肯定了形成性评价在教学中的积极作用。⑤ 张永光对形成性评价在初中英语听说课堂教学中应用的策略进行了分析。刘高提供了形成性评价提高初中生与听说能力的实践案例。⑥ 他们均从教师和学生两个视角提出形成性评价在教学中应用的策略。⑦

第三，有些研究者将形成性评价和终结性评价结合起来，融入日常听说教学，通过实验研究法，比较分析对照组和使用形成性评价的实验组的学生成绩，从而对形成性评价在日常教学中的作用有了更深的认识。蒋文婕和陈婷婷使用了相同的研究方法，经过一学期的实践研究，将形成性评价用于日常听说教学。他们丰富学生的学习活动，从学生自评、学生互评、家长评价、教师评价四个角度对学生的英语学习情况作出评价。研究表明，形成性评价能激发学生学习的动力，最终提高整体成绩。通过对学生各种形成性评价数据的监测和记录，教师对学生学习的认识从离散的、模糊的上升到系统的、清晰的，教师更好地了解学生的学习需要，在教学方法的选择上有了针对性，教学更加生动、灵活，更有实效，教师的研究能力也有了提高。

基于对文献的整理，发现目前的研究呈现以下特点：

第一，形成性评价用于初中英语听说教学的实践案例并不多见，多数研究停留在思辨层面。第二，研究者提出的形成性评价多是对学生学习情况的整体评价，在实际教学中教师难以权衡多个方面，容易出现评价对象不清晰的情况。第三，部分一线教师依然使用终结性评价工具对学生的学习情况作评价，缺少形成性评价工具。评价数据的采集主要依赖教师的课堂观察，教师的工作量巨大，数据的准确性值得怀疑。第四，教学案例多是教学片段，缺少持续跟进的研究过程。第五，许多研究成果只提建议却没有具体做法。第六，大多数形成性评价针对课堂教学，缺少针对学生听说作业的评价。

① 张莉青. 初中英语听后复述的教学策略研究[J]. 名师在线(中英文)，2022(17):3.
② 卢璐. 基于教学基本要求的初中英语听后复述教学设计[J]. 上海课程教学研究，2021(12):5.
③ 刘娟. 形成性评价在初中英语听说训练中的运用[J]. 中学生英语，2020(22):27.
④ 孙霞. 形成性评价对提高初中英语听说能力的实践研究[J]. 校园英语，2021(52):176－177.
⑤ 刘惠中. 初中英语听说能力培养与评价初探[J]. 钦州师范高等专科学校学报，2004(3):101－104.
⑥ 刘高. 形成性评价对提高初中英语听说能力的实践[J]. 英语画刊(高级版)，2020(4):58－59.
⑦ 张永光. 形成性评价在初中英语听说课教学中的应用[J]. 校园英语，2017(33):1.

三、听后复述作业的形成性评价

（一）评价工具的使用

形成性评价的目的是更好地促进学生的学习与发展，以改进教学过程，提高教学质量，而不强调成绩的评定。由此可见，形成性评价工具的使用应当促进学生的学习，将评价的重心落在学习过程而不是学习的结果上。传统的听说作业评价模式如图 1 所示。评价结果在该评价模式中是单向流动的，学生的学习是被动的。评价工具应该成为学生和教师有效沟通的媒介，体现信息的双向传递。

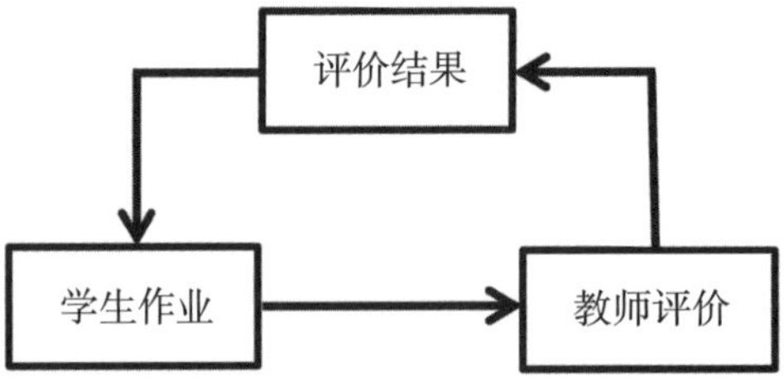

图 1　传统作业评价模式

坚持使用形成性评价，学生能得到一组形成性评价数据，形成属于自己的学习档案袋（图 2）。学生可以利用档案袋回顾自己的学习过程，借助每个阶段得到的评价反思学习，还可以经常对自己的学习总结经验，改进学习策略，调整学习重点，形成良好的自我认知。

图 2　某个学生某一阶段的电子档案袋

教师可利用形成性评价数据，调整教学目标，改变教学内容，把握教学重点，使教学更具针对性。改进后的作业评价模式如图 3 所示。

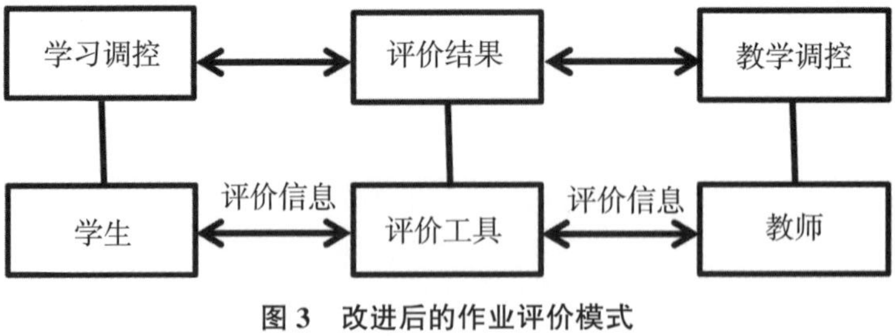

图 3　改进后的作业评价模式

（二）评价维度的确定

在设计评价工具初期，笔者试图对学生的复述作业作文字描述，以期用不同等第的描述语给出评价。随着研究的深入，笔者发现等第制评价体系在评价时依然指向学习结果，对教学工作的指导作用不明显。另外，评价维度的缺失使评价失去了针对性，不能精准有效地指出问题。由此可见，设计评价工具的第一步应当是确定合适的评价维度。

听后复述有多种形式，上海中考“听说测试”使用了“简要复述”的形式。简要复述是指概括原文，抓住文本基本信息进行复述。本文将《上海市初中英语课程终结性评价指南》(以下简称《终结性评价指南》)《基本要求》和《量表》与中考的基本要求相结合，确定听后复述的评价维度。

最新的《终结性评价指南》中“说”的评价目标主要评价学生根据要求进行口头表达的能力，包含三个方面：能正确朗读词语、句子、语篇的能力，能在设定的情景中进行有效交流的能力，能用通顺连贯的语言围绕熟悉的话题进行表达的能力。

《基本要求》在各个单元的概述、学习内容与要求、学习指引、评价示例等部分对听说技能都有一定的要求。在语篇学习单元，《基本要求》明确指出，学生要在听读活动中学会根据各种文体的特点把握语篇的基本信息和主旨大意；在口头表达时，要根据语言交际的目的和需求，围绕语篇话题，运用所学语言知识作规范、准确、全面的表达，做到重点突出、目的明确。针对记叙文的学习，《基本要求》规定了学习要点：把握记叙文的基本信息，熟悉语篇的基本结构，把握语篇的主旨和段落大意，推断语篇中关键词的隐含意义。

《量表》中与听说相关的内容结构见表 1 所列。由分项能力表和策略表可知，听力理解和口头表达在文本类型和策略上相吻合，体现听说不分家的基本事实。在设计评价标准时可以将听力理解和口头表达结合起来，理解用于自评，表达用于师评。将两者互相对照可以把问题精准地定位到理解层面(语言输入)或表达层面(语言输出)。根据不同的文体应当设计不同的复述评价标准，记叙文的复述文体对应分项能力表中“口头叙述”部分。

表 1 《量表》听说部分

<table>
<tr><td rowspan="10">听说量表</td><td colspan="4">能力总表</td></tr>
<tr><td colspan="4">自我评价表</td></tr>
<tr><td rowspan="6">分项能力表</td><td rowspan="3">听力理解能力表</td><td>口头描述</td><td>口头叙述</td></tr>
<tr><td>口头说明</td><td>口头指示</td></tr>
<tr><td>口头论述</td><td>口头互动</td></tr>
<tr><td rowspan="3">口头表达能力表</td><td>口头描述</td><td>口头叙述</td></tr>
<tr><td>口头说明</td><td>口头指示</td></tr>
<tr><td>口头论述</td><td>口头互动</td></tr>
<tr><td>听力理解策略表</td><td>规划</td><td>执行</td><td>评估/补救</td></tr>
<tr><td>口头表达策略表</td><td>规划</td><td>执行</td><td>评估/补救</td></tr>
</table>

以记叙文为复述文体,《量表》(三级)中与之相关的听说要求见表2。由表2可知,《量表》同样要求口语表达中内容的完整性,强调了“抓住关键信息和要点”。记叙文的六要素是内容完整性的关键所在,口头表达也要关注语法的准确性。

表2 《量表》(三级)听说部分

语言能力总表	能理解日常生活中的简单语言材料,获取特定或关键信息,抓住要点,推断他人的意图
听力理解能力总表	能听懂发音清晰、语速较慢的简短口头表达,如发言、讨论、通知等,借助语音、语调、背景知识、语境等因素获取关键信息
口头表达能力总表	能就熟悉的话题与他人作简单交流,语音、语调和时态基本正确,表达比较连贯
组构能力总表	能正确使用词语和表达法就熟悉话题作语言交流,口语表达时语音、语调正确 能选用基本句式结构和时态描述事物和事件,表达个人意愿
语法知识运用能力	能使用词语正确表达时间、地点、方位、因果等 能运用基本句式结构知识准确理解信息
理解口头叙述	能听懂语速缓慢、有关日常生活和个人信息的叙述,理解大意 在听语速缓慢、词汇常见、情节简单的故事时,能获取人物、地点、事件等信息
口头叙述	能简单地介绍事件发生的情况,如时间、地点、人物等 能简单复述或转述他人所说的信息 能简单复述短文大意

根据中考听后复述评分参考表(表3),全面掌握内容要点是得分的关键。要想在复述环节获得高分,必须保证逻辑清晰、内容完整。当然,语言结构和用词出现过多错误也会影响整体理解。复述时抓住要点、把握整体是内容层面得分的关键。

表3 中考听后复述评分参考表

分值	答题表现
2.5分	能说出原文所有要点,语言结构和用词基本正确
2分	能说出绝大部分要点,语言结构和用词基本正确
1.5分	能说出大部分要点,语言结构和用词存在较多错误,但不影响理解
1分	能说出部分要点,语言结构和用词存在较多错误,但不影响理解
0.5分	仅能说出个别要点,语言结构和用词错误严重,导致难以理解
0分	无法说出要点或复述与要点无关

现将《基本要求》《终结性评价指南》和《量表》中针对口头表达的评价标准进行整理和归类(表4),提炼出口语评价的六个维度:发音的准确性、表达的流畅性、内容的准确性、内容的完整性、内容的逻辑性、词汇语法的准确性。教师围绕这六个维度,对学生的口头复述作业作出评价。

表4　口头表达评价标准

出处	口头表达的评价指标	维度
《终结性评价指南》	能正确朗读词语、句子、语篇的能力	发音的准确性
	能用通顺连贯的语言围绕熟悉的话题进行表达的能力	表达的流畅性
《基本要求》	根据语言交际的目的和需求，围绕语篇话题，运用所学语言知识进行规范、准确、全面的表达，做到重点突出、目的明确	内容的准确性 词汇语法的准确性 内容的完整性 内容的逻辑性
《量表》	能就熟悉的话题与他人进行简单交流，语音、语调和时态基本正确，表达比较连贯	词汇语法的准确性 表达的流畅性
	能正确使用词语和表达法就熟悉的话题进行语言交流，口语表达时语音、语调正确	内容的逻辑性 发音的准确性
	能选用基本句式结构和时态描述事物和事件，表达个人意愿	词汇语法的准确性
	能简单地介绍事件发生的情况，如时间、地点、人物等	内容的完整性 内容的准确性
	能简单复述或转述他人所说的信息	内容的逻辑性 内容的完整性 内容的准确性
	能简单复述短文大意	内容的逻辑性 内容的完整性 内容的准确性

四、形成性评价的实施策略

（一）学生学习层面

1. 建立"归因档案"

学生根据多次作业评价能直观地看到自己在复述文本时经常出现的问题。教师可要求学生对问题进行归因。学生每次收到评价后分析自己出错的原因，建立"归因档案"，在个人档案中找到最需要解决的问题，为后续学习寻找突破口。

2. 开展专项训练

根据错误归因，学生可以向教师寻求帮助。教师可以为学生布置具有针对性的专项训练。例如针对常见单词发音准确性不高的问题，可以为学生布置常见单词的听读任务。学生若时间表达不熟练，教师可以为他们提供针对时间表达的听后复述训练。

3. 调整学习策略

评价是一个长期的过程。通过学习成长档案，学生能对一个周期内的学习情况作出自我评价。学生在解决问题的过程中获得学习的满足感，增强学习的信心和动力，同时也能对学习策略的运用有一定的思考，形成个性化的学习方案。在某一时段内，学生可以审视自己的学习过程，判断这一过程是不是一个问题解决的过程，不仅能总结成功的经验，也能针对问题反思并改进自己的学习策略，提升元认知能力。教师应引导学生针对自己的问题调整学习策略，优化学习方法，在调整中获得进步。

（二）教师教学层面

1. 教授笔记策略

尽管中考的听后复述任务向学生提供了文本结构框架，学生依然需要增补个性化的笔记，以适应自己的思维习惯，防止缺失关键内容。教师有必要教授常见的笔记策略，如首字母速记法、绘制流程图等。

2. 改进教学目标

评价结果应当为教学工作服务，在提升教学效率的同时使教学目标更有针对性。教师应根据学生在评价中表现出的不足，设计针对性的教学目标，在平时的听说教学中针对学生普遍存在的问题提供专项训练，使指导更精准。例如，学生在复述时普遍出现缺失“六要素”的情况，日常教学目标便可以指向培养学生在复述时关注“六要素”的意识。

3. 提供个性化辅导

利用形成性评价精准指出每一个学生的问题，形成其个性化的学习档案，并对个别问题提供针对性的辅导。如某个学生在复述时经常搞错前后要点，教师在分析其作业后可对他作访谈，深入挖掘他出错背后的原因。教师不仅要发现问题，还要教授策略、布置任务并监督反馈。

五、形成性评价的实施成效

（一）语音作业的可视化

通过形成性评价，学生获得属于自己的学习档案，使口语作业可视化。中考英语听说测试使用科大讯飞的录音技术，笔者使用科大讯飞的语音输入软件将学生的语音作业转换成文字。学生单词发音如果存在问题，人工智能会根据学生的错误发音输出一个“不合群”的单词，笔者以此来发现学生的发音问题。

听后复述的作业不再以录音的形式出现，学生可以根据人工智能转换的文本“看”到自己的口语作业。因为人工智能将学生的口头复述录音全部转换成了文字，教师就像在批改学生的书面作文，很快就能找到其内容和语法方面的问题。如此一来，教师不用反复细听学生的音频作业寻找问题。对学生而言，他们也能更容易理解复述作业中出现的问题。

（二）作业评价的精准化

按照传统评价的做法，教师对学生口语作业的评价工作是从“用耳听”开始的。教师的评价基于他们听到的情况，学生要理解教师的评价就必须反复听自己所说的内容。教师的听有主观性，教师随意的评也有主观性，也就很难做到精准评价学生的口语作业。评价不精准就得不到学生的认同和重视，久而久之评价就会流于形式且收效甚微。所谓精准就是精细和准确。精细就是要让每一句评价都有明确的指向，评价要能落到细处。围绕“发音的准确性、表达的流畅性、内容的准确性、内容的完整性、内容的逻辑性、词汇语法的准确性”这六个维度评价学生的复述作业，就能使评价落到细节上。准确意味着评价要符合实际情况，要有理有据，要有数据作支撑，要指明问题所在且描述语要清晰简洁。现以某个学生的复述作业为例进行一次作业评价（表 5）。

学生复述作业语音转文字：Today John went for a walk with Lisa and Mark. Sunday is Free to them. This day's weather is dry and sunny and it is different from Friday. They have lunch in the small village restaurants，but the servant make find a mistake on bill. John has some fish and rice. Lisa have noodles and soup. Mark have vegetables and chickens. They should pay 120 Yuan，uh but the servant make a mistake that they need to pay 130 Yuan，but they finally realized that they have a mistake. Uh so John pay 120 Yuan，uh finally they still have a good time.

表 5　学生复述作业评价

评价维度	依据	评语
发音的准确性		发音准确。人工智能没有出现不能识别单词的情况，未发现不合逻辑的单词
表达的流畅性	They should pay 120 Yuan，uh but the servant make a mistake that they need to pay 130 Yuan ... Uh so John pay 120 Yuan，uh finally they still have a good time.	后半段出现 3 个“uh”，有 3 次明显的停顿
词汇语法的准确性	They have lunch in the small village restaurants，but the servant make find a mistake on bill. John has some fish and rice. Lisa have noodles and soup. Mark have vegetables and chickens. ... the servant make a mistake that they need to pay 130 Yuan. ... but they finally realized that they have a mistake. Uh so John pay 120 Yuan，uh finally they still have a good time.	时态误用的情况比较严重，共出现 10 次动词未使用过去式的情况；出现 1 次名词单复数的错误。

（续　表）

评价维度	依据	评语
内容的准确性	but the servant make find a mistake. ... but they finally realized that they have a mistake.	正确的文意应当是 the servant made a mistake, John 一行人 realized that the servant had a mistake
内容的完整性		复述包含了原文的所有内容
内容的逻辑性	... they finally realized that they have a mistake ...	出现 1 次逻辑混乱。由于复述时关键人称出现错误，所以逻辑受到了影响
整体评价：发音准确，内容完整，逻辑清晰。后半段稍显卡顿，时态错乱是要关注的问题，人称转换要避免歧义		

（三）作业评价的过程化

作业评价的过程化是指评价工作应当长期进行，最终形成学生的成长轨迹。教师在评价结束后应将评价结果以反馈包的形式返还给学生，学生会收到复述作业的语音 MP3、经过评价的文字版作业、评价标准、一句评价总结。评价总结是教师根据学生作业的质量给学生的总结语，可以是对作业主要问题的强调，也可以是要求或期望。仍以上文的作业为例，笔者作了这样的一句话总结："发音准确，内容完整，逻辑清晰，若能选用合理的时态进行复述，一定会更漂亮！"经过多次的作业评价和反馈，学生就能收获表现学习轨迹的成长档案。

以上是笔者目前在听后复述教学中使用形成性评价的做法。笔者设计的形成性评价在实践层面的具体效果还有待验证，评价信息如何在教与学之间发挥指导作用也有待进一步研究。但形成性评价对听说教学的促进作用毋庸置疑，它打通了教与学之间的阻隔，提升了口语教学效率，使精准施教成为可能。

○中小幼评价改革研究篇○

小学科学课堂表现性评价的实践研究

表现性评价指的是在尽量真实的情境中，运用评分规则对学生完成复杂任务的过程表现与结果作出判断的一种评价方式。表现性评价强调被评价者的主体性，注重评价过程，重视评价任务的真实性以及着眼于学生发展，引起了一系列课堂教学观念和理论的变革。目前，国内基础教育界已广泛关注并使用表现性评价，科学教育也是如此。

本课题关注小学科学课堂中表现性评价的实践，与一线教师共同探索，结合课堂研究案例，力图梳理、总结一些有效路径和实施要点。以下各文作者为课题负责人、大学相关研究领域的教师以及小学科学一线教师。

将表现性评价有机融入小学科学课堂

叶勤[1]，葛玉琴[2]

（1. 上海师范大学；2. 上海市黄浦区海华小学）

一、研究背景

表现性评价在我国教育理论研究者的倡导下，逐渐成为基础教育中评价实践研究的热点。科学教育中，学生经历的探究活动，与表现性评价所指的复杂任务有相当大的契合度，因此在科学学习中开展表现性评价有较好的基础。

1998年，沙沃森(Shavelson)等研究者首次提出科学表现性评价(Science Performance Assessment，SPA)的概念。SPA被广泛应用于大型学生测评项目PISA(Program for International Student Assessment，国际学生评估项目)、TIMSS（the Trends in International Mathematics and Science Study，国际数学和科学趋势测评）和NAEP(the National Assessment of Educational Progress，美国国家教育进展评估)等。目前，国外已将SPA同时应用于科学教育的监测评价和课堂评价。监测评价是地方或国家层面负责开发与实施的大规模测评项目，或是教师在外部评价专家的帮助和支持下设计的校本评估项目，评价的信息用于监控学生学习进步轨迹、比较学校教育质量和绩效问责。

不同于国外一线教师在外部评价专家支持下开展的SPA校本评估，国内不同学段的科学课程教师进行表现性评价实践研究的重点，是如何在课堂教学中将教学与表现性评价有机融合，通过评价引导学生进行探究，促进学生学习方式的改变。这既反映了SPA同时应用于科学教育的监测评价和课堂评价的动向，又是表现性评价运用的拓展，旨在充分发挥表现性评价的功能，通过日常教学活动的变革，促进学生核心素养的逐步形成。就已有的研究来看，一线教师仍然以个案研究和感性经验的积累居多，如何使表现性评价与科学课堂学习更好地融合，特别是对于小学科学课程而言，如何基于小学生已有水平和发展需求，结合学习内容，设计和实施适切的课堂学习表现性评价，还存在一系列技术性问题。

二、文献研究

（一）表现性评价的概念及内涵

关于表现性评价该如何定义，国内外学者和教育机构给出了很多答案，表1中是几种代表性的观点。

表1　表现性评价定义汇总

斯蒂金斯	表现性评价为测量学习者运用先前所获得的知识解决新异问题或完成特定任务能力的一系列尝试。具体来说就是运用真实的生活或模拟的评价练习来引发最初的反应，由高水平评价者按照一定标准直接作出观察、评判
威金斯	表现性评价要求学生完成一个活动，或制作一个作品以证明其知识与技能等，即主张让学生在真实情境中去表现其所知与所能
美国教育技术评价处	通过学生自己给出的问题答案和展示的作品，来判断学生所获得的知识和技能
中国教育部基础教育司	表现性评价就是教师让学生在真实情境或模拟的生活情景中运用先前所获得的知识解决某个问题或创造某种东西，以考查学生知识与技能掌握的程度，以及实践、问题解决、交流合作和批判性思考等多种复杂能力的发展状况

各种定义虽然在描述上有所差异，但核心思想基本上是一致的，即通过观察"所做的"来评价"能做的"。

从评价目的来看，对于教师来说，通过表现性评价可以发现学生的努力和进步，明确学生有待解决的问题，并根据评价结果反思自己的课程和教学，调整原有教学计划，满足学生发展需求，促进其学习与发展；对于学生来说，可以在完成表现性任务的过程中，不断通过多种形式和多个节点上的表现作自我反思、自我监控、自我决策和自我调整，从而逐步学会学习。

从评价内容来看，表现性评价把学生的实际操作和表达表现作为评价的主要内容。表现性评价提供给学生一种真实的问题情境（包括对日常生活情景的模拟，或者真实情境中的实际操作），评价学生在完成任务过程中的实际操作和行为表现，看学生如何展示和运用自己的知识和能力，特别是运用知识与能力解决现实情境中的实际问题。在这样的情境中，学生需要综合所学的知识和技能，运用高阶思维对这些比较复杂的问题作分析和解决，所展现出来的能力也更能代表他们的真实能力。

从评价形式来看，众多研究者给出了多种评价形式，可见表现性评价对于如何收集学生的表现并未限定形式或统一形式。在给出了表现性任务的前提下，评价形式可以有多种。一个合格的表现性评价，所评的必须是：①一个产品或表现，②对目标技能的应用。关键在于根据所要评价的技能，设计合适的表现性任务以及评价形式。

（二）科学表现性评价

科学表现性评价（SPA），即在科学教育中应用表现性评价，给学生提供"做科学"的机会。评价本身是在实验室进行的探究活动，学生要应用科学思维和推理解决基于真实情境的科学问题。目前，国外将 SPA 同时应用于科学教育的监测评价和课堂评价。其中，用于课堂评价的表现性任务，既是评价活动也是教学活动，评价信息用于诊断学生的优势与不足、指导教学决策和评定教学效果。现有的相关研究中，开发 SPA 的主要方法为构念中心设计（Construct-centered Design，CCD）。CCD 的核心步骤为：明确评估目标，界定学生的表现期望，设计能够让学生发生这些行为的任务，确定这些行为的评价准则。前两步是测评框架的建构过程，后两步为表现性任务的开发过程。

我国关于科学课堂教学评价的研究主要体现在科学课程标准中。我国教育部 2001 年颁布的《全日制义务教育科学（3—6 年级）课程标准（实验稿）》中，提出小学科学课程评价方法的多样化、评价时机的全程化，科学课程的评价以真实的日常教学为基础，充分利用所有正常的课堂教学活动和课外实践活动，全面反映学生实际的学习和发展状况，并提出了教师观察、与学生谈话、杰出表现记录、活动产品分析、学生成长记录袋、评定量表、作业法等评价方法建议。上海市教委 2004 年颁发的《上海市小学自然课程标准（试行稿第 2 版）》（以下简称《小学自然课标》）同样提出，通过“教学－学习－评价”的有机结合，逐步建立发展性的评价体系，灵活运用多样的评价方法，注重对学生在本领域课程日常学习信息的反馈。这一时期国家和上海市的小学科学（自然）课程标准在一定程度上体现了表现性评价的理念和做法，但尚未对一线教师在具体实践中如何开展评价改革提出可行性建议。

2017 年教育部颁布的《小学科学课程标准》中，进一步明确了学习评价（学生在课程学习过程中的学习情况和质量水平的评价）的内容、方式，并对过程性评价中教师评价学生的重点、学生自评与互评的重点提出了建议。2022 年 4 月教育部颁布的最新一版《义务教育科学课程标准》中，明确指出在课堂评价中，要关注学生学习过程评价，要通过观察学生在学习活动中的表现，了解学生的学习状况；可以根据学生在解答问题、实验操作、自主探究、小组合作等活动中的表现，判断学生的学习兴趣、思维投入、知识理解、能力水平，以及对任务的适应程度。而在上海地区，自 2013 学年起，上海市教委在全市小学阶段推进基于课程标准的教学与评价。其间，上海市教委教研室组织编制了《上海市小学低年段自然学科基于课程标准评价指南（征求意见稿）》（以下简称《评价指南》），强调以《小学自然课标》为基本依据，突出为了改进学习的评价，倡导评价的校本化实施，根据《小学自然课标》的“生命世界”“物质世界”和“地球与宇宙”三个主题模块，分别从“学习兴趣”“学习习惯”和“学业成果”三个维度设计评价的内容和观察点，提出评价方式的建议。

《评价指南》给了一线教师评价实践较为系统的、可操作的建议，就这一点而言，上海地区的小学科学评价实践走在了全国前列。在此之前，全国小学科学的评价研究，多为一些学者的理论研究，实践研究很少。个别研究生的学位论文有所涉及，但限于教学实践经验不足，往往倾向于策略、原则，再加上个别不够成熟的案例。当前，全国从事科学教学的中小学教师，尚未普遍关注评价的实践研究，偶有零星的基于个别案例的经验总结。例如，王宝秋的文章（2016 年）以《科学》六年级上册“铁生锈”一课为例，说明了在科学课中实施表现性评价的一些要点；钱金明的文章（2016 年）结合多年教学实践，总结了如何设计科学学习评价量规的一些经验；李健的文章（2017 年）以初中地理“黄土高原水土流失的自然原因及危害”内容为例，分享了将表现性评价融入初中课堂深度学习的一些经验性做法；江欣怿、林雁平的文章(2021年)分享了小学高年段以“我为学校午餐献计策”作为表现性任务，指向学生协作问题解决能力的表现性评价尝试。

三、研究目标

在本课题中，我们重点考虑并希望完成的研究目标是“如何将小学科学课堂教学与表现性评价有机融合”，通过课堂实践与理论研究，探索出一些表现性评价与课堂教学有机融合的整体设计与实施的技术路径、操作要点等。

四、研究方法

本课题由大学的科学教材教法课程教师与小学一线科学教师共同研究、分工协作，大学教师主要负责理论研究以及实践指导，小学教师主要负责实践研究、案例收集与总结。采用的研究方法主要有以下三种：

（一）文献研究法

通过多种途径，检索与课题相关的文献资料，梳理与表现性评价尤其是科学学科表现性评价相关的理论与实践成果，以期在本课题中有所突破，实现对已有研究的完善与补充。

（二）行动研究法

结合具体的课堂教学开展表现性评价实践研究，积累课堂表现性评价方案，并反思、实践、改进。

（三）案例研究法

通过在教学实践中开展研究，梳理、归纳、总结实践中的经验，提炼评价目标确定、表现性任务规划、评价标准编制等方面的策略，并最终形成较为完整的技术路径。

五、研究成果

小学科学教师在探索“课堂教学与表现性评价有机融合”的过程中，需要解决的主要问题有：如何确定本节课的评价目标，如何立足于本节课的探究活动规划表现性任务，不同维度的学习目标在本次表现性任务中如何体现，如何做到在发挥评价作用的同时保证课堂教学的进度与效率，等等。要回答上述问题，从根本上来说，就要把课堂表现性评价与课堂教学作为一个完整的系统，从教学目标的确定、探究活动的设计到整个教学流程的规划，与评价结合起来考虑。

（一）确定评价目标的路径和要点

1. 确定评价目标的路径

确定表现性任务评价目标的路径，一般从解读一节课的教学目标出发，紧紧围绕知识与技能、过程与方法、情感态度与价值观等不同的目标维度，结合对学生学情的分析，寻找到评价切入点后，设定评价目标的四要素，即评价主体、评价内容、评价条件、评价指标，最终叙写这个表现性任务的评价目标。此时，评价目标的确定并没有停止，这是一个良性的、可以根据实际教学调整的循环过程(图 1)。

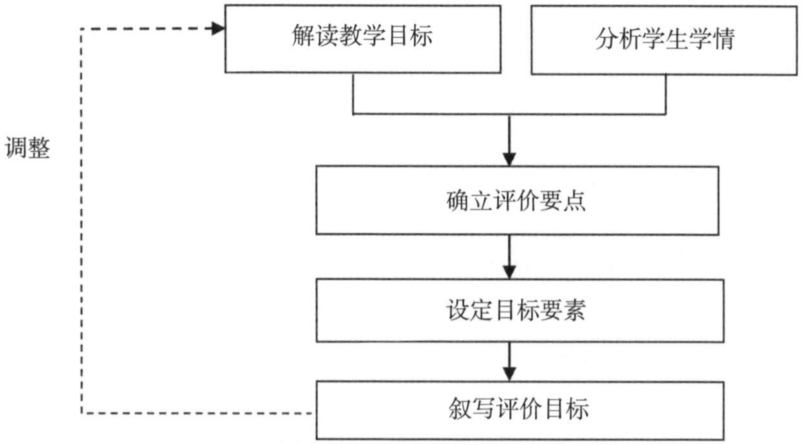

图 1　确定表现性任务评价目标的流程

(1) 解读教学目标和分析学生学情。

在确定评价目标时，首先要基于《小学自然课标》《上海市小学自然学科教学基本要求》等纲领性文件，分析并解读这节课的每条教学目标，明确目标中知识与技能、过程与方法、情感态度和价值观的相关内容，从中把握教学活动中的重点、难点。与此同时，从学生的年龄特点、认知水平、前概念、学习习惯等方面分析学生情况。

(2) 确立评价要点。

经过对教学目标和学情的分析后，教师可以从科学学科核心素养的四个角度(科学观念与应用、科学思维与创新、科学探究与交流、科学态度与责任)，结合教学活动中的重点与难点，以及设定的阶段性重点培养能力，选择评价要点，不必面面俱到。

(3) 设定目标要素。

评价目标是为完成教学目标服务的，因此评价目标的要素可以从教学目标要素转化而来。例如：教学目标中的学习条件、学习程度、学习结果等，转化为评价目标中的评价主体、评价条件、评价指标、评价内容。

在设定评价目标时，我们须依次思考：

谁来评价？——评价主体。

评价什么？——评价内容。

怎么评价？——评价条件。

依据是什么？——评价指标。

（4）叙写评价目标。

完成以上三个步骤后，就可以叙写评价目标了。在叙写时，评价目标四要素都要涵盖，注意语句简洁明了，表述连贯。为了使叙写连贯，可以按照评价条件、评价指标、评价主体、评价内容的顺序依次表述。

2. 确定评价目标的要点

（1）评价内容要具体。

为了让学生的学习表现得到更明确的评价，在确定评价目标时，要将评价内容进一步具体化。传统的评价大多只对学生的知识性内容进行评价，如概念的记忆等。表现性评价则可以对知识、技能、思维水平、情感态度、学习习惯等不同方面的内容作出评价，具有多重性。表现性评价大大拓宽了评价的范围，真正做到对学生的全方位评价。然而，由于兴趣、习惯、情感态度等是复杂的、综合的，是看不见且难以评价的，因此，在设定评价目标要素中的评价内容时，切忌笼统模糊，一定要具体，使学生的学习表现变得可检测、能完成。在当前强调核心素养培养的背景下，小学阶段评价内容可根据科学学科核心素养的四个维度，结合课程的具体学习内容以及学生各方面能力与情感的发展阶段来具体确定。

（2）评价内容和指标要适切。

当面对多个可选择的评价内容和指标时，切勿面面俱到，要做适切的选择。评价指标指的是在一定评价条件的作用下，所表现出的能够被量化、可判断的评价准则。教师可以从解决重点或难点的教学活动入手，同时考虑学生的学情，选择适宜的评价内容，制订适切的评价指标。

（3）评价条件可多样化。

为了让学生有更积极的学习表现，从而完成教学目标，评价条件要尽可能多样化。可以是一次记录、制作的作品展示，也可以是一次简介、草图设计、实验器材使用、阶段性研究汇报等。如此多样化的评价，不仅革除了传统教学评价单一、僵化的弊端，更有效地激发了学生参与学习的积极性，也能从多方面、多角度培养学生，从而达到教学目标，提升课堂教学效果。

（4）评价主体可多元化。

儿童观察和认识世界的角度与成人不同，最能理解儿童的是儿童自己，教师必须意识到这一点。为了更好地促进学生学习表现，在选择评价主体时可以多元化，让学生、教师、家长以及其他教育工作者和专家等参与评价。一般来说，评价主体多元化，能从不同的角度、全面客观地采集信息。表现性评价非常强调学生的参与，因此学生的自我评价、互相评价尤为重要。学生通过参与评价过程，自身对某一事物或活动的理解更加深刻，态度也更加积极。然而，评价主体也不是越多越好，还是要结合评价内容、评价条件以及评价者的能力来决定。

（二）表现性评价工具的设计路径和要点

1. 评价工具的设计路径

表现性评价工具一般包括两个部分——表现性任务和评价量规。小学科学课程中的各种学习活动，如观察、实验、种养、阅读、调查等，都可以成为表现性任务，只要有与其匹配的评价量规，就能形成一套完整的表现性评价工具。评价工具的设计路径一般分为两大部分(图 2)：第一是从整个教学活动入手，着重针对教学的重点或难点，提炼出一到两项核心活动，并在该活动中规划相应的表现性任务。第二是针对已经确定的评价目标，进一步细化评价中的各项指标，并制订易于操作的评价量规，在补充、完善评价说明后，设计活动评价单，与表现性任务形成一套评价工具(图 2)。

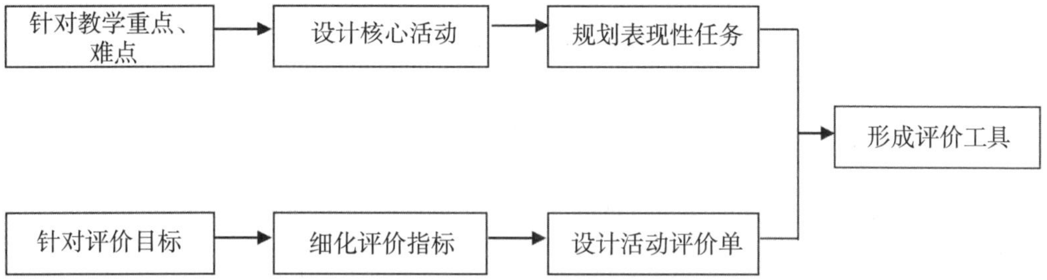

图 2　表现性评价工具的设计流程

(1) 规划表现性任务。

在规划表现性任务前，要分析整个教学思路和各个活动之间的关系，厘清突破教学重、难点的方式和相关活动内容。之后，紧紧围绕本课时的重、难点，结合学情、教材内容等，设计一到两项核心活动，并在该活动中规划相应的表现性任务和具体要求。任务可以是直接来源于教材、活动手册的，也可以是教师自行设计的能够突破教学重、难点的任务。在规划时，要充分使用现有的活动资源，用具体的语言表述任务要求。

(2) 设计活动评价单。

在规划表现性任务的同时，教师也要考虑设计相应的评价量规，从而形成一套评价工具。一般来说，针对之前确定的评价目标，紧紧围绕相关评价内容，进一步细化评价指标，使之更具体且可测。教师可以结合活动内容、学情以及自己的教学经验等，从活动中提取关键点，进一步细化评价指标，制订评价量规。结合目前小学常用的等第制，可以按照“优秀”“良好”“合格”“需努力”对量规分档。一般有两种做法，可分为三档或四档。其一可以先预设最高等第所要达到的要求，将其平均分割为三档或四档，这种分档的方式称为倒推法，是较为常用和有效的方法。其二是平均分为四档，则“一星”表示“需努力”，以此类推。如果分为三档，此时的“一星”表示合格，没有得星即为“需努力”。之后，可以思考评价工具的呈现形式、具体安排、补充说明等。比如，可以补充填写方式、任务要求、备注说明等，使活动评价表更完整，也便于理解和使用。

2. 评价工具的设计要点

(1) 表现性任务规划要点。

① 任务要为解决教学重、难点服务。

一个课时的教学过程往往由 2～3 个活动组成，而每个活动都可以挖掘出各式各样的表现性任务。课堂教学的时间是有限的，不要过度规划任务的量，而要把握任务的质。鉴别质的标尺就是这个表现性任务是否有助于突破教学重点或难点，以及是否为了解学生的核心素养信息提供了全方位的渠道。在规划表现性任务时，选择什么内容、形式、时机，也考验着教师把握课标、教材、学情作综合考量的设计能力。

② 任务内容要开放有度。

自然课堂中的表现性任务不是单纯地让学生开展某一个活动，它往往是开放式、多元的，其目的是从不同的维度挖掘学生的学习表现。规划表现性任务内容要开放有度、多样化且适切。教师要充分考虑到学生的年龄特点、认知水平、学习习惯、兴趣爱好等情况，再结合教学的重点、难点，规划出与之匹配的表现性任务。

③ 任务描述要简洁明了。

为了有效开展活动，实施任务前学生要明确表现性任务的具体要求、实施步骤、注意事项等，因此任务的描述一定要简明扼要、形象易懂。简明扼要可以是用最关键的字、句描述这个任务的过程和要求，言简意赅，清晰明了。形象易懂可以是用照片或图片分解表示每个步骤，并依次呈现、讲解。

（2）活动评价单设计要点。

① 量规设计要可操作。

表现性评价是对学生在完成任务过程中具体行为表现的评价。基于评价目标和表现性任务，将其分解成可观察的具体行为和标准，并运用评价量规划分为不同等第，形成活动评价单。量规设计是有效实施评价的关键，只有将其具体化，使其有区分度，量规才会具有可操作性。评价者可以客观地评价，被评价者可以明确努力的方向，最终促进学生的学习表现。

② 内容表达要明确。

表现性评价是为促进学生学习表现服务的，在实施过程中，学生往往要参与评价。为了让学生容易理解，在设计时要注意表达简约而不简单，评价内容表述切忌复杂，一定要明确，评价量规要清楚明了，用简洁、可操作性强的语言清楚描述，让评价者看懂，以便作出客观的评价。

③ 适宜多次使用。

良好的学习习惯有助于实现教学目标，而习惯的养成不是一蹴而就的，需要不断提醒、反复训练。表现性评价更注重学生在任务过程中的所有行为表现，评价是融入活动中的，因此评价也是学生学习的一部分。在一堂课中可以重复、多次使用一个评价内容，如讨论习惯、操作习惯等。在小组讨论、实验操作等过程中，对容易出现问题或矛盾的环节，就可以如此利用评价指引学生。

（三）表现性评价工具的实施路径和要点

1. 评价工具的实施路径

表现性评价工具实施的一般路径是评价者和被评价者先明确评价量规，然后评价者对照评价量规，将学生在课堂活动中的行为表现和结果作为评价证据收集起来，得出评价结果（图 3）。

图 3　表现性评价工具实施流程

(1) 明确评价量规。

在实施评价前,向学生和评价者出示评价工具,使其阅读、理解评价量规,为后续作出正确判断做准备。一般表现性评价工具包括两个部分,即任务单和活动评价单。评价单一般包括评价内容、评价量规、评价结果等。

(2) 收集评价证据。

在实施评价过程中,要收集评价对象在活动中的行为表现或实物作为评价证据。评价证据可以是学习记录单、作品等。

(3) 得出评价结果。

评价者将收集到的评价证据对照评价量规,得出评价结果。

2. 评价工具实施的要点

(1) 提前阅读评价工具。

学生可以在完成表现性任务的过程中,对自己多种形式和多个节点上的表现作自我反思、自我监控、自我决策和自我调整,从而逐步学会学习。要发挥评价引导学习的作用,在实施评价前,向学生及评价者预先提供评价工具,明确活动任务,使其阅读后能够理解评价量规、填写方式及注意事项等。这样,评价者才能够正确判断并实施评价。同时,学生会接收到评价工具中的提示信息,逐步养成规则意识。比如,在小组讨论时,不随意摆动器材,眼睛要看着发言者;当有自己的想法时,不要七嘴八舌,要轮流发言,既尊重他人,也能听清别人的回答。这样的讨论,才会更有效、更深入。此外,评价内容也会指引学生思考的方向,鼓励其做出更好的学习表现,争取获得最好的等第。

(2) 严格对照评价量规。

评价量规是实施评价的关键。为了更公正、客观地评价,评价者必须严格参照量规作出评价。对学生在表现性任务中的学习表现,都要依据行为表现或实物,参照量规得出结果,这将直接影响评价结果的处理与反馈。准确认真地使用量规,不仅可以获得相对客观的评价结果,也能帮助教师、学生正确分析学习中的优势与不足,找准薄弱点强化训练。

(3) 恰当运用评价。

恰当运用评价,学生就能从评价内容和量规中获得提示信息,调动完成活动的积极性,从而促进学习表现。此外,教师可以为学生提供自评、互评的机会,学生在同一评价指标下,体验数次评价过程,更能明确评价内容和量规,关注、比较自己与他人在学习水平上的差距,并有意识地向更好的方向努力。

基于核心素养培养的小学科学课程表现性评价研究

陈慧

（上海师范大学）

一、小学科学课程中的核心素养培养

20 世纪 90 年代，科学教育改革后，国际上出现了以培养核心素养为科学教育最高宗旨的发展趋势。科学学科的核心素养是指学生在接受科学教育过程中逐步形成的适应个人终身发展和社会发展需要的必备品格和关键能力，是学生通过科学学习内化的带有科学学科特性的品质，是科学学科育人价值的集中体现。

科学学科的核心素养是指每个人所应具备的对科学的基本理解（表 1）。它有四个方面：首先是科学观念，是了解重要的科学事实、概念、原理和理论，在头脑中提炼和升华，并把有关科学知识应用于日常生活情境中的能力；其次是科学思维，是具有意识的人脑对科学事物的本质属性、内在规律及事物间关系的反映；再次是探究实践，即进行科学探究的能力；最后是态度责任，在理解科学本质及科学、技术与社会的相互作用的基础上，明智地对待科学和技术的态度以及责任感。很显然，核心素养是一个融合科学知识、科学方法、科学态度、科学价值观等多种因素为一体的复合概念。与科学知识、科学方法相比，核心素养的人文色彩明显加强了。

表 1　科学学科核心素养的具体内容

核心素养	要素	具体内容
科学观念	核心概念	重要的科学概念、原理、理论
	应用	应用科学观念解释自然现象和解决实际问题
科学思维	模型构建	抽象概括客观事物，构建理想模型、理想过程、理想实验和科学概念
	科学推理	归纳推理、演绎推理、类比推理等，分析与综合、抽象与概括、比较与分类
	科学论证	引用数据支持自己的论点，反思论点不足并提出反论点，反驳他人的质疑和批判
	质疑创新	科学创造力

（续 表）

核心素养	要素	具体内容
探究实践	问题	发现问题，提出合理猜测与假设
	证据	通过观察、调查和实验获取证据，掌握课程标准要求的实验器材的使用、实验方案的设计和数据的收集，以图或表等方式呈现收集到的数据
	解释	分析、处理信息，描述、解释探究结果和变化趋势，基于证据得出合理的结论
	交流	具有交流与合作的意愿和能力，能准确表述、评估和反思探究过程与结果
态度责任	科学本质	科学知识的本质：世界是可认识的，科学是可变的，科学不能解决所有问题 科学研究的本质：科学讲究证据，科学是逻辑与想象结合的产物，科学用作解释和预测，科学试图确定和避免偏见，科学反对权威 科学事业的本质：科学是一种负责任的社会活动，科学分成不同的专业领域，科学研究中存在普遍的伦理原则，科学家既作为专家又作为公民参加公共事务
	科学态度	好奇心、实事求是、追求创新、合作分享
	社会责任	科学伦理：知道科学研究和应用中应遵循相关的伦理道德规范 STSE［科学(Science)、技术(Technology)、社会(Society)、环境(Environment)］：理解科学、技术、社会与环境的关系；热爱自然，具有保护环境、节约资源、促进可持续发展的责任感

综合国际组织和世界各国对核心素养内涵的界定，基于立德树人的基本要求和学生发展核心素养的构成要素，小学科学核心素养培养在以往科学素养培养的基础上，特别强调两点：第一，关注学生已有的生活经验，重视真实情境中问题的解决，强调学生的主动学习和积极思维；第二，与国家的发展需求方向保持一致，强调学习能力、思维能力、实践能力、创新能力、社会责任感、保护环境意识、交流与合作能力等培养目标。

二、科学课程评价新理念

1. 科学课程评价的宗旨

基于核心素养的课程改革需要构建一个更平衡、更综合的评价体系。这样的评价体系应能体现核心素养所指的学习成果，尤其是高阶思维、复杂的认知能力以及在新的情境中解决问题的能力。《义务教育科学课程标准(2022年版)》提出了全新的、带有明确指向性的评价理念——以促进学生核心素养的形成发展为宗旨，既要关注学习结果，又要关注学习过程以及情感、态度的变化。要实现评价目标多元化、评价手段多样化，形成性评价和终结性评价并举，定性评价和定量评价相结合，创设一种激励性评价机制。核心素养的形成是一个长期的过程，我们要将培养和提高学生科学素养的评价落实到每一节课和每一项探究活动中。评价要关注学生的每一个细节和每一点变化，让每一项评价点点滴滴地累积起来，落实核心素养培养。

2. 科学课程评价的核心

以学生为主体的科学探究与交流是科学课程评价的核心。在科学课程评价中，学生的探究活动应成为课堂教学评价的重要维度，学生的探究状态应成为课堂教学评价的聚焦点和出发点，并以此去审视其他方面的利弊与得失。将学生探究活动的评价作为杠杆，可以改变传统教学中只重视科学知识的习得、忽视学生学会探究的状况，促使教师从备课就开始重视探究活动作为评价载体的功能，切实关注学生探究能力的提升。

我们可以根据学生在探究过程中的一些外显行为特征和作品，来评价课堂教学中学生群体的探究学习水平：

(1) 学生探究计划的设计。评价学生能否将科学观念运用于具体情境中，提出可以探究的问题，并在有限的条件下，安排简单的探究计划。

(2) 学生探究活动的实施。评价学生观察、实验等操作是否正确，能否通过这些手段获取有效的数据资料并有条理地记录下来。

(3) 学生在探究中的参与状态。评价学生是否全体参与探究的全过程，评价学生是否全身心投入探究全过程——评价学生参与探究的广度和深度。

(4) 学生在探究中的交往状态。评价学生在探究过程中是否与同伴友好地合作，评价整个课堂的探究气氛是否民主、和谐、愉悦、主动，评价课堂上是否有多边的、丰富多彩的信息联系与信息反馈。

(5) 学生在探究中的生成状态。评价学生是否在自主和合作探索中不断提升自己的认知，能否生成预设内容；评价学生在探究中有没有独特的表现，能否生成非预设内容，提出深层次的问题或得出不同寻常的答案，给人意外的惊喜。

(6) 学生在探究中的思维状态。评价学生在探究中思维是否敏捷，是否有条理，是否善于用自己的语言解释说明所学知识；评价学生思维的批判性，看学生是否善于质疑，提出有价值的问题；评价学生思维的独特性、创造性，看学生在探究中是否能标新立异，是否有自己的思想或创意等。

三、表现性评价的原则和内容

表现性评价是在尽量合乎真实的情境中，运用评分规则对学生完成复杂任务的过程表现或结果作出判断。对比表现性评价和标准化评价(表 2)，无论是评价信息的获取与录存，还是评价决策机制，都存在显著差异。表现性评价对发展学生批判性思维，以及问题解决、协同工作、沟通和学科理解等深层次学习能力更有帮助。

表 2　表现性评价与标准化评价的对比

评价过程	标准化评价	表现性评价		
	选答反应	构答反应	作品	行为表现
评价信息生成/获取	多项选择 是非判断 匹配 判断 简答	图表/图解 概念图 流程图	研究论文 日志 实验报告 项目	口头汇报 演示/操作 辩论 小组讨论
评价信息录存	试题数据库	档案袋		
评价决策机制	参照标准的自动匹配	基于评分规则的评价方案		

1. 评价原则

构建新的评价体系是新一轮课程改革提出的要求,对素质教育实践活动起着导向与调控作用。促进全体学生生动活泼、主动的发展,是新的教学评价体系的出发点与目标。为实现这一目标,必须确立评价的原则。

(1) 发展性原则。评价关键是要促进全体学生的全面发展。首先体现在教学目标上,不仅要完成知识、技能等基础性目标,更要关注学习的发展性目标,即关注学习的过程与方法,使学生养成正确的学习态度,获得积极的情感体验,培养正确的价值观。其次体现在教学过程中,教师要认真研究课堂教学策略,激发学生的学习兴趣,促进学生积极主动地学习。再次体现在教学的效果上,要真正体现"以学论教"的思想。

(2) 多元化原则。评价主体多元,专家、教师、学生、家长等共同参与评价;评价手段多元,包括运用课堂行为表现即时评价,以及作品展示、档案袋等多种手段进行评价;评价内容多元,从科学观念、科学思维、探究实践、态度责任等几方面进行多维评价。

(3) 个性化原则。小学科学课程要找准自己的立足点。小学科学课,是一门以培养科学学科核心素养为宗旨的基础性课程。科学课程的教学评价,主要目的是了解学生学习和发展的实际情况,以利于改进教学、促进学生的学习,最终实现课程宗旨,即提高每个学生的科学核心素养。

(4) 过程性原则。评价要体现促进学生学习经验发展的过程,它不是就某一事件评定某一结果,而是要体现个体发展的连续性。为了真正发挥评价的作用,把学生个体成长与进步放在重要位置上,教师要不断对学生科学观念、科学思维、探究实践、态度责任等几方面发展进行多维评价,细心收集、整理与分析评价资料。应注重评价的反馈与激励作用,建立教师、学生、家长共同参与的评价制度。

2. 评价内容

对标核心素养培养,小学科学课堂中的表现性评价应从科学观念、科学思维、探究实践、态度责任四方面进行评价,选取学生学习过程中外显的构答反应、行为表现与作品作为评价依据。

(1) 科学观念(表 3)。科学课的教学目标之一是学生通过科学课程的学习,知道与周围常见事物有关的浅显的科学知识,并能应用于日常生活,逐渐养成科学行为习惯和生活习惯。科学观念的表现性评价,重点应评价小学生对生命科学、物质科学、地球与宇宙科学、技术与工程等最基本概念和技能的理解过程和应用情况,对所学内容的掌握程度,能否在理解的基础上将所学知识应用于新情境中,能否综合应用知识,灵活、合理地选择方法解决有关问题。

表 3　表现性评价内容一:科学观念

科学观念	评价依据	评价标准示例
核心概念	图表/图解、概念图、流程图	●概念图中能恰当地运用科学概念 ●概念图中科学概念间的关联正确
应用	研究论文、日志、实验报告、项目	●实验报告中能合理运用科学知识阐释现象 ●实验设计中能运用科学知识解决问题

(2) 科学思维(表 4)。观察、实验与思维相结合是科学学科的基本特征,科学思维主要包括模型构建、科学推理、科学论证、质疑创新等要素。

表 4　表现性评价内容二:科学思维

科学思维	评价依据	评价标准示例
模型构建	图表/图解、概念图、流程图	●能用比较科学的词汇、图示符号等方式记录整理信息 ●能基于所学的知识,用统计图表记录整理信息
科学推理	研究论文、日志、实验报告、项目	●有运用比较与分类等方法得出结论的意识 ●能依据证据,运用推理、概括等方法分析结果,得出结论
科学论证	辩论、小组讨论	●对所获得的数据资料作解释说明,提出自己的论点 ●反思论点不足并提出反论点 ●反驳他人的质疑和批判
质疑创新	研究论文、日志、实验报告、项目	●创新性地提出探究的问题 ●探究活动方案设计新颖 ●制作的作品外观、结构或功能新颖

(3) 探究实践(表 5)。对科学探究评价,必须对科学探究活动中的过程技能作出评价。探究既是科学学习的目标,又是科学学习的方式。

通常认为科学探究应该包括一些在真实世界中的动手实践活动,即"问题解决""调查"或"研究"。对其评价,首先要明确评价的内容。探究活动要求学生在活动中既要动手又要动脑。教师应该针对学生在探究活动中的动手表现作出评价,如测量、观察、实验设计、问题解决,等等。

表 5　表现性评价内容三:探究实践

探究实践	评价依据	评价标准示例
问题	研究论文、日志、实验报告、项目、口头汇报	●能依据已有的经验,对问题作出简单的猜想 ●能提出有针对性的假设,并说出假设的依据
证据	演示/操作、图表/图解、概念图、流程图	●能全面细致地观察,并找出观察的重点 ●能正确使用酒精灯、温度计等工具 ●能用查阅资料、调查等方式获取事物的信息
解释	研究论文、日志、实验报告、项目、口头汇报、辩论、小组讨论	●对收集到的证据的可靠性进行评估 ●基于证据分析相关现象或原因 ●评价证据是否支持所得出的观点
交流	辩论、小组讨论	●能准确表述、评估和反思探究过程与结果 ●选择并运用适宜的媒体与他人有效地交流 ●对他人的探究过程和结果能提出建设性的意见

(4) 态度责任(表 6)。态度责任既是科学学习的动力因素,影响着学生对科学学习的投入、过程与效果,又是科学教育的目标。主要包括科学本质、科学态度、社会责任等要素。培养小学生的科学态度与责任,不能像传授知识一样直接"教"给学生,而是要创设机会,让学生通过参与活动,日积月累地感受、体验与内化。这部分表现性评价内容主要有:学习兴趣是否浓厚,学习动机是否强烈;是否积极主动地参与学习活动(如举手发言的次数,回答问题是否积极,参与讨论的积极性等);能否尊重事实,尊重证据;能否大胆想象,勇于创新;能否崇尚科学的人文精神,关心科学、技术与社会的关系及热点问题,如环境问题、能源问题、人口问题等;能否从自己做起,热心参与有关活动,发展对自然和社会的关怀和责任感等。

表 6　表现性评价内容四:态度责任

态度责任	评价依据	评价标准示例
科学本质	研究论文、日志、实验报告项目、口头汇报、辩论、小组讨论	●认为通过一定的方法可以找到自然规律 ●了解科学家的故事,知道不同阶段科学认知发展的水平是不同的 ●了解科学的局限性,明白科学不能解决所有问题
科学态度	研究论文、日志、实验报告项目、演示/操作、口头汇报、辩论、小组讨论	●有好奇心和求知欲 ●能基于证据和逻辑发表自己的见解 ,不迷信权威 ●能从不同角度思考问题 ●能主动与他人合作
社会责任	研究论文、日志、实验报告项目、口头汇报、辩论、小组讨论	●能遵循普遍为人接受的伦理道德规范 ●欣赏自然,爱护生命 ●具有保护环境、节约资源、促进可持续发展的责任感

四、表现性评价的途径与方法

表现性评价实施的途径有观察、对话、交流、展评和检查等。对学生课堂学习态度、演示操作等作评价,常用观察;对实验方案设计、观察记录等作评价,常用检查、交流;对证据分析、结论归纳等作评价,常用对话、交流;对科学日志、研究论文等作评价,则采用展评、检查等。表现性评价结果的反馈方式有:描述评价,包括口头语言和书面语言;等级评价,如优秀、良好、合格、不合格;符号评价,如笑脸、打钩等;记录评价,如主动发言几次,撰写小论文几篇等。

表现性评价方法有表现性任务评价法、成长记录评价法等。

1. 表现性任务评价法

在小学科学课程中采用表现性任务评价法,可以创设某一情境,设计真实任务,通过观察、记录和分析学生在活动中的表现,对学生的参与意识、合作精神、实验操作技能、探究能力、分析问题的思路、知识的理解和认知水平,以及表达交流能力等作出全方位评价。评价的依据通常是学生具体的动作行为和成果,例如仪器操作、动手制作等外显行为,以及科学日志、论文等作品。

表现性任务评价法的一般过程:确定评价目的—设计合适的真实任务与工作单—制定可操作的评价标准—收集评价资料—形成评价结果。

与纸笔测试相比,表现性任务评价法有独特的优势。它体现了现代学习理论,能测量用其他方法无法测量的复杂的学习结果,能够促进学生真实进步。

2. 成长记录评价法

成长记录评价不但对学生当前有促进作用,让学生自己保存还会成为伴随其一生的财富。成长记录的类型通常有以下几种:

(1) 作品集锦。学生选择好作品,定期向同伴、家长和教师展示,并说明选择的理由,听取别人对作品的意见。这样不断选择和积累,学生就得到了一系列随时间展开的作品。

(2) 日记。学生把自己在生活中见到的、自认为有趣有用的科学知识、方法技巧、现象事物、问题疑难等,以简略的形式写下来,然后定期回顾,看自己学到些什么,不懂的问题弄懂了没有,能不能解释或说明这些有趣的现象和事物。

(3) 档案袋。按照一定的主题或分类将有关资料汇集起来,再根据学生在档案袋中的信息作一个整合性的评估。如果这些资料以计算机文件的形式储存起来,就称为电子档案袋。档案袋评估往往是对学生一学期或一学年的学习成果的一种总结性和汇报性评估。学生档案袋的主要功能是体现学生在一个学习阶段中不断成长进步的过程,因此在建档时要注意资料的日期,以便之后比较和对比。建档的资料包括学生在参与科技活动过程中的一些轶事记录、科学笔记、自我评估、小发明、小创造等。学生应该担负起收集资料、整理资料的主要工作。教师应尽量帮助学生,例如提供资料并协助学生有的放矢地选择资料,帮助学生按一定逻辑分类、归类、整理这些资料。表 7 是一份学生档案袋评估表。

表 7　学生档案袋评估表

学生姓名＿＿＿＿＿＿＿＿＿＿　　　　　　　　　　　　　　　　日期＿＿＿＿＿＿＿＿＿＿

内容	有没有目录	是	需改进
	内容编排是不是有条理	是	需改进
	有没有一个引言	是	需改进
	所有材料是否都贴上标签,合理归类	是	需改进
	有没有一个总结	是	需改进
	引言和总结部分是否写得很简洁,文字是否通顺	是	需改进
	整个档案是否整洁、美观	是	需改进
选材	选材是否全面,是否包含情感、态度、价值观	是	需改进
	教师要求的材料是否全包括	是	需改进
	所选材料是否都和主题有关	是	需改进
	所选材料是否为该学生独立完成(或与同班同学一起完成)	是	需改进
	有没有自我评估	是	需改进
	班级同学有没有给予很好的评价	是	需改进

表现性评价指向深度学习,学生在此过程中必须经历建构的过程。评价过程与学习过程同步,展示出学生的能力发展,更重要的是评价手段和评分规则能有效引导学生自主学习。

单元教学视角下表现性评价设计的思考

——以小学自然“新材料”单元为例

葛玉琴

（上海市黄浦区海华小学）

2016年，教育部委托的课题组发布了《中国学生发展核心素养》。之后，单元教学逐步被视为发展学生核心素养并实现课堂教学转型的有效教学形式之一。单元是相互关联、先后有序的教学内容的组合，是基于学科核心素养，按照学科知识逻辑结构、学生认知规律，以相关主题与任务为线索的教学结构单位。单元教学与传统的单课时教学相比，更利于教师深入掌握教学内容，并根据学生学情，对教学内容进行分析、整合或重组，形成相对完整的教学；更关注学习内容和过程的联系性和整体性，更有助于学生建构科学知识、提高科学探究能力等，从而培养学生科学学科的核心素养。

表现性评价为学生提供了参与挑战性任务的机会，同时十分注重评价学生在真实情境中解决问题的表现。已有研究表明，表现性评价适用于测评学生的高阶认知技能，更有可能促使学生获得这些能力，而且使课堂教学实践更具诊断性。对于核心素养的培养，表现性评价有着天然的适用性。

单元教学视角下的表现性评价作为落实发展学生核心素养目标的着力点，能更好地反映核心素养背景下学生的学习表现和发展状况。笔者尝试以小学自然五年级第二学期第七单元“新材料”为例，分享研究思考。

一、自然学科表现性评价的内涵

表现性评价指教师让学生在真实或模拟的生活环境中，运用先前获得的知识解决某个新问题或创造某种东西，以考查学生知识与技能的掌握程度以及实践、问题解决、交流合作和批判性思考等多种复杂能力的发展状况。

小学自然学科表现性评价是根据学生在自然学科活动中完成真实任务的表现，对学生运用科学知识、掌握探究技能、解决实际问题等多种复杂能力作评价。

二、设计原则

（一）指向核心素养

《义务教育科学课程标准(2022年版)》指出，科学课程要培养的学生核心素养主要包括科学观念、科学思维、探究实践、态度责任等，旨在培养学生掌握基本的科学知识，形成初步的科学观念；掌握基本的思维方法，具有初步的科学思维能力；掌握基本的科学方法，具有初步的探究实践能力；树立基本的科学态度，具有正确的价值观和社会责任感。表现性评价的设计要基于单元教学目标、内容，充分考虑学生学情等，明确指向某个或某些核心素养，并针对该核心素养的要素、具体内容等规划表现性评价，以期较全面、客观地评价学生的自然学科核心素养的发展状况。

（二）有统筹性

表现性评价的设计要基于学情和单元评价目标，整体规划，统筹安排。在一个单元教学的表现性评价规划中，四个方面的核心素养都要体现，但可以有侧重点，对需要强化的知识或能力，可以利用评价有机整合，同时合理安排评价次数，避免过多、无效的评价。此外，还要考虑学生在学习过程中知识、能力等如何进阶，合理安排每个课时中的表现性任务和评价要点，为学生指引正确的学习方向，发挥评价的教育功能。

（三）可测易懂

表现性评价主要是对学生在学习过程中的表现作出评价，学生在此过程中所形成的思维、意识等是难以显现的。教师可以设计便于评测的评价量规，将评价内容和量规作言简意赅的描述，并量化成等第，使评价者和被评价者都能理解评价标准，以期在有限的课堂活动中获得较为客观的评价结果，提高表现性评价的有效性。

（四）融入活动

在以往的评价模式中，教学过程与评价过程通常是分离的，评价往往是在教学完成之后独立进行的。小学自然课堂中的表现性评价是评价学生在解决实际问题过程中的表现，评价与教学几乎同时进行，即评价融于课堂活动。自然课堂以探究活动为主，将评价融入活动，能在第一时间收集到反映学生学习水平的证据。可以将具体的、可操作的评价量规与活动任务有机结合，学生完成表现性任务的过程就是学习的过程，这样评价也能自然地贯穿其中，不仅在课堂教学中起到暗示和引导作用，还能全方位地提升学生的学习水平。

三、设计路径

单元教学视角下表现性评价的设计路径一般从单元教学目标入手，将其逐条转化为单元评价目标，并将每个课时的核心活动与单元评价目标、需培育的核心素养等一一对应，规划成表，再统筹安排，将核心活动内容细化为表现性任务，并制订评价量规，形成表现性评价工具。这一路径，是一个良性的、可优化的循环过程(图 1)。

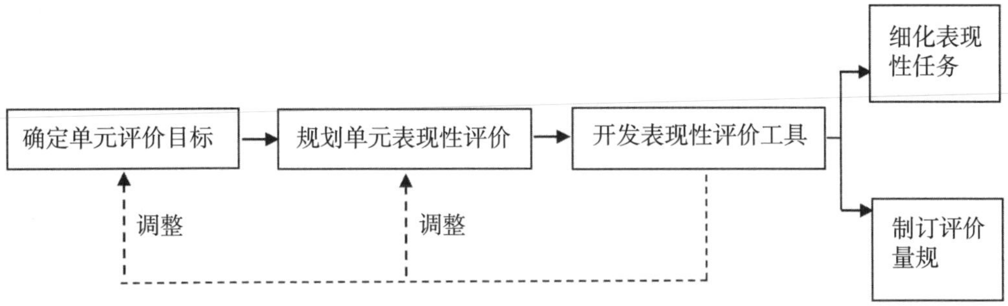

图 1　单元表现性评价的设计流程

(一) 确立单元评价目标

在确定单元评价目标时，要站在核心素养的角度，基于单元教学目标、学情等，用可检测的行为动词表述核心素养的培养要求，使评价目标的内容具体化，并编上序号，为规划单元表现性评价做准备(表 1)。

表 1　“新材料”单元教学目标与对应的单元评价目标

单元教学目标	单元评价目标
1. 知道复合材料、合金等新材料的来源、特性和用途	1.1　能仔细观察利乐砖等材料，说出由两种或两种以上的材料复合而成的材料叫复合材料 1.2　能多途径收集信息，说出复合材料的综合性能优于原组成材料 1.3　能以表格方式收集信息，列举复合材料制作的物品的特点和用途 1.4　能分析收集的信息，说出合金是由一种金属加上一种或多种金属或非金属熔合而成的具有金属特性的材料 1.5　能多途径收集信息，列举合金的性能和用途
2. 知道根据需求选择不同的材料，知道人类的需求不断促进新材料的发明	2.1　能分析资料信息，说出撑杆跳高世界纪录与撑杆材料之间的关系 2.2　能基于证据得出合理的结论，说出根据人类的需求不断优化撑竿材料，不断促进新材料的发明
3. 学会制作“胶合纸”	3.1　能应用所学，制作综合性能好的“胶合纸” 3.2　能设计检测“胶合纸”性能的方案 3.3　能收集检测数据，得出“胶合纸”综合性能优于原组成材料的结论 3.4　能交流反思制作“胶合纸”的过程与结果，体会实践反思有助于获得创新成果

（续　表）

单元教学目标	单元评价目标
4. 能选择生活中常见的复合材料和合金制品开展探究，能用资料卡整理搜集的信息	4.1　能设计多种方法探究形状记忆合金的性能，增强合作和实证意识 4.2　能用资料卡的形式提炼并表达调查的结果，增强探究新材料的好奇心
5. 在体会新材料在生产和生活中广泛应用的过程中，感悟科学技术与人类的生产和生活是相互促进的	5. 能多途径获得信息，体会新材料在生活中的广泛应用，感悟生活中处处有科学

（二）规划单元表现性评价

根据《上海市小学自然学科教学基本要求（试验本）》中提供的学习建议，将单元中各课时的核心活动作梳理、策划。课时中的活动内容与单元评价目标一一对应，再预设评价主体、评价方式、评价时机、评价工具、侧重培育的核心素养及其要素等。各项核心素养的要素如下：科学观念包括具体观念、认识科学本质、应用等；科学思维包括模型建构、推理论证、创新思维等；探究实践包括科学探究能力、技术与工程实践能力以及自主学习能力等。其中，科学探究能力具体表现为提出问题、作出假设、制订计划、搜集证据、处理信息、得出结论、表达交流和反思评价等；态度责任包括科学态度和社会责任等。初步规划好后，检查单元评价目标是否都分配到核心活动中，核心素养培育是否全面，再做相应调整，从而完善规划（见表 2）。

表 2　“新材料”单元表现性评价规划

课时/课题	核心活动						
	活动内容	对应单元评价目标（序号）	评价主体	评价方式	评价时机	评价工具	对应核心素养和要素
1. 材料的复合	认识复合材料	1.1、1.2	自评	活动观察	课中	任务记录单和评价单 1	探究实践（科学探究能力）
	制作承重与防水综合性能好的“桥面”	3.1、3.2、3.3、3.4	自评、同伴评	活动观察	课中	任务记录单和评价单 2	科学观念（应用）、科学思维（创新思维）、探究实践（科学探究能力）
2. 合金	认识合金	1.4、1.5	自评	活动观察	课中	任务记录单和评价单 3	科学思维（推理论证）
	探究一些合金的性能和用途	1.5、4.1	自评、同伴评	活动观察	课中	任务记录单和评价单 4	探究实践（科学探究能力）、态度责任（科学态度）

（续 表）

课时/课题	核心活动						
	活动内容	对应单元评价目标（序号）	评价主体	评价方式	评价时机	评价工具	对应核心素养和要素
3. 生活中的新材料	认识复合材料的应用	1.3、5.1	自评	活动观察	课中	任务记录单和评价单5	探究实践（科学探究能力）
	分析撑杆跳高世界纪录与撑杆材料的关系	2.1、2.2	自评	活动观察	课中	任务记录单和评价单6	科学思维（推理论证）
	调查家里的新材料	4.2、5.1	自评、家长评	成果展示	课后	作业和评价单	探究实践（科学探究能力）、态度责任（科学态度）
单元学习评价		1.1、1.2、1.3、1.4、1.5	自评、师评	竞赛游戏	单元学习后	知识结构图和评价单	科学观念（应用）、探究实践（科学探究能力）

（三）开发表现性评价工具

1. 细化表现性任务

在单元表现性评价规划的基础上，可以从核心活动中挖掘适合学生完成的表现性任务，如创设一些生活的或接近生活的情境，再分解任务，将其落实到具体的活动环节中。在此过程中，教师要对每个分解的任务有明确的认识和合理的布局（表3）。

表3 “制作承重与防水综合性能好的‘桥面’”表现性任务分解表

表现性任务	怎样用8层长度和宽度相同的纸和铝箔制作承重与防水综合性能好的“桥面”	
分解任务		意图
设计环节	思考并交流：材料的选择？叠放的顺序？黏结的方法？	根据问题情境，引导学生应用学习的复合材料相关知识，利用纸和铝箔设计多种组合的方案
制作环节	① 明确制作要求：在垫板上制作，均匀涂抹白胶，材料边缘对齐，压平并晾干 ② 制作不同的“桥面”备用	引导学生从复合材料的制作过程联想到制作“桥面”的关键步骤，课内分工制作不同的“桥面”，课后压平晾干，为测试环节做准备

（续 表）

分解任务		意图
测试环节	① 思考并交流：怎样比较“桥面”的承重与防水的综合性能 ② 小组实验并记录 ③ 分析数据，得出结论 ④ 反思改进	通过让学生自我评价，鼓励其有创意地设计两组对比实验，并对实验的合理性作评价、提出质疑，进而完善方案，达成共识。学生在实验测试后获得证据，发现两种材料胶合所制的“桥面”比原组成材料综合性能好。此外，在进一步分析证据的过程中，还发现使用的打印纸和铝箔数量不一样，组合材料的综合性能也会不同。学生通过交流反思，体会实践反思有助于获得创新成果。鼓励学生课后改进作品
备注	为保证测试效果，课堂里现场制作的“桥面”须用重物压平晾干，数日后再进行测试	

2. 制订评价量规

在细化表现性任务时，要考虑与之匹配的评价量规。基于评价目标和表现性任务，从中提取可观察的、具体的行为作为评价内容，并进一步设计评价量规，使表现性评价更具体、有区分度，且可测。一般来说，可以将活动记录单、作品等作为学生完成任务时的评价依据，结合活动评价单，形成一个完整的评价工具（表 4、表 5）。

表 4　活动记录单

记录测试结果，比较下列“桥面”承重与防水的综合性能。

测试项目	“桥面”的组成			
	作品一 上：1 层铝箔 中：6 层打印纸 下：1 层铝箔	作品二 上：2 层铝箔 中：4 层打印纸 下：2 层铝箔	作品三 8 层铝箔	作品四 8 层打印纸
承受 20 克重物时下沉的距离（毫米）				
是否渗水				

我认为：____

表 5 活动评价单

根据制作承重与防水综合性能好的“桥面”的表现，先在括号里打“√”，再汇总做到了几项，根据量规在评价结果里填写星数。

<table>
<tr><th rowspan="2">核心素养</th><th rowspan="2">评价内容</th><th colspan="3">评价量规</th><th rowspan="2">评价结果</th></tr>
<tr><th>★</th><th>★★</th><th>★★★</th></tr>
<tr><td>科学观念
(应用)</td><td>1. 应用知识，做一个承重与防水综合性能好的“桥面”( )</td><td rowspan="6">做到
1 或 2 项</td><td rowspan="6">做到
3 或 4 项</td><td rowspan="6">做到
5 或 6 项</td><td rowspan="6">( )
★</td></tr>
<tr><td>科学思维
(创新思维)</td><td>2. 有创意地设计能测试“桥面”承重或防水性的方案( )</td></tr>
<tr><td rowspan="4">探究实践
(科学探究能力)</td><td>3. 对设计方案的合理性提出观点( )</td></tr>
<tr><td>4. 收集两组测试数据并记录( )</td></tr>
<tr><td>5. 分析数据得出正确结论( )</td></tr>
<tr><td>6. 反思自己或他人的探究过程与结果( )</td></tr>
</table>

在开发表现性评价工具的过程中，要反复核查每个课时的表现性任务与评价量规是否有助于达到单元评价目标，是否适切单元教学整体规划，从而不断调整、完善整个单元的表现性评价，全面发展学生的核心素养。

四、设计要点

(一) 要有整体性

单元表现性评价的设计要有整体规划的意识，可以从单元教学目标入手，基于对学生的科学核心素养培育，将单元教学目标转化为单元评价目标，再由上至下，将课时、核心活动、表现性任务、表现性评价作逐层分解和细化，在整体规划后，与单元评价目标对接，确保一一落实(图 2)。

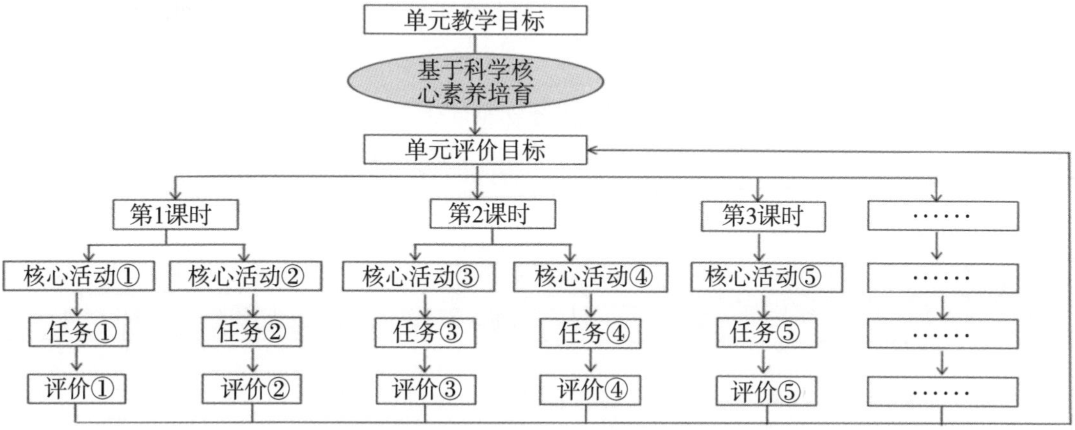

图 2 单元表现性评价设计流程

（二）要有侧重点

在一个单元教学整体设计中，往往需要全方位考量科学观念、科学思维、探究实践、态度责任等素养的培育。然而，单元中的课时是有限的，不可能也不需要花费大量精力去设计相关评价。表现性评价更注重评价学生在完成任务过程中的学习表现，因此在以探究性学习为主的自然课堂中，可以将科学思维、探究实践能力作为表现性评价的重点；在规划评价时，可以多寻找相关的学习内容作为载体来设计表现性评价，让学生在具体任务中运用知识和所学能力去分析和解决实际问题。如表 2 可见，"新材料"单元表现性评价规划表中，有多处培养学生科学思维、探究实践能力等素养的活动内容，在整个单元中所占比例较大。

（三）要有可操作性

表现性评价是为促进学生学习表现服务的，在实施过程中，学生往往要参与评价。因此，为了让学生容易理解，所设计的评价工具要具有可操作性。表现性任务和评价量规表述要做到简约而不简单，用简洁、精练的语言清楚描述，切忌复杂，要让评价者看懂，尽量避免主观判断，从而提高评价信度。同时，单元教学评价的设计风格要相对统一，也便于收集和反馈评价结果。无论评价者是谁，都可以便捷地通过核查、对照学生在任务中的行为表现作出较为客观的评价。

（四）可多次使用

任何思维、能力的培养都不是一蹴而就的，而是需要不断提醒、反复训练的。在设计表现性评价工具时，可以对单元教学中类似的表现性任务，设计相同的评价量规。在不同的任务环境下，使用相同的评价量规，多次评价，重复使用，可以强化训练学生的某些能力，使其对某些技能掌握得更好。如，从表 2 可见，"新材料"单元的第 2、第 3 课时中都有关于推理论证的评价要求。"认识合金"与"分析撑杆跳高世界纪录与撑杆材料的关系"，虽然学习载体不同，但表现性任务相似，都是阅读资料，观察、分析表格内容，从中发现关于材料的知识（表 6、表 7）。评价量规引导学生作横向、纵向、整体的观察与分析，这样的分析更全面，探究也会更深入。不同的任务共用同一个量规，能帮助学生强化推理论证的能力，促进分析思维的发展（表 8）。

表 6 "认识合金"阅读资料

材料名称	主要成分	其他成分	性能
不锈钢	铁	铬、碳等	不易生锈、耐腐蚀等
黄铜	铜	锌等	强度高、耐腐蚀、色泽美丽等
18K 金	金	铂、银等	坚硬度高、色彩丰富等

思考：这些材料各有哪些成分和性能？比较这 3 种材料的成分，有什么共同点？为什么要添加其他金属或非金属？

表 7 “分析撑杆跳高世界纪录与撑杆材料的关系”阅读资料

时间	撑竿跳高世界纪录	撑竿材料	特点
1896 年	3.30 米	木	重、硬、弹性差等
1942 年	4.77 米	竹	较轻、易折断、有一定弹性等
1960 年	4.80 米	铝合金	较轻、不易折断、弹性较好等
1961 年	4.83 米	玻璃纤维	轻、强度高、弹性好等
1994 年	6.14 米	碳纤维	更轻、强度更高、弹性更好等

思考:阅读表格你发现什么？为什么使用不同材料的撑竿,撑竿跳高成绩不同呢？为什么撑竿材料一直在变化着？

表 8 评价单

根据观察表格分析问题时的表现,填写所得星数。

核心素养	评价内容		评价量规			评价结果
			★	★★	★★★	
科学思维（推理论证）	分析表格	横向分析有发现	做到 1 项	做到 2 项	做到 3 项	（ ）★
		纵向分析有发现				
		整体分析有发现				

（五）可多种方式

评价的方式可以多种多样,如活动观察、交流访谈、竞赛游戏、成果展示等。在作单元教学整体设计时,可以根据教材内容、学生年龄特点和认知水平等,采用不同的评价方式,丰富学生的学习体验,激发学生兴趣,使其更好地表现自我。如“新材料”单元(见表 2)主要有三种评价方式,其中第 3 课时“生活中的新材料”课后设计有调查任务:调查 4 种家里常见的新材料,将它们的名称、材料和特点记录在资料卡上。以此引导学生深入体会新材料在生活中的广泛应用,激发其探究新材料的好奇心。

在单元学习后,一般会通过纸笔测试的方式来检查学生对单元知识的掌握程度。为了激发学生的兴趣,可以将纸笔测试改为竞赛游戏等表现性评价方式。如以小组为单位,利用多媒体软件把写有知识点的图示拖拽摆放成知识结构图(图 3)。引导学生应用所学知识,在辨识、建构、完善的过程中,将零碎的知识联系起来,进一步明确知识之间的层级关系,逐步形成较为完整的“物体和材料”的物质科学概念。结构图中的连接词十分重要,如哪些地方适用哪些连接词,需要学生与同伴交流,勇于提出自己的想法,积极听取他人的建议,斟酌后达成共识,完成游戏任务。此外,这个过程对学生养成严谨的科学态度也有着积极的促进作用。

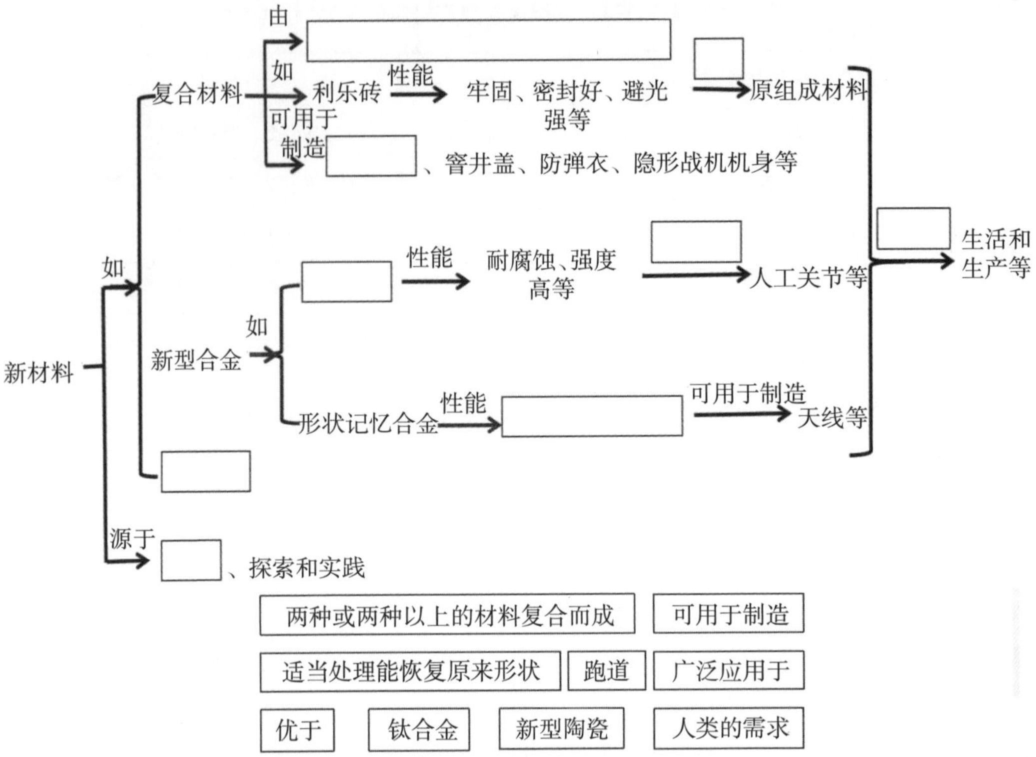

图3 “新材料”中的游戏任务

表9 单元“新材料”评价单

根据自己在组内完成单元知识结构图的表现，填写所得星数。

核心素养	评价内容	评价量规			评价结果
		★	★★	★★★	
科学观念（应用）	1. 正确完成7～9个（ ）	做到1项	做到2项	做到3项	（ ）★
探究实践（科学探究能力）	2. 愿意倾听他人建议（ ） 3. 至少提出2个合理建议（ ）				

（六）可灵活设计

一般来说，评价单的设计要保持相对统一的风格，包含核心素养、评价内容、评价量规、评价结果等。为使评价有一定的区分度，往往会将某项核心素养及评价内容划分为若干个等第（表8）。但在实际操作中，这样做会有一定难度，不够灵活，也容易让教师忽略一些关键的评价契机。在具体设计时，可以依据单元表现性评价表中预设的规划内容，以及这个表现性任务的具体内容和环节，选择若干个重要的行为表现作为评价内容，将它们按照任务流程有机地组合起来并制订量规（表5、表9）。表现性评价在学生解决实际问题的过程中，促进其能力的提升，从而逐步培养其科学素养。总之，不用拘泥于某种固定形式，要始终采取单元整体教学的视角，以培养学生核心素养为目标，灵活设计表现性评价。

五、结语

基于单元教学的表现性评价设计需要教师有主动钻研教材的恒心、关注学生学情的耐心、捕捉动态生成问题的慧心。在自然学科单元教学中运用表现性评价，能全面、及时、持续地对学生学习作出评价，做到“教—学—评”一致，有效促进学生科学核心素养的培育。

运用表现性评价优化小学科学课堂教学

倪佳燕

（上海市黄浦区海华小学）

表现性评价在一线课堂中的运用日渐普遍，然而，对于表现性评价的运用，大多数教师往往局限于引导学生开展学习活动、激励学生投入学习活动以及检测学习成果帮助教师改进教学等方面。对表现性评价，还可以进一步深入挖掘，其运用应该贯穿于整个教学设计与实施过程中。本文将以小学《自然》科教版（上海科技教育出版社出版）三年级第二学期第一单元第三课时"重力与承重"一课为例，说明表现性评价是如何应用于小学科学课堂，达到改进教学效果目的的。

一、教学目标与表现性评价一体化设计有利于制订适切的课堂教学目标

适切的课堂教学目标，不仅仅要落实课程标准，而且是教师在学情分析的基础上预估学生通过学习活动能够达到的。教学目标与表现性评价的一体化设计，意味着教师在初步规划教学目标后，基于学情分析，对教材中给出的学习活动进一步调整完善，力图突出重点、破解难点。与此同时，围绕教学重点或难点的课堂核心活动，则成为表现性任务。表现性评价的内容就应体现教学重点及难点，而且是学生在活动过程中可被观察到的外显行为、作品等。而结合学情进一步制订评价量规，则让评价内容更具体且有区分度。可见，设计表现性评价的过程，是对教学目标的一次审视：目标是不是学生能够达到的？目标的达到是否能通过学生的表现检测到？课堂教学目标的制订与课堂表现性评价的规划设计形成了良好的互动，教学目标可以在设计表现性评价工具的过程中得到调整优化。

例如"重力与承重"一课，教师在最初规划确定教学目标时，首先翻阅教材，并查阅《上海市小学自然学科教学基本要求》（以下简称《自然学科基本要求》）等纲领性文件。教材中出现了向上抛物、在平整的沙盘里放砖块观察沙的变化等素材，以及重力的解释、"小苹果和大发现"资料卡。在《自然学科基本要求》"学习指引"模块的"学习建议"表格中，本课对应的单元教学目标是第二条"知道重力等常见的力"和第五条"在认识常见力的活动中，有安全操作、爱护器材的意识，感悟力与人类生产和生活的密切关系。"

在此基础上，教师将教学目标初步定为："第一，通过跳一跳、观察物体下落、观看视频，

说出重力是地球的吸引使物体受到的力，方向为竖直向下；能仔细观察现象并作分析；感悟力学现象的奇妙。第二，通过用测力计测量多个物体，说出不同物体所受的重力大小可能不同；能仔细比较、分析证据，培养严谨的科学态度。第三，通过滑雪、沙漠中的坦克车等情境，猜想、制订简单的探究计划，设计实验，搜集证据，能根据证据得出结论，知道承重与下陷的关联，并能运用理论解释常见的生活现象；初步具备用证据证明观点的实证精神”。但教师在初步规划目标的过程中产生了疑惑：本课在教材中的题目是“重力与承重”，但是《自然学科基本要求》中本课的题目是“重力”。教材后半部分出现了重力与承重相关的活动内容，而《自然学科基本要求》的表格中罗列的对应知识点却仅涉及重力，并未提及承重。那么，仅在教材中出现的“承重”部分的内容，该如何定位、处理？教师对学生学情作了分析：学生在上一课时刚认识了弹簧测力计，初学弹簧测力计的使用，尚不熟练，因此弹簧测力计的使用和训练在教学过程中需要格外关注。同时，“通过用测力计测量多个物体，说出不同物体所受的重力大小可能不同”也是对《自然学科基本要求》提出的“认识重力”的具体化。对标《自然学科基本要求》并结合学情分析，教师将本课的教学重点定为“认识重力”，教学难点待定。

审视三条教学目标，同时考虑到学生在教学活动中容易被观察到的一些外显、可测的行为表现，教师将“使用弹簧测力计测量不同物体所受重力”和“观察砖块在沙中的效果探究重力和承重的关系”设定为表现性任务。

实际上，表现性评价的设计和课堂教学目标的确定是不矛盾的，学生作为课堂教学的主体，很好地完成了表现性任务，通常也意味着教学目标得到了很好的落实。

第一个表现性任务是学生使用弹簧测力计测量不同物体所受重力，这一过程中的注意事项，如有无及时校零，是否平视指针读数等外显行为，则成为表现性任务中可测的评价点。评价量规在此基础上设定了一些坡度和区分度。

第二个表现性任务是学生探究重力和承重的关系，评价点是有无“预想结果”，是否“佩戴口罩、护目镜”，每次实验前是否重新把黏土面变得平整，是否“仔细观察”。评价量规同样基于这些外显的可测行为设定了若干区分度。由于这个表现性任务需要学生合作完成，对一些操作细节有要求，虽然《自然学科基本要求》中并未提及“承重”，但重力与承重的关联在生活中有许多应用，显然不能不提，操作对学生来说也有难度，因此教师把这个任务定为了本课的教学难点。

当表现性任务和评价的规划设计完成后，教师又再次回顾了初步规划的教学目标，做了适当的调整。

调整后的目标一：通过体验、观察、观看视频，说出重力是地球的吸引使物体受到的力，方向为竖直向下；能根据观察到的现象作分析；感悟力学现象的奇妙。

调整后的目标二：通过测量不同物体所受的重力，说出地球上的物体都受到重力，所受的重力大小可能相同也可能不同；能规范操作弹簧测力计，根据数据的比较分析得出结论，具备严谨求实的科学态度。

调整后的目标三：通过猜想、制订简单的探究计划，设计实验搜集证据，能收集证据得出结论，知道重力与承重的关联并能解释常见的生活现象；初步具有规范实验以及热爱生命的安全意识。

教师在设计表现性任务的过程中，对学生通过活动应能达到的目标进一步细化，对教学目标的调整优化主要体现为目标二、目标三的具体化，使教学目标真正可检测。同时，表现性评价的设计，帮助教师较为妥善地处理了教材与《自然学科基本要求》不一致的内容，确定了教学重点与难点。综上所述，教学目标和表现性评价的一体化设计，有利于教师对教学重、难点的把握，也有利于设计更适切的课堂教学目标。

二、表现性评价有利于优化教学过程设计与实施的细节

表现性任务选自围绕教学重点或难点的核心活动，评价工具的设计就是把表现性任务的活动分解到具体的各个环节，对照教学目标，把教学目标转化为具体、可测、有区分度的行为表现或作品的过程。这些具体、可测的行为表现或作品，也正是教师在教学实施过程中须特别关注的。这种对教学细节的优化，一般来说可能会有两种情况。

一种情况是发生在教学设计中，并在教学实施中得到落实。以“重力与承重”一课中“测量不同物体所受的重力”活动评价为例，前一节课学生已经学习了测力计的使用，本活动要求学生使用测力计测量 4 个物体所受的重力。活动目标是：①会使用测力计测量物体；②知道不同物体所受的重力可能不同。教师设计了活动学习单（表 1）和评价单（表 2）。

表 1 “测量不同物体所受的重力”实验学习单

使用测力计测量不同物体并记录测量结果。

物体	测量结果	物体	测量结果
	______N		______N
	______N	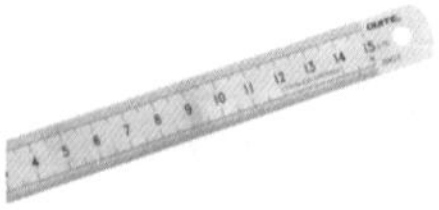	______N

我发现，不同物体所受的重力__________。

表 2 “测量不同物体所受的重力”实验评价单

要求：根据评价内容进行自评。

核心素养	评价内容	评价量规			评价结果
		★	★★	★★★	
探究实践	及时调零	做到 1 项	做到 2 项	做到 3 项	（ ）星
	平视指针				
科学思维	仔细分析				

教师分析认为，“会使用测力计测量物体”主要体现在及时调零和读数时平视指针两个行为上，因而把这两个行为列为探究实践维度的评价内容。“知道不同物体所受的重力可能不同”的可测内容是学习单中的“我发现________”，学生填写的答案可视为外显的行为。而学生要得出该答案，要经历分析比较测量得到的数据这一思维过程，因此可以把“仔细分析”列为科学思维维度的评价内容。在整个活动过程中，教师要关注的是学生使用测力计的操作细节是否规范，并且要引导学生对获得的数据进行分析。对于前者，教师预设学生在测量物体时可能会忽视“盛放物体的塑料袋不应计算在内”的细节，因此在学生开始测量前，教师刻意强调了使用测力计时须注意的方面（见案例片段一）。对于后者，教师在活动后期的交流环节中，引导学生分析和比较数据。

案例片段一

师：上节课我们学习了测力计。它可以测量什么？

生：力的大小。

师：稍后请你们以小组为单位，使用测力计测量 4 个物体所受的重力大小，将结果记录在学习单上。使用测力计有注意事项吗？

生 1：注意量程。

师：正确。

生 2：要注意及时调零。每测量一个物体前都要重新调零。

师：是换物体测量前都要重新调零吗？

生 3：是的。

师：实验中因为有些物体不能直接挂在测力计上，所以老师给你们一个塑料袋用来盛放待测物体。这时候调零要怎么做？

学生讨论。

生 4：把塑料袋挂在挂钩上再调零，因为虽然塑料袋非常轻，但它不是我们要测量的物体，所以不能算在重力里面。

师：说得真棒。像这样完成调零后将物体放入塑料袋中。

教师演示（图 1）。

师：大家上节课学得很仔细。还有哪些注意事项呢？

生 4：读数的时候眼睛要平视指针。

图 1 教师演示强调细节

师：没错。

生 5：读数的时候如果指针在剧烈晃动，不能读数，要等指针稳定了再读数。

师：非常好。除了指针稳定后再读数，读数的时候也要仔细看清刻度。得到数据后请及时记录，最终分析数据，得出结论。

教师出示评价单。

学生开始实验。

另一种情况是，教师在教学设计中已经关注到一些细节，并且在评价单中有所体现，但在具体实施后，发现了更多需要注意的细节，因而对教学过程以及评价单都进行了改进。仍以“重力与承重”一课为例，活动二“探究重力与承重”的活动目标是：①能观察思考，对影响承重本领的因素作出预想；②能根据预想设计实验验证预想，并规范、有序地开展实验；③知道物体承重本领的大小与接触面积有关。

本活动创设的情境：教师出示两幅图片（滑雪场和沙漠），询问学生为什么在这两种非常容易下陷的地形中，人们能够快速滑行而不陷进去，很重的坦克为什么能在沙漠中快速行进。学生猜测可能和接触面积增大有关。教师请学生借助黏土、条形磁铁设计实验验证。学生口头描述与承重本领对比实验近似（图 2）的内容。

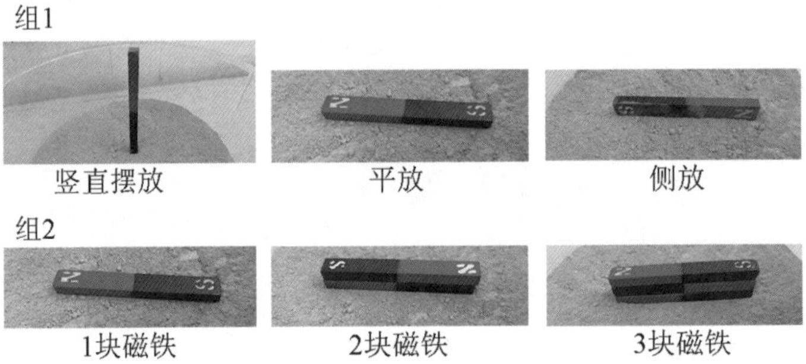

图 2　承重本领对比实验

教师分析认为，本活动中探究实验的开展非常重要，直接关系到能否得出“物体承重本领的大小与接触面积有关”这一结论，因此把评价的重点放在对活动细节的一些要求上（表 3）：每次实验前都轻轻晃动黏土，清除留下的痕迹，是实验的关键；佩戴口罩、护目镜则属于规范操作；先预想再实验和观察，保证了整个探究活动的有序开展。

表 3　重力与承重实验评价单

根据验证重物下陷程度的情况，填写所得的星数。

核心素养	评价内容	评价量规			评价结果
		★	★★	★★★	
探究实践	先填写预想结果	做到 1 项	做到 2～3 项	做到 4 项	（　　）星
	佩戴口罩、护目镜				
	轻轻横晃黏土				
	仔细观察				

在第一次试教中，教师发现：①不少同学并没有按事先要求的那样在开始实验前先预测实验结果，学习单上这项还空着，便急于开始实验操作。②个别学生忘记佩戴口罩或护目镜。③即便教师已经提醒学生要用轻轻横晃水槽的方式使黏土下陷的痕迹消失，学生依然出现了错误的操作，如竖着晃水槽，使粉尘扬起。

除上述情况外还发现不少问题，譬如：有的学生在放置黏土的过程中，动作不规范，磁铁距离黏土表面尚有一定高度的时候就松手将磁铁放下去了，使黏土下陷的程度受到了重力加速度的影响；许多学生没有按照教师的提醒操作，拿装有黏土的容器用力敲击桌面，导致大量尘土扬起。最重要的是，多数小组没有在规定时间内完成实验。

综上，教师尝试改进：①调整（学生用）评价单，对事先没有预料到的情况，通过评价单提醒学生，从而避免再出现第一次试教中的问题（表4）。如学生能够先预测实验结果并填写之后再开始实验，佩戴口罩和护目镜，以及以正确的方式晃动水槽，减少扬尘等情况。②在学生操作前，教师通过演示教学生正确放置磁铁，减少实验误差。③在PPT中增设时间提醒，帮助学生强化时间意识。

案例片段二

教师出示实验方案设想的图片（图2）。

师：等一会儿请你们参照图片完成对比实验。在实验中，放磁铁要注意像这样（边说边做动作演示）轻轻地往下，等你感觉碰到黏土表面了，看它能站稳了再松手。将磁铁拿起来的时候也要轻轻地，尽可能不影响到黏土中的痕迹。因为要做多次实验，所以请你们横向左右轻轻晃动装有黏土的容器，要有耐心，慢慢地轻轻地横向晃动，一定不要敲击桌面，避免尘土扬起，不利于呼吸道健康。

教师出示评价单（表4）。

师：同时，请你们在实验过程中根据评价单内容开展自评。本次实验共8分钟，请留意PPT上的倒计时，抓紧完成。

表4　重力与承重实验评价单

核心素养	评价内容	评价量规			评价结果
		★	★★	★★★	
探究实践	先填写结果预测　（　）	做到1～2项	做到3～4项	做到5项	（　）星
	佩戴口罩护目镜　（　）				
	磁铁碰到黏土再松手　（　）				
	仔细观察痕迹深浅　（　）				
	横向轻晃不敲击容器　（　）				
备注：在完成的括号中打“√”，并在评价结果中填入获得的★数。					

相较第一次执教，教师发现：①各小组学生在开始实验操作前都填写了结果预测。②所有小组成员都戴上了口罩和护目镜。③几乎没有学生敲击容器，扬尘情况有了极大的改善。

④放置磁铁时，没有再出现磁铁做自由落体运动，被丢入黏土中的情况。⑤大多数小组在规定时间内完成了实验。

三、表现性评价一表二用有利于教师获取更微观的学情

通常，表现性评价由教师设计，供学生在课堂学习中使用。教师基于教学目标、学情和教学重难点，从“科学观念”“科学思维”“探究实践”“态度责任”这四个维度中挑选若干内容，设计表现性评价的具体标准。这份评价标准在课堂中作为学生自评的评价单发放给学生，学生在开展自评时，相当于有了一个“扶着”他们学习的小助手，能够明确、清晰地知道需要注意什么，要完成哪些关键操作，从而更顺利地达到学习目标。它起到了引导学生的作用。

表现性评价作为一种由学生完成表现性任务，再由评价者根据一定的评价标准(量规)来进行综合评价的方式，将质性变化以数字形式量化，最主要的目的不是甄选和淘汰，而是使教师更好地把握学生的学力水平现状，从而能够将这些信息更好地运用于以学生为主体的学习活动，达到改进教学的目的。然而，教师在开展课堂教学的过程中，通过对学生活动过程的观察，以及来自学生评价单的反馈，获取的学生学习状态(尤其是一些细节)未必全面细致，这在一定程度上影响了后续的教学改进。通过观课磨课等教研活动得到同行教师的帮助是一条很好的途径，那么，观课教师提供的教学实施信息是否具体，是否反映了主要问题，在一定程度上决定了教研活动的质量。教师使用表现性评价单能够为观课的重点提供一些方向性的提示。

其实，换一个角度思考，评价单中的评价内容，是教师期望学生达到的重点目标，因此评价内容及量规既是学生自评的标尺，也是教师检测教学效果的重要标尺。如果将学生使用的评价表作简单修改，一表二用，使学生用的自评表变成观课教师用的表现性评价表，就能提示观课教师需要重点观察的内容，包括哪些地方学生出现了问题，哪些问题相对集中等，弥补执教教师因为上课注意力有限而造成的疏漏，从而高效地帮助教师收集信息，助力教学改进。

将学生使用的评价表简单修改后变成观课教师用的表现性评价表，以“重力与承重”第一次试教中活动二“探究重力与承重”为例简单说明。执教教师希望更具体地了解学生在哪个评价内容中出现了怎样的问题，所以在学生使用的评价量规中的具体评价内容后增加括号，观课教师可以在括号中简要记录学生存在的问题。再修改填表说明后，它就变成了观课教师使用的表现性评价表。两张评价单如表5、表6。

表5 “重力与承重”实验评价单(学生用)

根据验证重物下陷程度的情况，填写所得的星数。

核心素养	评价内容	评价量观			评价结果
		★	★★	★★★	
探究实践	先填写预想结果 佩戴口罩护目镜 轻轻横晃黏土 仔细观察	做到1项	做到2～3项	做到4项	(　　)星

表 6 “重力与承重”实验评价单(教师用)

<table>
<tr><th rowspan="2">核心素养</th><th rowspan="2">评价内容</th><th colspan="3">评价量观</th><th rowspan="2">评价结果</th></tr>
<tr><th>★</th><th>★★</th><th>★★★</th></tr>
<tr><td rowspan="4">探究实践</td><td>先填写预想结果 (　　)</td><td rowspan="4">做到 1 项</td><td rowspan="4">做到 2～3 项</td><td rowspan="4">做到 4 项</td><td rowspan="4">(　　)星</td></tr>
<tr><td>佩戴口罩护目镜 (　　)</td></tr>
<tr><td>轻轻横晃黏土 (　　)</td></tr>
<tr><td>仔细观察 (　　)</td></tr>
<tr><td colspan="6">备注:在达标项后打钩</td></tr>
</table>

观课教师借助评价单,能收集一些很难被发现的关键细节,对执教教师更有针对性地调整教学起到了很大的作用。譬如,第一次执教过程中,有学生在磁铁距离黏土表面还有一定高度时就松开了磁铁,导致下陷痕迹受到重力加速度的影响。经听课观察发现后,执教教师将此行为作为表现性评价标准之一放入评价单。该错误行为在第二次上课中未再出现。

综上所述,在科学课堂上,表现性评价的运用贯穿于教学设计、实施以及反思改进的整个过程中,其优化小学科学课堂教学的作用还有待于在今后的实践中进一步挖掘和探索。

○中小幼评价改革研究篇○

基于保教质量提升的幼儿发展真实评价的实践研究

幼儿发展评价是我国学前教育质量提升和高质量发展趋势下的重要工作，因为有质量的学前教育最终应指向每个儿童的生存和发展，学前教育的高质量发展最核心的标志是儿童的全面和谐发展，教师通过幼儿发展评价，可从幼儿的发展进步状况这一侧面，诊断自身的保教实践质量，反思是否让幼儿得到了更好的、持续的发展，确保为每个幼儿提供有质量的教育。

本研究探索基于保教质量提升的幼儿发展真实评价的实践，旨在让幼儿发展评价更科学有效，以提高教师幼儿发展真实评价的专业能力和水平，发挥幼儿发展评价促进幼儿园保教质量提升的重要功能和作用。

以保教质量提升为导向的幼儿发展真实评价实践研究

高敬

（上海师范大学学前教育学院）

一、研究缘起

（一）幼儿发展评价的现状

综观当今世界各国的教师专业标准，无不把评价能力作为重要组成部分。教师是评价的主要实施者，其评价专业水平直接决定了评价能否反映儿童真实的学习与发展情况，影响教师的教育行为。然而一直以来，我国幼儿发展评价始终处于幼儿园教师教育工作中的“边缘地带”。因为评价是具有高度专业性的活动，在日常教育工作中被教师视为“难啃的骨头”，因而教师经常感到畏难而放弃。从调研数据及与教师的日常交流中发现，幼儿园并没有硬性规定要作幼儿发展评价，故教师在思想意识上并没把评价工作放在重要位置。教师即使重视幼儿发展评价，但苦于日常带班、开会及案头工作繁忙，也没有更多的时间和精力来认真实施幼儿发展评价。另外，我国没有一个专业的便于实施的幼儿发展评价框架供教师直接操作。虽然《幼儿园教育指导纲要（试行）》（以下简称《纲要》）的第四部分“教育评价”交代了评价的目的、方式和注意点等，但没有涉及幼儿发展评价应该如何操作，没有给出具体细化、清晰明确的评价内容及可操作的实施框架。教师在实施幼儿发展评价时，评什么、怎么评、评好后又做什么等，都缺乏专业的引领。再次，幼儿发展评价涉及的指标繁多，再加上班级幼儿人数较多，教师为完成评价工作，往往只能走形式草草应付，造成幼儿发展评价结果“毛估估”（上海方言，意为大概估算），不够客观，评价的价值也不能得到体现。

（二）幼儿发展真实评价的重要性和意义

自20世纪90年代起，幼儿发展评价出现了真实评价（authentic assessment）的发展趋势。如美国发展适宜性教育理念认为，对儿童的发展和学习的评估证据是从儿童的实际表现，在真实的情境和条件中收集而来的。[①] 英国的《早期基础阶段法定框架》提出，要将评价融入日常活动之中，要求教师持续地观察幼儿在不同活动情境中的表现，从而对幼儿发展水平和特点作出准确判断和评价。[②] 美国儿童发展真实评价者主要是教师，同时，父母作为儿童的第一任教师和重要的照料者，也是收集儿童发展评价数据的重要来源。此外，儿童自身也应是评价数据的重要来源。我国《纲要》明确指出："幼儿发展状况的评估，要注意在日常活动与教育教学过程中采用自然的方法进行，平时观察所获得的具有典型意义的幼儿行为表现，是评价的重要依据。"我国《幼儿园教师专业标准（试行）》指出，幼儿园教师应该"有效运用观察、谈话、家园联系、作品分析等多种方法，客观地、全面地了解和评价幼儿"。

此外，2018 年国务院颁布的《关于学前教育深化改革规范发展的若干意见》明确指出，"到 2020 年，幼儿园保教质量明显提升"；2019 年教育部又颁布了《中国教育现代化 2035》，主要发展目标提出，到 2035 年要"普及有质量的学前教育"，质量成为我国学前教育发展的根本追求。而学前教育质量的核心，是增强对儿童成长的支持和促进作用，本质是儿童得到更好的发展，即有质量的学前教育最终应指向每个儿童的生存和发展。国外相关研究也认为早期教育机构的保教质量应建立在儿童发展的基础上，反映其对儿童成长的促进作用，质量的监测与提升更多地体现为与儿童发展结果关联的表现指标。如果教师无法真实评价和把握幼儿发展水平及进步状况，又何谈提升保教质量，针对性地促进儿童发展呢？要提升保教质量、普及有质量的学前教育，教师不能只停留于呼唤质量提升的口号而不落实行动。从理念转化为实践的关键是教师须掌握幼儿发展评价的专业技术，真实了解、把握幼儿发展水平，并据此监控、调整和改进班级保教质量。《纲要》明确指出，学前教育评价是"促进每一个幼儿发展，提高教育质量的必要手段"，而幼儿发展评价作为学前教育评价的重要组成部分，是提高幼儿园教育质量的必要手段之一。教师与幼儿朝夕相处，最了解幼儿，是幼儿发展评价的主要实施者，以教师为主体的幼儿发展评价更不可忽视。

本研究将重点探究通过教师这一重要的评价主体，组织家长、幼儿等多元主体协同参与，基于幼儿园教育活动情境及园外的家庭、社区活动情境，常态、客观地实施幼儿发展评价，以了解、把握班级幼儿发展状况，并在分析和利用评价结果的基础上，从更宏观的层面、更高层次的意义上有效加强对幼儿园内部保教质量，特别是班级保教实施过程性质量的监控、诊断和改进，为幼儿提供满足其发展需要的高质量教育，促使幼儿持续向国家《3—6 岁儿童学习与发展指南》（以下简称《指南》）目标发展。

二、研究对象

本研究的对象主要包括来自上海市不同地区、不同等级的 34 所幼儿园，分别执教小、

① the National Association for the Education of Young Children. Developmentally Appropriate Practice in Early Childhood Programs Serving Children from Birth through Age 8[M]. Washington, 2009:1—32.

② Department for Education. Statutory Framework for the Early Years Foundation Stage[S]. Nottingham: Department for Education, 2014: 6—14.

中、大班的不同年龄段的班级教师，共48名。还有部分幼儿园的家长及幼儿参与了研究中的幼儿发展真实评价。

三、研究目标

本研究利用高校专家的理论优势和区级教研员的实践管理优势，带领幼儿园一线教师系统地探索以保教质量提升为导向的幼儿发展真实评价的实践，提高幼儿园教师以保教质量提升为导向的幼儿发展真实评价的专业实践能力，使其能够运用常态、客观和有效的幼儿发展评价，分析了解班级幼儿的发展状况，并采取针对性的策略，诊断、改进和提升保教质量，进而达到持续提升班级保教实施过程性质量并促进幼儿向《指南》目标不断发展的最终目的。

四、研究内容

基于保教质量提升的幼儿发展真实评价的理论研究。
基于保教质量提升的幼儿发展真实评价的现状与问题的调查研究。
基于保教质量提升的幼儿发展真实评价的操作研究。
基于保教质量提升的幼儿发展真实评价的效果研究。

五、研究方法

（一）文献研究法

收集、查阅、梳理和分析相关研究文献，把握相关研究的最新动态及趋势，为本次研究提供情报基础及理论基础，并为之后的理论和实践研究提供新的视角，开拓思路。

（二）调查法

自编《基于保教实施质量提升的幼儿发展真实评价的调查问卷》（以下简称《调查问卷》），对课题组成员进行问卷调查，了解当前幼儿发展评价的真实性以及幼儿园保教实施质量的现状及存在的问题。同时，在问卷调查的基础上，编制《基于保教实施质量提升的幼儿发展真实评价的访谈提纲》（以下简称《访谈提纲》），对教师进行半结构化访谈，深入了解影响幼儿园保教质量的现状以及问题产生的因素，为实践研究提供实证依据。

（三）行动研究法

来自34所试点幼儿园的48名教师，在幼儿园的具体教育活动情境中，开展基于保教实施质量提升的幼儿发展真实评价的实践，坚持遵循“计划—行动—反思—调整—再计划—再行动—再反思”不断循环的路线进行研究。

（四）案例研究法

聚焦实践中教师的各种做法，收集、提炼并形成典型案例，详细说明研究观点和方法，为研究提供一定的实证依据。

（五）测量法

参考《上海市幼儿园办园质量评价指南（试行稿）》（以下简称《办园评价指南》），编制质量评价工具——《班级保教实施质量评价量表》，比较实验班与对照班保教的质量差异。

本研究的技术路线如图 1。

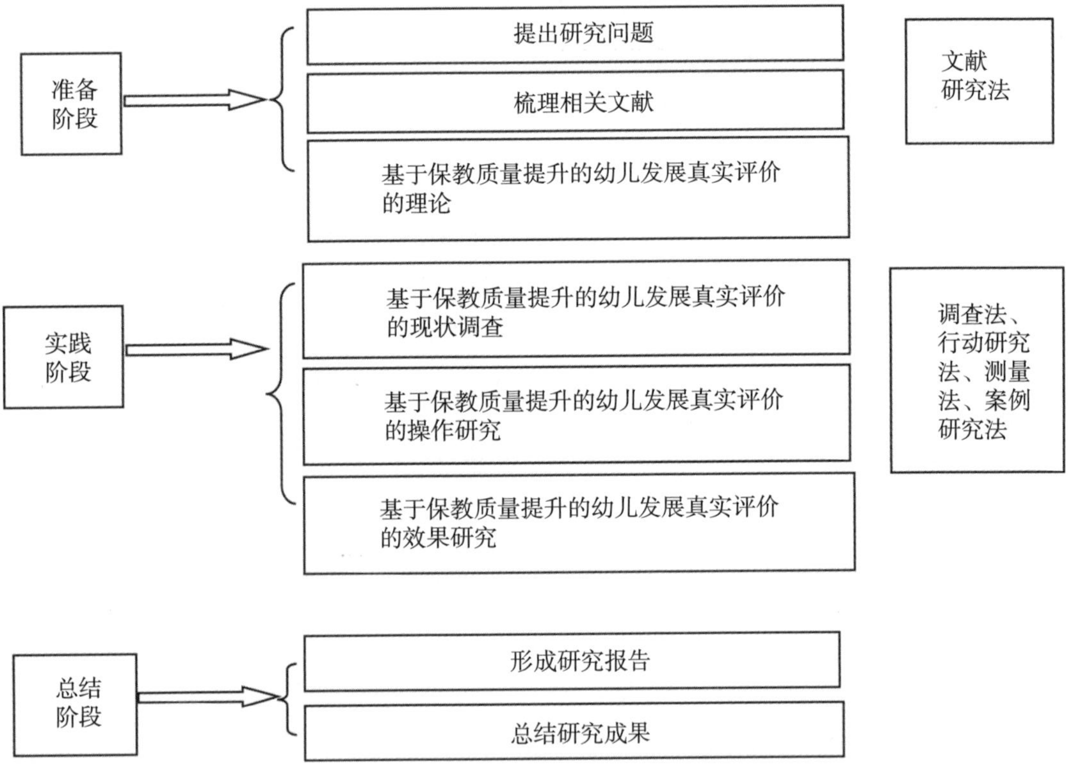

图 1　研究技术路线

六、研究结果

（一）基于保教质量提升的幼儿发展真实评价的相关理论

1. 幼儿发展真实评价的内涵

幼儿发展真实评价是指教师、家长及幼儿自身等多元主体，在教师的协调、组织和引导下，依据幼儿发展评价指标和内容，运用各种适宜的方法和工具，常态化地持续获取幼儿在日常课程学习和游戏活动及家庭、社会等真实情景中的实际表现行为作为评价的信息和证据，根据评价标准作分析评价，从而对幼儿发展状况与水平作出公正客观的判断，并促使幼儿向课程目标持续发展的一种评价活动。

2. 基于保教质量提升的幼儿发展真实评价的特点

(1) 常态化。幼儿发展真实评价，追求在自然情境中的评价效果。熟悉幼儿的评价者在实际的日常生活和教育活动情境中，注重在活动过程中不间断地收集幼儿各种典型目标表现作为评价的证据，并进行多次的诊断分析。以这些持续不断收集到的数据作为证据的评价是常态化的，而不是一次性的"快照式"(snap-shot)评价，避免教师通过一次性评价来评判幼儿是否符合预期目标、得出幼儿发展评价结论的草率倾向。

(2) 客观。幼儿发展真实评价的特点还体现为多元主体协作参与。由于幼儿学习与发展目标关注幼儿全面和谐发展，其评价指标也涉及幼儿学习与发展的健康、语言、科学、社会、艺术等多个领域，因此评价内容繁多，指标内容涉及的评价情境和幼儿典型目标表现行为也十分多样且复杂，加上受环境因素的影响，幼儿的很多表现行为在园内、园外不完全一致，单纯依靠教师收集记录幼儿的典型目标表现行为往往很难做到真实评价，需要家园合作评价及幼儿参与。多元主体共同合作，相互弥补、验证，积累幼儿发展评价的可靠证据，才能确保评价客观公正。

(3) 有效。幼儿发展真实评价关注儿童最好的表现，目的在于设计和调整教与学、促进儿童的不断进步和发展。它最大的特点就是促进幼儿发展的功能，强调利用评价结果促进儿童在原有基础上的学习与发展。此外，评价的作用在于能够提升保教质量，进而促进幼儿的成长与发展，评价结果用于及时、阶段性或全面系统的诊断、改进教学和提升幼儿园保教质量。

（二）基于保教质量提升的幼儿发展真实评价的调查结果

本研究自编的《调查问卷》由三部分组成。一是幼儿园教师的基本情况，包括幼儿园教师的工作年限、学历及职务；二是幼儿园教师对基于保教质量提升的幼儿发展真实评价的认知情况；三是基于保教质量提升的幼儿发展真实评价的实践情况，具体包括：幼儿发展评价内容与标准，幼儿发展评价的主体，幼儿发展评价的方法、工具与途径，幼儿发展评价结果的反馈与利用，以及幼儿发展评价提升保教实施质量的困难。

本研究自编的《访谈提纲》围绕调查问卷的第二部分"基于保教质量提升的幼儿发展真实评价的认知情况"以及第三部分"基于保教质量提升的幼儿发展真实评价的实践情况"下的五个维度编制而成，作为对《调查问卷》信息的补充。这五个维度分别是：幼儿发展评价内容与标准，幼儿发展评价的主体，幼儿发展评价的方法、工具与途径，幼儿发展评价结果的反馈与利用，以及幼儿发展评价提升保教实施质量的困难。

调查结果表明，幼儿园教师对基于保教质量提升的幼儿发展真实评价的总体认知较高，但对于通过幼儿发展真实评价提升班级保教质量的效果，看法不尽统一，认为师幼互动质量提升的效果最大，与家园合作质量提升的效果最不明显。教师对通过幼儿发展真实评价促进保教质量提升的目的意识还不强。实践中，教师对幼儿发展真实评价有不同的侧重部分，最关注的评价领域是幼儿“习惯与自理”，其次是“语言与交流”，最忽略的评价领域是“美感与表现”。评价的主体主要是班级教师，教师和家长一起合作评价的比例不到一半，教师提供幼儿自评机会的比例也不到一半。评价方法及工具多以观察法及观察记录表为主，方法还不够多样。评价的途径不均衡，教师最多在幼儿的生活活动中作评价，最少在运动中作评价，学习活动与游戏活动中作评价的比例居中。有一半的教师总是整理分析幼儿发展评价的结果，整理分析评价信息的频率较高，但会遗漏信息。评价结果多用于了解幼儿学习与发展情况，较少用于保教质量的提升。教师要开展基于保教质量提升的幼儿发展真实评价，存在较大困难，原因首先是教师精力有限，其次是没有一套完整的评价方案，教师不知如何将评价结果运用于诊断来改进教学，从而提高保教质量、促进幼儿发展。

调查研究所获得的这些信息，特别是发现的问题，成为本次实践研究的重要出发点和关注点。

（三）基于保教质量提升的幼儿发展真实评价的实施

1. 实施准备

（1）建构幼儿发展评价的指标体系和内容。

幼儿发展评价指标体系和内容主要借鉴《办园评价指南》中对 3～6 岁幼儿发展行为的观察指引，包括健康与体能、习惯与自理、自我与社会性、语言与交流、探究与认知、表现与创造等六大领域，以及六大领域下的幼儿具体表现行为。

（2）确立幼儿发展真实评价的主体及评价途径。

幼儿发展评价作为一种真实评价，力求评价主体多元化，评价主体首先为熟悉幼儿的班级教师，其次包括家长及幼儿自身等，实施的是内部评价，而非由不熟悉幼儿的主体作出外部评价。

幼儿发展评价主体中，最重要和理应倡导的内部评价主体当属最熟悉幼儿、与幼儿日常接触互动最多的教师，班级教师应是当仁不让的首要评价者。因为当前幼儿园多是全日制，幼儿一周有整整五天的时间在幼儿园中与教师共同度过，教师获得的幼儿发展评价证据，多是从能反映幼儿实际表现行为的真实情境中收集的，评价信息量多质真。

除了教师外，家长也是必不可少的内部评价主体。家长成为幼儿发展评价的主体，首先是因为他们拥有教师所无法替代的优势。一方面，家庭对于幼儿来说是最舒适、最熟悉的环境，家长是幼儿最亲近的成人，幼儿在家庭中没有紧张与压力感，表现行为最自然、真实。另一方面，家长可以全身心投入，对孩子进行细致的观察和评价，从而非常深入地了解自己的孩子。其次是因为一些特定的幼儿发展评价信息和幼儿表现资料，只有家长从自身的角度出发才能收集到，可帮助教师补充和验证幼儿发展评价证据，对幼儿作出全面和客观的评价。如在一些生活卫生习惯、文明礼貌方面，幼儿在家、在园的表现行为往往会有差异，教师收集到的信息往往不够全面真实，不利于评价的客观性。此外，家长作为评价主体参与幼儿发展评价，还能发挥重要的作用。在参与评价的过程中，家长可以在教师的引导帮助下更加清晰地了解自己孩子的发展特点、经历和进程，认识幼儿发展评价的目的，并通过与教师的交流讨论，更有针对性地配合教师对幼儿发展作出公正客观的评价。家园一致对幼儿实施针对性的教育措施，能更好地促进幼儿的持续发展。

最后，幼儿发展评价主体还包括幼儿自身。根据联合国《儿童权利公约》，儿童有生存权、发展权、受保护权和参与权。随着幼儿自我意识的不断发展完善、自我评价能力的不断提升，幼儿应具有对自身发展评价的参与权。幼儿作为多元评价主体之一，从评价边缘走向评价中心，以主体身份参与对其自身发展的评价活动，这也是对儿童权利的尊重。而且，幼儿作为主体参与对其自身发展的评价活动，对幼儿本身而言具有十分重要的价值，能够帮助幼儿更加客观地看待他人，促进和提高语言表达能力、观点采择能力以及社会交往能力。

幼儿发展评价主体的多元，决定了其评价途径也是多渠道的，立足于评价主体与幼儿共处、互动的真实情境。各评价主体收集评价资料的真实情境，构成了幼儿发展评价的多种途径（图 2）。

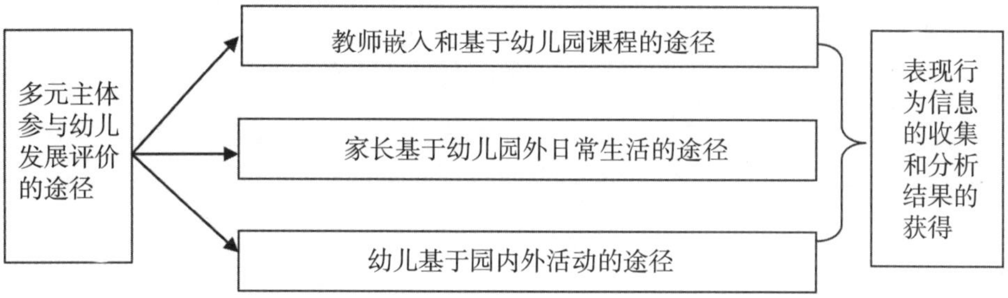

图 2　多元主体参与的幼儿发展真实评价途径

① 教师嵌入和基于幼儿园课程的评价途径。

众所周知，幼儿在园的一日活动皆为课程。教师是幼儿园课程的设计与实施者，为幼儿提供丰富的课程内容，并组织幼儿参与各项教育活动。在此过程中，教师可以将《评价指南》中的幼儿发展评价指标嵌入幼儿园课程内容，并基于具体的教育活动情境，通过观察、谈话、作品分析等多种方法来收集幼儿的典型目标表现，并对其表现和发展水平作出判断。

根据《上海市学前教育课程指南（试行稿）》，二期课改幼儿园共同性课程主要包括具有不同功能和特点的生活、学习、运动及游戏等四种类型的活动，简称四类活动。四类活动各自包含不同的教育活动，这些活动即成为教师嵌入幼儿发展评价指标的课程内容，以及评价途径。如生活活动的来、离园，餐点、饮水，盥洗、如厕，午睡、饮水活动，值日生和户外散步等活动；学习活动的主题下的集体学习活动（集体外出的春、秋游活动及社会实践活动）、个别化学习活动、非主题集体学习活动等；运动活动的户内外分散运动、运动游戏、体操、远足等活动；游戏活动的角色游戏、结构游戏、表演游戏、美工室游戏和自由活动等。以上这些教育活动以上海市教育委员委编写的《上海市幼儿园教师参考用书（试行）》及《上海托幼》杂志增刊《幼儿园主题活动方案选编》《幼儿园个别化学习区角活动设计参考》中的活动指导素材及活动实例为依据。教师可基于这些教育活动的实施情境，收集记录幼儿丰富的实际表现行为并判断其水平，围绕某个评价内容作出即时评价；同时，也可以收集一条总体表现行为下的若干实际表现行为，一一判断幼儿表现行为的水平，汇总后根据评价标准作出对综合表现行为水平的评价，从而实现对一条总体表现行为作过程性评价。对幼儿而言，一日活动的各个小活动和环节都是其积极主动参与并能够表现自我生理、心理特点和能力水平的真实情境；相应地，对于教师而言，一日活动的各个活动和环节都是对幼儿发展作出评价的具体途径。

本研究中的幼儿发展评价途径，没有囊括上海市二期课改教材上所有的真实评价情景，只选取了最具有代表性的活动情景。一是由于幼儿园课程内容十分丰富，评价途径也非常多，考虑到教师精力有限、工作量大，只选择重点途径，可提高信息收集的效率；二是为了发挥教师作为专业评价工作者的创造性，帮助教师领会重点评价途径，鼓励其融会贯通、举一反三，自己结合二期课改教材内容乃至园本课程内容，灵活选择更多的具体评价途径。

② 家长基于幼儿园外日常生活的评价途径。

幼儿与家长朝夕共处、亲密互动的生活场所首先是家庭环境，其次涉及一些家庭外的社会环境。这些幼儿与家长共处的园外日常生活情景都是家长作幼儿发展评价的重要途径，也是教师作幼儿发展评价的辅助途径。家长可在家庭生活及社会环境中，随时随地观察幼儿自然真实的表现行为，记录幼儿的表现行为信息，并对幼儿的表现行为作出判断。为此，家长要加强自身评价主体的意识，充分发挥自己收集幼儿真实表现行为信息、记录评价信息的优势，立足于幼儿园外日常生活的评价途径，向教师提供幼儿在园外的真实表现行为信息，与教师一起观察、收集幼儿发展评价资料，共同参与幼儿发展评价。

③ 幼儿基于园内外活动的评价途径。

幼儿参与自身发展评价的途径主要为幼儿园的一日活动，以及离园后在家庭及社会环境中由家长陪伴参与的亲子活动。教师可以从幼儿的年龄特点出发，引导幼儿在其力所能及的情况下提供一些自身的发展评价信息，并参与到评价中。故幼儿基于园内外活动的评价途径，是幼儿作为评价主体参与自身发展评价的途径，也是教师实施幼儿发展评价的另一条重要的辅助途径。

教师在幼儿的一日活动中，可以随时根据班级课程中四类活动的实施情况和进度，选择适宜幼儿参与评价的内容，让幼儿在活动后回忆梳理自身在各类活动中的表现行为，运用绘画、符号或实物记录、儿童会议、投票等方法，向教师提供自身的表现行为信息，帮助教师补充幼儿发展评价信息。此外，教师可以对幼儿提出收集自身在园外活动中的表现行为信息的具体要求，如让幼儿运用摄像法、照相法等，在家长的帮助下拍摄生活中的所见所闻，并表述自己对作品的想法，最后将这些资料带到幼儿园交给教师。

当然，除了让幼儿收集自身表现行为信息外，教师还可以根据幼儿的年龄，就幼儿提供的部分表现行为信息，让幼儿尝试作自我评价和互评，对自己及他人的表现行为作出初步的判断。

2. 实施流程

基于保教质量提升的幼儿发展真实评价的实施流程，首先是多元评价主体基于真实情景运用科学方法与工具收集与记录幼儿的典型表现信息。然后，教师整理汇总信息并分析评价幼儿的表现行为及发展状况，获得幼儿发展真实评价结果。最后，反馈与利用幼儿发展真实评价结果以提升保教质量（四种类型）。具体实施流程见图3。

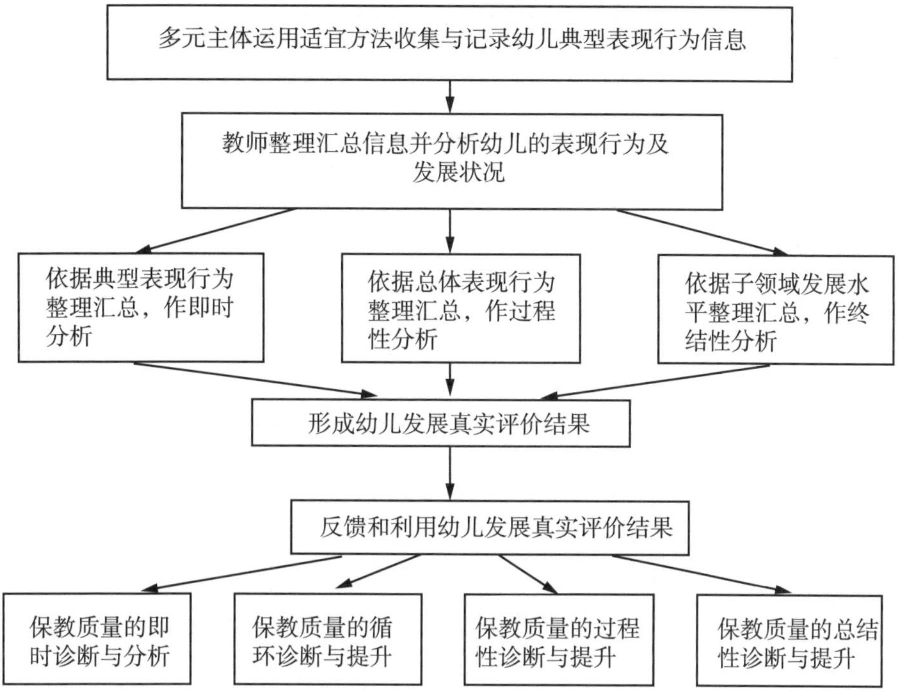

图3　基于保教质量提升的幼儿发展真实评价实施流程

3. 实施要点

（1）在日常教育活动中常态化收集记录幼儿表现行为信息。

（2）引导家长、幼儿等适当参与收集信息。

（3）整理教师等多元主体收集的信息，客观公正地作出分析。

（4）善于利用评价结果有效反哺教学，促进保教质量的提升，包括计划安排、设计与组织、环境与资源、师幼互动、观察与评估、与家长合作等保教质量要素的提升。

（四）基于保教质量提升的幼儿发展真实评价的效果

为了解本研究在提升幼儿园保教质量方面的效果，研究者自编了《幼儿园保教质量评价量表》。该量表依据《评价指南》将保教实施质量分为六大领域，分别是计划安排、设计与组织、环境与资源、师幼互动、观察与评估、与家长合作，作为保教实施质量评价的一级指标。在对一级指标内涵作了解读和分类之后，在每条一级指标下划分了3～6条二级指标。量表采用的是5点评分法，按照“1——合格”“3——良好”“5——优秀”的评价等级，作了评价标准的描述。

在实践研究前，研究者随机抽取1所试点幼儿园，排除无关变量后确定实验班和对照班，进行保教实施质量的测量。从前测结果来看，两个班级的保教实施质量总体差异不大，只是在几个子量表中存在不同程度的差异，但差异均较细微(表1)。

表1　实验班与对照班保教实施质量前测结果

子量表	班级	各项目总得分	项目数	平均分
计划安排	实验班	10	3	3.33
	对照班	10		3.33
设计与组织	实验班	18	6	3.00
	对照班	18.5		3.08
环境与资源	实验班	9	3	3.00
	对照班	10		3.33
师幼互动	实验班	17	6	2.83
	对照班	16		2.67
观察与评估	实验班	11	3	3.67
	对照班	10		3.33
与家长合作	实验班	11	3	3.67
	对照班	11		3.67
平均分	实验班			3.25
	对照班			3.24

在一年的实践研究结束后，研究者在该试点幼儿园进行后测。从后测结果来看，实验班的保教实施质量都优于对照班，其中“师幼互动”与“观察与评估”远远优于对照班，“设计与组织”与“计划安排”优于对照班，“与家长合作”与“环境与资源”略优于对照班。

研究孵化成果

发表专著

《幼儿发展评价指南》，2021年11月华东师范大学出版社出版。

发表论文

《儿童发展真实评价在美国早期教育运用的分析及启示》发表于《外国教育研究》2018年10月刊。

生活活动中幼儿发展真实评价的实践研究

杨爱娟[1]，陈丹卿[2]

（1. 上海市闵行区教育学院；2. 上海市杨浦区佳木斯路幼儿园）

一、生活活动是幼儿发展真实评价的重要途径

（一）生活活动的内涵

生活活动是幼儿园最重要的一类教育活动，在幼儿园课程中所占的时间最多。生活活动类型多样，包括来园、户外散步、午餐、饮水、点心、盥洗、如厕、午睡和离园等活动环节和内容，贯穿幼儿的一日生活。

（二）生活活动中的评价契机

二期课改以来，越来越多的教师认识到生活活动存在很多对幼儿发展进行真实评价的契机，这是其他类型的活动不能替代的。因为生活活动多是幼儿自主进行的自理活动，且时间长、常态化，所以它成为幼儿发展真实评价的重要载体。然而，这样的特点也给教师对幼儿的观察分析和评价带来了更大的挑战。教师如何精准捕捉真实教育场景中幼儿的发展线索，为进一步的保教活动提供方向，成了幼儿发展评价实施的“老大难”问题。

我们认为，只有嵌入生活活动，在具体的场景中，通过观察幼儿在日常生活活动各环节和内容中的具体表现行为来收集其发展信息，对幼儿在生活自理能力等方面的发展状况与水平作出判断，才能让生活活动中的评价更加真实。

二、生活活动中幼儿发展真实评价的开展

（一）生活活动中幼儿发展真实评价的内容指向：以“核心领域”为主，兼顾“跨领域”

生活活动在幼儿一日生活中所占时间最多，贯穿环节最多，所承载的教育价值点也覆盖

了幼儿发展的方方面面。在生活活动中，幼儿发展真实评价的内容指向可分为“核心领域”和“跨领域”。

在某一生活活动环节，与生活经验高度相关的、比较突出的、典型的和出现频率相对较高的幼儿表现行为属于“核心领域”，在生活活动中出现概率较小、非典型和频率低的幼儿表现行为属于“跨领域”。“核心领域”主要涉及“健康与体能”“习惯与自理”“自我与社会性”，“跨领域”涉及“语言与交流”“探究与认知”“美感与表现”等（如图 1）。

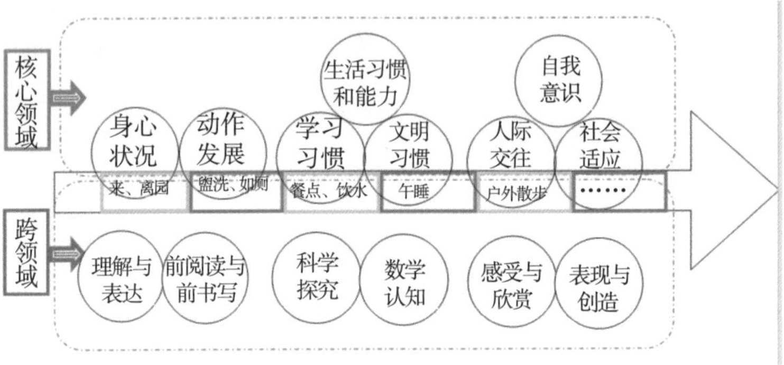

图 1　生活活动中幼儿发展真实评价的内容指向

依据《上海市幼儿园办园质量评价指南（试行稿）》中的“3～6 岁幼儿行为观察指引”，我们建构了较为科学的幼儿发展评价指标体系，包括幼儿发展评价领域、子领域和表现性评价量规，明确了幼儿发展评价的三级指标和一些可观测的评价点和项目，能够支持教师在生活活动中更有目的地、全面地观察分析和评价幼儿的表现行为与发展状况，更好地应对生活活动中幼儿发展随机性、伴随性和动态化的挑战。

（二）生活活动中幼儿发展真实评价的主体：以班级教师为主，兼顾多方

幼儿发展的真实评价是一种内部评价。在以幼儿为中心的教育生态圈中，离幼儿最近的重要他人是内部评价主体，包括教师、家长。此外，随着幼儿年龄的增长，自主意识和自我评价的能力逐步发展，幼儿主动参与自身评价成为可能。

1. 教师主体评价：三位一体，保教联合评估

教师是幼儿发展的陪伴者，更是幼儿发展真实评价当仁不让的主体承担者。与其他类型的教育活动不同，生活活动一般由班级 3 位教师（2 位带班教师、1 位生活老师）一起组织实施，因此生活活动是最需要 3 位教师开展保教联合评价的。教师们共同观察记录幼儿的表现行为，关注评价的对接、持续情况和精准度。

图 2 为某班级 3 位教师联合观察记录小班幼儿晨晨穿毛衣的案例。从案例中晨晨穿毛衣的行为表现来看，3 位教师（班主任迪迪、王老师，生活老师唐老师），由“在帮助下，能够穿毛衣”这个幼儿表现观察指引，开展了联合观察记录和评价，清晰地呈现了幼儿从“不会穿套头毛衣”到“需要在教师帮助下，分清前后和伸出袖管”，再到“能够自己穿套头毛衣”的发展过程。3 位教师协同一致、聚焦目标和持续的联合评价，体现了多元主体参与幼儿发展真实

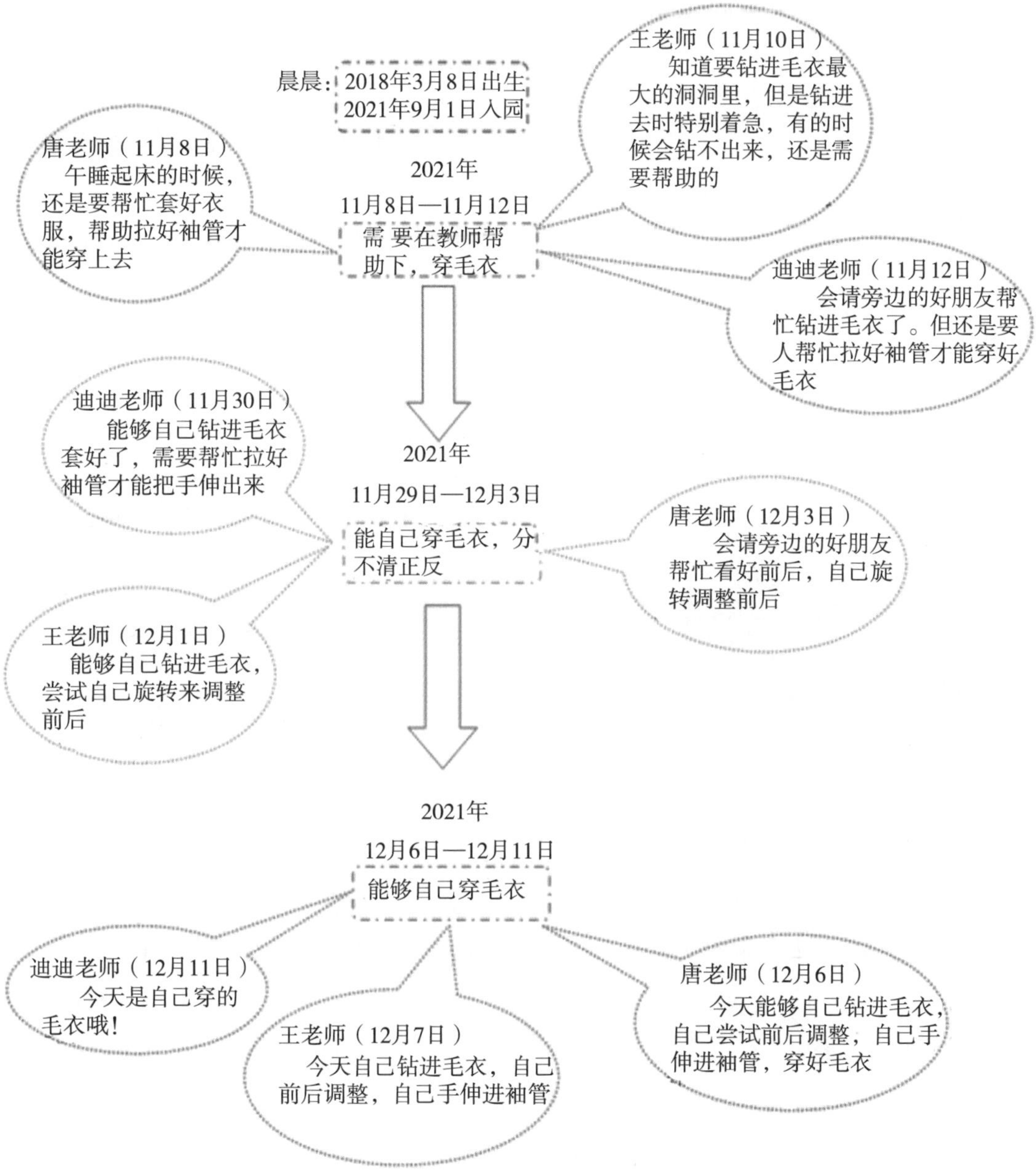

图 2　小班晨晨学会穿毛衣本领

评价的特点。

2. 家长参与评价：积极参与，补充园外信息

在生活活动中，涉及幼儿发展真实评价核心领域的是“生活习惯与能力”，它与幼儿的家庭生活密不可分。幼儿在这方面的表现行为信息是家长能够直接采集的，生活活动中幼儿发展真实评价需要家长参与，帮助教师获得幼儿在家庭生活中的表现行为信息。

随着信息技术和互联网的发展，越来越多的家长能通过 App 快速地采集、呈现幼儿表现行为的真实信息，并分享给教师，成为幼儿发展真实评价的重要参与者。图2案例中的晨晨妈妈，通过拍摄家中晨晨自己穿套头毛衣的视频，快速采集了大量真实信息，从另一条途径验证了幼儿的发展状况。

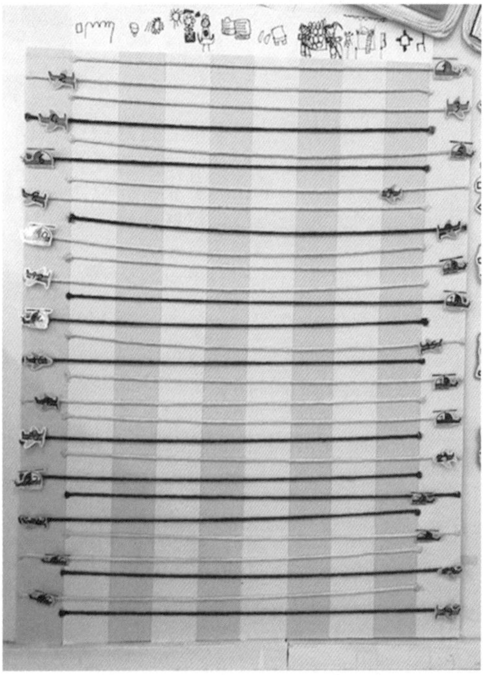

图3　幼儿自我评价小飞机图
（上海市闵行区莘庄幼儿园叮当班黄熠炯、蒋晓峰老师供图）

3. 幼儿主动评价：自主评价、同伴互评发展

随着幼儿年龄的增长，他们的自主意识越来越强，能够清晰地认识到自己的表现行为，并能够主动参与评价。在生活习惯和能力等方面，幼儿能够逐步意识到自己的成长变化，并通过语言和各种操作（如贴贴纸、插卡等）来对自己的行为表现作出评价。

例如图2案例中的晨晨，他在自己穿衣后会自豪地说："我会自己穿衣服了，我睡觉起来都是自己穿毛衣的。"还会在班级墙面上的幼儿自我评价小飞机图上将"小飞机"贴到"会自己穿衣服"的小标志上，为"自己能够穿衣服"的表现作出评价（图3）。

当幼儿跨入中、大班，他们不仅能够意识到自己的成长变化，还能发现同伴的成长变化，通过"值日生工作交流""评选今日之星"等方式为同伴作出评价，成为生活活动中幼儿真实发展评价的主动参与者。

（三）生活活动中幼儿发展真实评价的步骤：持续伴随，嵌入真实场景

生活活动中的幼儿真实发展评价的步骤：从评价对象的选取，到评价计划的制订，再到评价活动的实施，最后形成评价记录。

1. 评价对象的选取：个体对象为主，兼顾小组与班级

生活活动中幼儿发展真实评价的对象，取决于幼儿发展状况与教师教育行动推进需求，以个体幼儿为主，兼顾小组与班级。在选择个体幼儿评估对象时，同样要遵循3位教师联合评估的多主体原则，教师们通过协商交流确定重点评估的个体对象。

（1）以个体幼儿作为评价对象：往往关注有特殊发展需求的幼儿，并开展进一步的持续追踪型的教育行动。针对个体幼儿进行跟踪式的观察分析，教师就能为幼儿提供更加精准的、持续的教育支持。

（2）以部分幼儿作为评价对象：常以相同发展状态或类似发展需求的幼儿作为小组评估对象。更加适合当前大班额的园所开展，能够提高评价效率，进一步支持小组活动或者分组活动的开展。例如对中班不会使用筷子的部分幼儿，实施进一步的分组生活活动，在活动

前后均对这些幼儿作出评价，以观察分析不会使用筷子的幼儿的发展状况。

（3）以班级整体作为评价对象：往往在一个学年结束或者大班毕业前，对班级整体幼儿作评价，以了解班级幼儿各领域总体发展状况。此外，当教师要推进整体性的生活活动时，可以选择班级作为整体评估对象。例如，在中班投放筷子作为幼儿主要使用的餐具的时候，可以把整个班级作为观察评估的对象，以支持活动的开展。

2. 评价计划的制订：多元主体协调，明确评估流程

教师在制订评价计划的时候，根据个体幼儿的发展状态与需求，选定评价领域与观察指引，确定信息采集途径，根据班级生活活动的时间和安排，选择评估方法，制订计划。

同样以图 2 的晨晨为例，观察其“在帮助下，能穿脱衣服”方面的发展变化，教师制订了评价计划（见表 1）。

表 1 “在帮助下，能穿脱衣服”的评价计划表

观察对象：晨晨　　　　观察持续时间：2021 年 11 月—2022 年 1 月

<table>
<tr><th></th><th>观察途径和记录工具</th><th>评价者</th><th>观察频率</th><th>记录频率</th></tr>
<tr><td rowspan="3">观察与记录</td><td>午睡
观察记录表</td><td>谁主班谁观察（王老师、迪迪老师）</td><td>每天</td><td>一周一次</td></tr>
<tr><td>来、离园
轶事记录表</td><td>王老师</td><td>每天</td><td>一周一次</td></tr>
<tr><td>如厕
轶事记录表</td><td>迪迪老师</td><td>每天</td><td>一周一次</td></tr>
<tr><td>辅助观察记录</td><td>家庭生活活动</td><td>家长</td><td colspan="2">每天，或有关键行为发展变化时</td></tr>
<tr><td>汇总评价</td><td></td><td>王老师、迪迪老师、唐老师</td><td colspan="2">一周一次，或有关键行为发展变化时</td></tr>
</table>

评价计划的制订，能够让多元主体更加清楚评价方法、工具和流程，从而互相协调配合，在相关观察指引下有效采集幼儿表现行为信息，确保评价的效度。

3. 评价活动的实施：计划和灵活相结合，力求常态和客观

（1）评价计划的开展：熟悉计划，有目的地收集。在具体的生活活动场景中开展幼儿发展真实评价，教师首先要对评价计划了然于心，根据计划有目的地收集幼儿表现行为信息，及时捕捉幼儿的实际表现行为。

（2）评价时机的捕捉：灵活捕捉，动态追随。除了熟悉评价计划以外，教师还要灵活捕捉评价时机。幼儿的行为观察指引，有很多是嵌入生活活动中各环节的，但有些观察指引涉及的幼儿表现行为是偶发的，教师须在生活活动场景中灵活地捕捉评价时机。此外，许多幼儿的表现行为常常会因为某些因素出现反复。教师须持续追踪幼儿发展状况，并对相关动态进行伴随性评价。

（3）评价行动的分配：均衡分配，持续采集。幼儿生活习惯和能力等的发展不是一蹴而

就的，往往存在阶段性和持续性的特点。因此，在开展评价行动时，应当避免“一次性快照”式评价，在一段时间内，有意识地从多个环节、多个途径、多个场景持续采集幼儿在生活活动中的表现行为信息，力求客观。

(4) 评价方法的运用：自然观察，真实采集。生活活动中幼儿发展真实评价主要采取自然观察法。即在真实生活场景中，评价者用自己的感官和观察工具对幼儿的表现行为有目的、有计划地进行系统观察和记录，它的特点就是真实自然。

4. 评价信息的记录：选用适宜的工具，合理搭配，适时运用

评价记录的形成，对于评价结果的分析具有重要的影响，因此观察后要对观察采集到的信息进行记录。在生活活动中开展幼儿发展真实性评价时，主要采用简易记录表、检核等级记录表、轶事记录表，以及“轶事记录与检核表合一”的观察记录表等记录工具。可以在生活活动的不同环节中，找寻评价时机，灵活运用。

(1) 简易记录，直达现场。简易观察记录表能够支持教师在幼儿来、离园环节中观察记录。教师用简易的符号和简单的文字，快速记录幼儿在生活活动现场的真实信息。简易观察记录表能够快速提供该环节涉及的多个观察指引，很好地支持教师有目的地捕捉幼儿发展表现行为信息以及幼儿偶发行为表现信息，让观察更全面。

(2) 轶事记录，重点关注。在对幼儿重点生活习惯和能力进行观察的时候，当幼儿的表现行为及发展评价信息较为隐性，且在特定的教育活动情景中需要深入察看和挖掘的时候，可以采用轶事记录的方式。轶事记录可以详细记录幼儿的语言、行为和神态，提供幼儿生活习惯和能力方面的较为充分、详细、完整的证据，便于教师作出更加准确的评价。

轶事记录表包含了观察时间、观察者、观察对象、观察情景等内容。教师对观察对象的语言、行为和神态作描述性文字记录，同时可以运用照片、录像和录音等作辅助记录。轶事记录表可以单次使用，形成“即时性评价”，也可以多次循环使用，形成过程性的持续评价记录，为教师提供幼儿真实表现行为发展更完整的证据链。

(3) 综合记录，整合分析。生活活动中幼儿发展真实性评价还可以采用“轶事记录、检核表合一”的观察记录表。它能够支持教师快速地围绕重点观察内容作出检核评价，同时对相关方面作深入详细的信息采集与记录，从而提供更丰富、细致、真实的幼儿生活习惯发展信息，以便教师作出客观评价。

随着真实评价实践的逐步深入，教师在原有的记录表类型基础上开发出了更多有创意的组合和使用方式，并引入了一些先进的信息技术。例如，采用“云录播”视频采集技术、讯飞语音识别技术，开发专门的幼儿发展真实性评价 App，既减轻了教师记录、转录的工作量，又提供了更加丰富的信息，有效支持教师开展真实评价。

三、生活活动中幼儿发展真实评价结果的运用

在观察记录生活活动中的幼儿发展表现行为信息后，教师对这些信息作汇总分析，按照三个阶段的单一表现性评价量规及总体表现性量规，对幼儿发展评价信息作出科学、客观的解释和判断。在综合评判幼儿的表现行为和发展状况之后，对影响幼儿发展的因素进行分

析，作出真实的评价，并基于此提出下一步的保教行动计划，从而反哺保教质量要素的诊断，不断优化生活活动实践，从而促进保教质量的提升。

（一）对幼儿生活习惯能力发展的分析：综合汇总，捕捉关键

教师在开展日常生活活动中幼儿发展真实评价时，往往以一个表现行为为依据整理汇总，作出即时评价；以总体表现行为为依据整理汇总，作出过程性评价；以子领域发展水平为依据，作出终结性评价。

生活活动中幼儿发展真实评价以即时评价居多。教师以幼儿生活习惯和能力发展的一个表现行为作为切入口，汇总多途径信息，综合考量 3 个（或 3 个以上）不同的生活活动情景，在 3 个（或 3 个以上）的时间段采集记录幼儿典型目标表现行为信息，对观察指引中的各个阶段逐一作评价分析，从而获得一个比较完整、公正和客观的即时评价结果。

幼儿的发展不是一蹴而就的，同样地，幼儿发展真实评价也不能依赖单一途径、单次行为，需要仔细观察、多轮分析、综合判断。

综合多次，细致分析。教师之间能够合作观察幼儿表现行为，在不同的情境、不同的生活活动环节中，综合考虑各种因素的影响。例如，图 2 案例中晨晨“在帮助下能否穿脱衣服”的表现，面对不同的衣服（如套头毛衣、开衫、马甲等），他的表现行为“并不一致”。通过多个生活环节、多次不同生活情景的细致观察，教师才能够采集到幼儿连贯的发展表现行为信息，为准确评价提供证据。

（二）对生活活动的组织作反思、调整：循环诊断、反哺保教

幼儿发展评价是否有效、有用，其核心在于教师能否有效运用评价结果分析自身保教行动中存在的问题，反思生活活动的组织，并提出进一步的改进措施。

在对评价结果的运用上，班级教师可以按照保教质量六要素（计划与安排、设计与组织、环境与资源、师幼互动、观察与评估、与家长合作）进行反思、调整。

以常态化、准确、客观和发展的眼光来分析幼儿发展状况，以及时应对、循环式诊断和改进、持续调整的方式运用评价结果，真正让幼儿发展评价来自幼儿，最终回馈幼儿发展，才是生活活动中幼儿真实发展评价的出发点和目标！

户外建构游戏中幼儿发展真实评价的实践研究

张凌[1]，朱小妹[2]

（1. 上海市徐汇区长桥第三幼儿园；2. 上海市静安区教育学院）

一、户外建构游戏是幼儿发展真实评价的重要途径

建构游戏，作为幼儿游戏活动的重要组成部分，是指幼儿利用各种建筑和结构材料进行各种建筑和构造活动的游戏。利用户外场地开展的户外建构游戏，具有空间大、能让幼儿亲近自然、活动更开放自由、材料更丰富的优势，使幼儿在活动中感受动手探索、操作体验的乐趣，体验同伴交往、协商表达，获得探索周围环境的机会。

户外建构游戏由于行动自主、氛围自由，幼儿的表现行为丰富、多变，同时，教师多以观察者的身份存在，不需要严密组织和实施活动，就有更多的时间和精力以评价者的身份收集幼儿表现行为信息，为真实评价提供客观的第一手资料，因此户外建构游戏是幼儿发展真实评价的一条重要途径。在户外建构游戏中，教师可以通过自然观察收集幼儿在活动中的实际表现行为信息，获得充分的资料，为客观真实的评价奠定基础。

二、户外建构游戏中幼儿发展真实评价的开展

（一）以不干扰游戏的自主性为前提

户外建构游戏中幼儿发展真实评价的评价主体是教师，收集评价资料（幼儿表现行为信息）的方法主要是观察法。即教师通过观察幼儿活动中的实际表现行为信息，来开展真实评价。不过，户外建构游戏是幼儿自发、自主的游戏活动，教师的观察总体要以不干扰幼儿在游戏中的自主活动为前提。为此，教师在观察收集幼儿发展评价资料时要注意以下几点：

1. 欲收集信息时不干预

教师的观察活动不能干扰幼儿游戏的进展，避免在收集信息时频繁地与幼儿互动，干预幼儿对材料的选择、主题的确定、建构的设想等。否则会改变幼儿原有的、基于自主决策和想象而可能出现的表现行为，影响幼儿户外建构游戏的自主性，最终无法观察收集到幼儿的实际表现行为信息，影响幼儿发展评价的真实性。

2. 欲收集信息时不暗示

教师要避免出现“观察者效应”,即幼儿意识到教师正在追踪紧盯自己而出现不自然、失真的表现。同时,教师也要避免在观察时用言语、身体的姿势、神色、动作、手势等暗示幼儿该怎么做,否则会导致幼儿的表现行为失真。

3. 欲收集信息时不指导

教师作为活动的组织实施者,在必要情况下是要介入和指导游戏活动的。但是,当教师用观察法欲收集幼儿表现行为信息作为评价证据时,非必要不介入和指导,以保证幼儿在活动中充分展现已有的生活经验,真实表现自己的动作、语言、表情、神态、作品、与环境及材料的互动等。当然,如果出现因冲突引起的不安全因素、卫生隐患等情况,教师就要介入指导,而介入指导后的幼儿表现行为信息不宜作为评价资料,不能代表其真实的发展水平。

(二)提前了解、规划并灵活调整幼儿发展真实评价的内容

1. 提前了解并灵活调整户外建构游戏中幼儿发展真实评价的内容

为做到尽量客观,避免因教师主观随意确定内容而无法提供有效证据,可依据《上海市幼儿园办园质量评价指南(试行稿)》中“3～6 岁幼儿发展行为观察指引”的内容,同时结合户外建构游戏活动的真实情境来确定幼儿发展真实评价的内容。一般而言,户外建构游戏活动中,幼儿发展真实评价的内容涉及幼儿的语言倾听与表达、人际交往、社会适应、创造与表现、文明习惯等方面。

具体来看,参考《幼儿发展评价指南》,小、中、大班“基于结构游戏的幼儿观察内容”,户外建构游戏的场所中出现频率相对较高的幼儿表现行为构成幼儿发展评价的“核心领域”,主要涉及幼儿的文明习惯、自我意识、人际交往、社会适应、理解与表达、数学认知。大班的“核心领域”涉及人际交往、理解与表达。幼儿表现行为出现概率较小的为幼儿发展评价的“跨领域”,小班的“跨领域”主要涉及身心状况、学习习惯、科学探究,中班的涉及生活习惯和能力、学习习惯、科学探究,大班的涉及学习习惯、科学探究、数学认知、感受与欣赏等(图 1)。

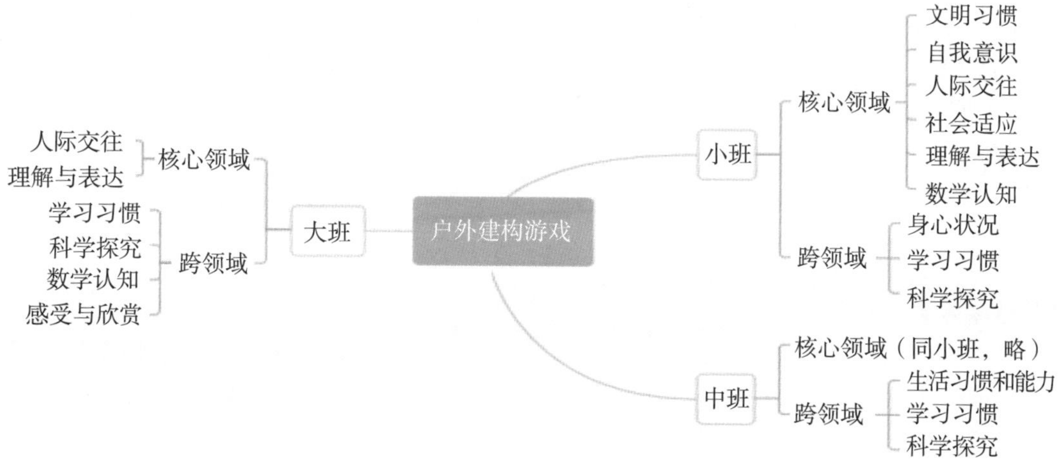

图 1 户外建构游戏中幼儿发展真实评价的内容

当然，在了解户外建构游戏中幼儿发展真实评价的内容后，教师还要根据幼儿的实际情况灵活调整评价内容。当幼儿出现具有评价意义的偶发、突发的表现行为时，教师可以即时捕捉，灵活调整相应的评价内容。

2. 提前制订户外建构游戏中幼儿发展真实评价计划

学期初，班级教师在了解各年龄段户外建构游戏中幼儿发展真实评价内容的基础上，可以制订学期评价计划，有意识地规划在一学期的户外建构游戏活动中观察幼儿的表现行为，收集幼儿发展真实评价资料。同时，结合班级幼儿在户外建构游戏活动中的实际表现行为和班级课程目标，可在制订班级周日计划时，将学期评价计划整合进来，作为每日开展幼儿发展真实评价的依据，包括评价内容、评价对象、评价方法和工具等。

（三）注重观察法的正确运用

为了不影响户外建构游戏的组织和开展，同时提高收集评价资料的效率，教师在运用观察法时要注意以下事项。

1. 注意站位是否适宜，做到从全局观察

在开展户外建构游戏活动时，教师要从全局观察，把握全班幼儿的活动情况。在保证班级幼儿都积极投入活动中后，再根据评价计划重点观察所选择的评价对象。为此，教师要选择有助于全局观察的观察区域和站位。同时，由于幼儿的行为是自主、随意的，其活动空间也在不断地变换，教师可根据幼儿的动线变化，动态调整自己的观察区域和站位，以做到全局观察，掌握活动的总体情况，并适时予以指导和提醒，以保证活动顺利开展。

2. 定点聚焦观察与追踪观察相结合

关于自然观察法，教师可灵活选用两种观察方式：一是定点聚焦观察，教师就评价计划的观察目的和观察内容，在固定的地点重点观察这一区域中幼儿的自我意识、人际交往、数学认知等核心领域的典型表现行为(图 2)。如教师观察发现“蛋糕店”的两个游戏小组相邻，主题相近，可方便地观察到更多幼儿及计划要观察的内容，提高收集幼儿典型表现行为信息的效率，于是对“蛋糕店幼儿”就采用了以小组为单位的定点聚焦观察方式。二是追踪观察，教师就评价计划中的某一评价内容，持续观察活动中典型表现行为特别突出的幼儿个体，观察时随着该幼儿的移动而变换自己的站位，以收集该幼儿在活动中的全程实际表现(图 3)。

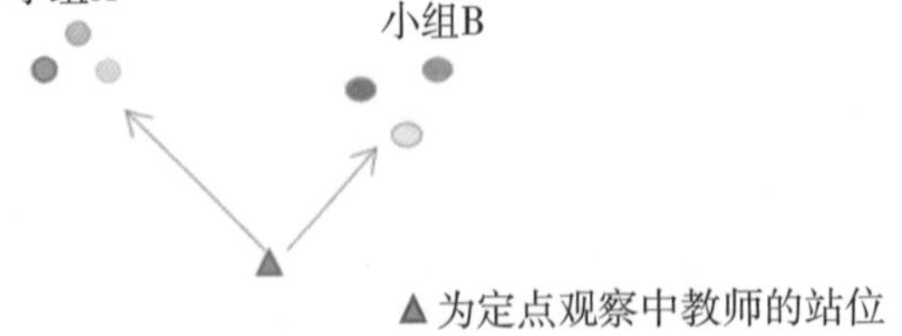

图 2　户外建构游戏中的定点聚焦观察

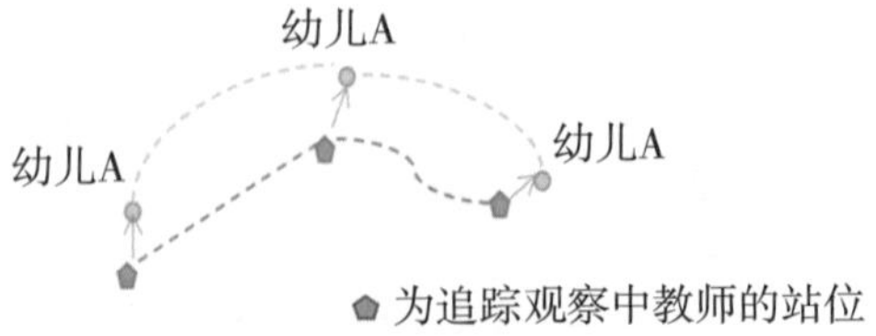

图 3　户外建构游戏中的追踪观察

3. 把握观察的适当时机

为保证评价的真实性，教师要关注材料本身对幼儿表现行为的影响。因为对建构材料的熟悉与否，直接影响幼儿与材料的互动、与其他幼儿的互动，进而影响幼儿的表现行为，所以教师须在幼儿与建构材料已有一段时间的互动的基础上通过观察收集评价资料。尽可能收集幼儿与不同种类的材料互动的过程和结果、与其他幼儿的交往互动等，特别是幼儿未能出现预期的表现行为时，如此才能收集到更丰富的幼儿表现行为信息，为真实评价提供可靠资料。

（四）评价对象以个体幼儿为主

1. 关注个体幼儿的典型表现行为并持续追踪

收集幼儿的评价资料时，宜结合幼儿的实际表现行为，聚焦个体幼儿。据此，户外建构游戏活动中幼儿发展真实评价的对象以幼儿个体为主。根据观察目的和内容，观察记录个体幼儿的典型表现行为信息。但是，当教师观察到幼儿未能出现评价计划中预期的表现行为时，要继续将其作为个别观察的追踪对象，持续关注该幼儿这方面的典型表现行为。

例如，本周大班户外建构游戏中的幼儿发展真实评价的内容是“人际交往”子领域下“能想办法结伴共同游戏，活动中能与同伴分工、合作、协商，一起克服困难、解决矛盾”。在上次的户外建构游戏中，幼儿希希一直独自玩，教师没有观察到她与其他幼儿互动的情况，故教师计划在本周户外建构游戏时，再次追踪观察希希在这方面的情况。

又如，小班的幼儿发展真实评价内容是“人际交往领域”子领域下“与同伴发生冲突时，能听从成人劝解”。本次户外建构游戏中，教师观察到恒恒拿了聪聪从材料架上取下的两块积木，聪聪要拿回来，两人因此发生了争抢。教师了解情况后，建议恒恒把积木还给聪聪。恒恒拒绝了教师的建议，并趴在地上大哭。教师在后续的户外建构游戏活动中继续观察恒恒在与同伴发生冲突时的表现行为。

教师的个体幼儿观察记录表见表1。

表1 个体幼儿观察记录表

观察日期	XX年X月X日	观察对象	恒恒
观察目的：与同伴发生冲突时，是否能听从成人劝解			
观察内容：与同伴发生冲突时，听从成人劝解的情况			
观察记录： 恒恒拿了聪聪从材料架上取下的两块积木，聪聪要拿回来，两人因此发生争抢。教师了解情况后，建议恒恒把积木还给聪聪。恒恒拒绝了教师的建议，并趴在地上大哭。			
分析与评价：			
其他表现：			

2. 兼顾小组幼儿的典型表现行为并持续追踪

到了中、大班阶段，幼儿的户外建构游戏，更多的是同一主题的合作搭建活动。教师可以结合观察目的和内容，提高观察记录的效率，在一次活动中收集同一主题下多名幼儿的表现行为信息。如在某次中班户外建构游戏中，教师的评价计划中的评价内容为“自我意识”领域的“活动中愿意倾听和接纳同伴的意见和建议，能按自己的想法进行活动”。教师以此为观察目的和内容，观察不同主题下各小组幼儿在结伴搭建活动过程中的相关表现行为，并在一段时间内持续收集和记录不同小组幼儿这方面的典型表现行为信息。教师设计的小组幼儿观察记录表见表2。

表2　小组幼儿观察记录表

时间	对象	记录
3月3日	（蛋糕店）阳阳、诺诺、文文、君君	
3月10日	（花店）君君、成成、浩浩、希希	
……		

（五）户外建构游戏中幼儿发展真实评价的实施技巧

1. 有目的地收集信息，并留心幼儿的其他表现行为

(1) 预设可能的评价时机。根据户外建构游戏活动“搭建前的小组讨论—搭建过程—分享交流”三个环节和幼儿表现行为的不同，结合建构游戏的主题，教师可提前预测幼儿最可能出现典型表现行为的时机，有准备地观察和收集信息。

如，教师在某次大班户外建构游戏活动过程中，观察到三名幼儿合作搭建“未来小镇”的作品，就站在旁边，预测在他们共同搭建遇到困难时，可以观察收集大班幼儿在“人际交往”领域下“能想办法结伴共同游戏，活动中能与同伴分工、合作、协商，一起克服困难、解决矛盾”的典型表现行为信息。于是，教师在观察到他们搭建的高楼倒塌时，马上用视频记录他们之后的表现行为。

(2) 留心幼儿其他行为表现。幼儿在户外建构游戏中的表现行为可能不会限于教师事先计划的内容。当幼儿出现非预期观察内容、但同时具有发展评价意义的表现行为时，教师也要将相关表现信息收集起来，最终尽可能多地获得幼儿各方面的发展信息。

2. 运用合适的工具记录信息，并及时整理

信息记录是幼儿发展评价的依据，教师在活动中观察到幼儿相关表现行为信息后，要采用合适的工具及时将信息简要记录下来，并在活动后及时整理还原成详尽的评价证据，避免遗忘，为真实评价打好基础。

(1) 利用信息技术现场记录，及时并全面地记录幼儿表现行为信息。教师是幼儿游戏活动的倾听者和观察者，可灵活运用多种方式尽可能多地将信息记录下来，同时不影响活动的开展。故教师要先根据评价计划的内容，预测在游戏活动的不同环节幼儿可能出现的相关表现

行为，然后在活动中用录像的方式记录下来。当发现幼儿有典型的表现行为时，可拍照记录，之后再结合视频回放来整理记录；也可借助录音软件，用描述性语言（如“XX 小朋友说：……”）补充记录幼儿的现场表现行为，之后根据需要将语音转成文字；当然，也可直接将相关信息记录在专门的幼儿发展评价 App 上。

（2）利用纸质记录资料，抓住关键信息。纸质记录资料包括两种来源：一种以教师为评价主体。活动前，教师准备纸质记录表，以提醒自己在本次活动中的观察目的和内容，当幼儿出现相关表现行为时，将关键词即时记录在表中。在户外建构游戏中，由于主班老师承担主要的活动组织实施工作，配班教师可采用这种方式记录幼儿表现行为信息。另一种以幼儿为评价主体。幼儿既是评价对象，又是内部多元评价主体之一。他们可以在游戏后用“画语”等方式记录表达自己和同伴的游戏表现行为，补充教师可能忽视或遗漏的直观、简单或内隐的评价内容，帮助教师收集评价资料。

如图 4，一名大班幼儿在户外建构游戏后，用画图记录和表达自己的小组在本次活动中的经历。根据该幼儿在分享交流时的发言，教师可以将该“画语”作为评价内容“遇到困难时能多次尝试，不轻易放弃，直到完成任务”的信息记录。

图 4　某大班幼儿在户外建构游戏后的“画语”记录

3. 精准客观，以发展的眼光分析与评价

（1）多次观察，重点分析。要使评价科学地反映幼儿的发展水平，就要多次观察记录幼儿，并持续关注。不能在一次观察后就评价达到或者没有达到目标，草率结束评价行为。在获得最初的幼儿相关发展信息后，持续关注幼儿这一方面的表现行为，以了解幼儿的持续发展情况。如“能积极主动地回应别人对自己所说的话”，幼儿在一次游戏中没有回应别人，可能有许多主客观因素，须后续再观察。另外，教师观察记录的一次幼儿表现行为可能包含两项或更多项的评价内容，教师要突出重点，围绕一项评价内容分析，然后再逐步拓展到其他评价内容。

（2）就事论事，客观分析。教师和幼儿长期相处，对幼儿特定方面的发展情况是有大致感受的，会产生“她在这方面挺好的，在那方面还有待加强”的主观认知。在分析和评价幼儿发展水平时，教师要根据记录中的幼儿表现行为来分析，不要受对幼儿的主观判断影响。

（3）以欣赏的眼光作发展性分析。每个幼儿在同一时间的发展水平是不同的，教师要考虑幼儿之间的个体差异。分析评价时要接纳幼儿现时的发展情况，发现其身上的闪光点，并提供适宜的支持，促使幼儿往更好的方向发展。避免出现“与其他幼儿的发展作横向比较分析”和“鉴定幼儿是否达到标准”的情况。

三、户外建构游戏中幼儿发展真实评价结果的使用

户外建构游戏中幼儿发展真实评价结果要反哺保教质量，优化教师教育行为，进而促进幼儿发展。为此，教师可围绕班级保教质量的六个方面反思和优化教育措施，特别是与户外建构游戏相关的“环境与资源”“计划与安排”“设计与组织”“师幼互动”等方面。

（一）环境与资源

在户外建构游戏中，环境与场地、材料的提供和摆放影响着幼儿在游戏中的行为。教师在活动中观察幼儿与环境和材料的互动、幼儿交往的情况，分析幼儿表现行为及评价结果时，要考虑环境与资源是否适宜，并为幼儿在该项评价内容所指向的能力上的继续发展提供动态的、适当的支持。

（二）计划与安排

教师对前一阶段幼儿发展情况作梳理，发现有些评价内容，大部分幼儿都没有达到要求。对此教师要反思调整原有的活动计划与安排，为幼儿相关发展提供支持。如某大班教师在户外建构游戏中就“能辨别以自己为中心的左右方位”的评价内容作评价，发现大部分幼儿都无法做到。于是教师决定开展专门的集体学习活动“红绿小人”和体育游戏“左手右手猜猜猜”。

（三）设计与组织

教师围绕户外建构游戏中的评价内容，分析幼儿在游戏活动中的典型表现行为，之后须反思活动的内容、形式和方法等是否能够促进幼儿该典型表现行为的持续进步。特别要注意对户外建构游戏活动的内容、形式等的反思，以调整活动的设计与组织。

（四）师幼互动

一是师幼关系与互动。在户外建构游戏的分享交流环节，围绕评价内容讨论，帮助幼儿形成习惯、自我与社会性方面的认知，知道合理的做法并愿意去做。二是同伴交往与互动。户外建构游戏通过同伴影响，为幼儿提供了人际交往等方面的支持。三是幼儿成果分享与体验分享。通过分享作品、讨论问题等环节，支持幼儿在探究与认知、自我与社会性等方面的发展。如，教师可组织幼儿欣赏和讨论同伴搭建作品的独特性和技巧，来支持幼儿在“能

组合运用常见的几何形体拼搭、制作和画出物体的造型，富有一定的创意”方面的发展。

此外，良好的家园合力更有利于支持幼儿的发展。当幼儿出现某些表现行为的原因与家庭教育相关时，教师可开展有针对性的、持续的家庭教育指导。

综上所述，户外建构游戏中的幼儿发展真实评价，注重评价结果反哺保教质量，以综合、动态的“观察—分析评价—调整”的方式优化教育行为，提高保教质量，实现幼儿的持续发展。

利用幼儿发展真实评价结果提升保教质量的实践研究

袁敏姗

（上海市徐汇区教育学院学前课程教学研修部）

幼儿发展真实评价的功能在于优化教师教育行为、促进幼儿发展。为发挥其作用，教师要找到合适的切入口来优化自身的教育行为。为此，本研究以《上海市幼儿园办园质量评价指南（试行稿）》（以下简称《评价指南》）提出的班级教师保教实施质量的要素为切入口，利用幼儿发展真实评价的结果来诊断改进相关的质量要素、优化教师教育行为，从而实现提升保教质量、促进幼儿全面和谐发展的目的。

具体而言，幼儿发展真实性评价结果的利用，主要是反哺《评价指南》中与教师实践活动直接相关的班级保教实施质量的要素，包括设计与组织、环境与资源、师幼互动、观察与评估、与家长合作等六个要素（图1）。教师要以班级保教质量的全面提升为导向，利用幼儿发展真实评价结果，即将评价结果反哺以上六个要素的监控、分析、诊断和改进，将幼儿发展评价与保教质量的保障和提升紧密联系起来，达到优化自身教育行为、促进幼儿发展的目标。

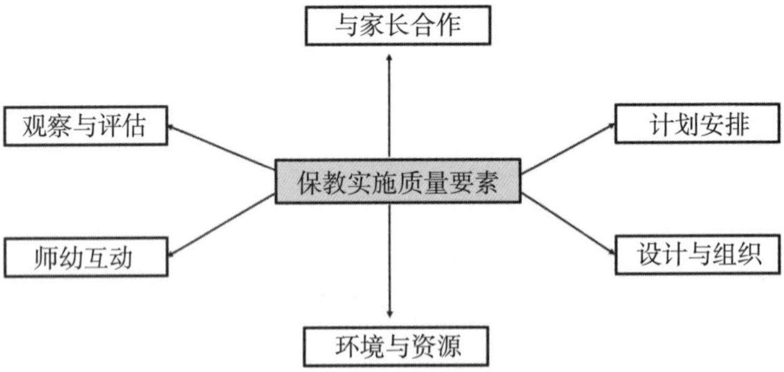

图1　保教实施质量要素

一、善于利用不同类型的幼儿发展真实评价结果提升保教质量

有研究者认为，不同类型的评价结果总共有四种利用方法，可用于反哺保教实施质量要

素，促进教师保教质量提升。具体来看，即时评价结果可即时提升保教质量，也可通过循环诊断来持续改进、提升保教质量；过程性评价结果可用于保教质量的过程性诊断与提升；终结性评价结果可用于保教质量的终结性诊断与提升。

（一）利用即时评价结果即时提升保教质量

1. 形成即时评价结果

教师在收集和记录幼儿表现行为信息后，要针对幼儿的表现行为作出一定的价值判断，并以《评价指南》中的一个表现行为描述内容为依据，作整理汇总和分析判断，所形成的就是即时评价结果。以轶事记录表为例(表1)，教师根据观察目的与内容，仔细观察并简要记录幼儿典型表现行为信息，如实撰写观察记录，在分析与评价一栏中对幼儿典型行为表现的阶段性情况作出价值判断，从而获得幼儿发展真实评价的即时评价结果。

表1　轶事记录表(即时评价)

观察日期		观察时间		观察者	
观察对象		观察情景			
观察目的：					
观察内容：					
观察记录：					
分析与评价：					
原因与措施：					
两周后的表现：					
其他表现：					

2. 确保即时评价结果的客观真实性

教师可以从一个表现行为入手，尽量做到在3个不同的教育活动情境，3个不同时间段，收集幼儿的表现行为信息，并结合《评价指南》中的表现行为1、3、5的描述，判断幼儿当前的实际发展阶段。

很多幼儿表现行为信息的收集与记录，都需要教师、家长、幼儿基于各自的角度，共同合作完成。然后，主要由作为专业评价者的教师来完成对信息的整理、汇总和分析。对于在幼儿园和家中都能观察到的幼儿表现行为，可综合教师与家长的观察信息。对于需要家长配合，在家中才能观察的幼儿表现行为，如“习惯与自理”领域中的“表现行为1.4：在提醒下，能每天早晚刷牙，饭前便后洗手，餐后漱口”，包含“每天早晚刷牙”，这一表现行为信息是教师无法在幼儿园的一日生活中直接获得的，可由家长在家中观察，将信息及时提供给教师。对于幼儿可自评的表现行为，可结合教师和家长的观察，使评价信息和结果更加真实客观。

3. 利用真实评价结果即时提升保教质量

教师要利用即时评价结果，监控、分析、诊断和改进与幼儿表现行为相关的保教质量要素，优化自身教育行为，促进保教质量的提升。

(1) 围绕保教实施质量要素，利用真实评价结果分析幼儿表现行为背后的原因，制订有针对性的、全面的提升保教质量的措施。

对于即时评价结果，教师可以围绕幼儿表现行为的内涵要点，准确分析幼儿现有表现行为背后的各种原因，包括表面的、深层次及间接相关的影响因素，从而找出可改进完善保教质量要素的教育措施。这一过程应联系计划安排、活动设计与组织、环境与资源、师幼互动、观察与评估、与家长合作等保教实施质量六大要素。

教师在分析原因和制订教育措施时，首先要关注原因与措施之间是否有紧密的联系。如：教师分析造成幼儿现有表现行为的原因是父母常常在外地工作，对孩子的关心不够，那么在考虑“与家长合作”这一要素时，就要与孩子的主要教养人多沟通交流，详细提出需要其配合的内容。

其次，教师要有侧重、有针对性地提出需要重点调整和改进的直接措施。先关注与幼儿表现行为密切相关的因素，再全面地诊断分析，提出改进措施，使措施具有针对性和整体性。如：“习惯与自理”领域中“生活习惯和能力”子领域中“具有基本的自我保护能力”的“表现行为 5——知道在走失或遇到紧急情况时能向警察等提供家人的联系电话、家庭住址等，有自我保护的方法”，与幼儿的该表现行为密切相关的质量要素应该为“设计与组织”。教师可在设计与组织中有目的、有计划地加强安全教育。其次，涉及质量要素“家园合作”，教师可通过家园共育增强幼儿的安全意识和能力。再次，还涉及质量要素“环境创设”，教师可在创设环境时关注安全教育相关的内容，利用警察家长资源开展安全教育活动等。力求在制定措施时做到整体全面，不随意忽略或抛弃任何一个方面。

(2) 提升保教质量的措施要具有可操作性。

围绕保教实施质量要素提出的提升保教质量的措施应是具体可操作的，即教师在实践中可以直接落实的，避免空泛不实际，造成后续无法落实和验证效果。如：在案例“动物花花衣”中，教师根据幼儿“无法清楚地形容动物花纹的典型特点”的表现行为，在“设计与组织”方面，提出措施：在个别化学习活动中投放与动物皮毛特征相关的操作材料，并为幼儿提供表达动物皮毛花纹典型特点的机会，如设计组织“动物你说我猜”“动物翻翻乐”等游戏活动，增加了幼儿与同伴或教师互动表达的机会。这样的措施具体可操作，清晰表述了活动内容和目标。

(3) 落实提升保教质量的措施并反思。

为真正做到利用幼儿发展评价结果反哺保教质量、优化教师教育行为，在提出提升保教质量措施后，教师要将措施落实在一日生活中，同时，还要在实践中不断反思，检验保教质量是否真正得到提升，教育行为是否优化。教师在实施措施的两周后要追踪幼儿后续的表现行为，通过再次对幼儿表现行为作即时评价来了解措施实施的效果。

（二）循环利用即时评价结果，持续提升保教质量

1. 循环利用即时评价结果的方法

如果采取措施后，在追踪幼儿后续的表现行为时，发现其进步不明显，或者幼儿已有进步，但教师想促进其持续发展，为幼儿提供个性化的支持，可再次启动之前的“评价—分析原因诊断—提出措施—改进和实施”的流程，并再次追踪评价幼儿两周后的表现行为，做好记录、分析和评价（轶事记录表如表2），了解幼儿表现行为水平是否提高，以验证措施的效果以及保教质量是否提升。如此周而复始，循环利用即时评价结果，提出措施，促进班级幼儿的不断发展，从而持续提升保教质量。

表2　轶事记录表（循环评价）

<table>
<tr><td>观察日期</td><td></td><td>观察时间</td><td></td><td>观察者</td><td></td></tr>
<tr><td>观察对象</td><td></td><td>观察情景</td><td colspan="3"></td></tr>
<tr><td colspan="6">观察目的：</td></tr>
<tr><td colspan="6">观察内容：</td></tr>
<tr><td colspan="6">观察记录：</td></tr>
<tr><td colspan="6">分析与评价：</td></tr>
<tr><td colspan="6">原因与措施：</td></tr>
<tr><td colspan="6">两周后的表现与评价：
时　　间：
行为表现：
分析评价：</td></tr>
<tr><td colspan="6">再次的原因与措施：</td></tr>
<tr><td colspan="6">再两周后的表现与评价：
行为表现：
分析评价：</td></tr>
<tr><td colspan="6">其他表现：</td></tr>
</table>

幼儿保教质量的影响因素颇多，同时幼儿的发展也不是一蹴而就的过程，提升保教质量的措施并不是终结，而是新一轮评价的开始。观察、分析、质量诊断与改进的流程不断循环，保教质量就在这样的循环中不断提升。

2. 关注提升保教质量的措施的不足，提炼经验

在循环利用即时评价结果持续提升保教质量的过程中，教师在实施措施两周后再次追踪幼儿表现行为时，如发现幼儿表现行为水平并没有提高，可能要考虑该措施是否不够准确到位。对此，教师要反思前一轮制订的措施的不足，再进行一轮措施制订、实施和追踪评价的循环。

需要注意的是，当幼儿即时评价结果满足了“表现行为 5”的描述时，不代表这名幼儿不需要进一步发展。教师要找到幼儿的“最近发展区”，制订措施持续促进幼儿的发展。在这个过程中教师应注意提炼经验，如从有效措施中提炼出可以复制推广的经验，以便日后制订措施时参考。

3. 接纳幼儿发展的差异性

在循环利用即时评价结果的过程中，应意识到每个幼儿在每一个领域的发展顺序和速度都存在着差异。当幼儿的发展不如预期时，要理解并接纳幼儿学习速度不同的情况，允许他朝着发展方向慢慢前进。但是，这种接纳和等待的前提是教师围绕保教实施质量要素开展实践和反思，为幼儿提供了有效的支持。

教师还可以通过教研活动等讨论类似案例，利用集体的智慧明确幼儿的哪些表现行为状况是需要教师充分接纳并等待的，哪些状况是教师可以通过进一步优化教育行为改善的。

（三）利用过程性评价结果阶段性提升保教质量

1. 过程性评价结果

除了日常针对幼儿的一个表现行为，整理汇总信息、即时分析评价外，教师还要定期以《评价指南》中子领域的幼儿总体表现性评价为依据，对各评价主体获得的、以幼儿表现行为为核心的评价信息作阶段性整理汇总，呈现幼儿的综合表现行为，并借助专业知识加以分析，从而获得子领域下的幼儿所有信息，全面地了解幼儿的发展状况。如此就形成了幼儿发展评价的过程性评价结果（表 3）。如同即时评价一样，过程性评价也应保证其结果真实和客观。

表 3　幼儿发展过程性评价结果表（以一个总体表现行为为依据）

内容	主体与活动	表现行为	平均表现
表现一	1.		
	2.	两周后的表现	
	3.		
表现二	1.		
	2.	两周后的表现	
	3.		
……			
实际总体表现行为			

2. 以质性评价为主，辅以量化评价

以一个总体表现性评价为依据获得的幼儿发展性评价结果，建立在针对幼儿单个表现行为的日常即时评价的基础上，以质性评价为主。教师要了解幼儿在健康与体能、习惯与自理、自我与社会性、语言与交流、探究与认知、美感与表现等六大领域下的 14 个子领域的发展情况，也要辅以量化评价(表 4)。教师要坚持以质性评价为主，量化评价为辅的原则。

表 4　幼儿发展过程性评价结果表(以子领域下的若干总体表现行为为依据)

幼儿总体表现行为一	
幼儿总体表现行为二	
……	
幼儿子领域发展	

(四) 利用终结性评价结果全面提升保教质量

1. 终结性评价结果

为促进幼儿全面和谐发展，教师一般要在一个学年或大班幼儿毕业前了解班级幼儿各领域的总体发展状况，以确定班级课程的实施效果。教师须综合幼儿发展多个子领域的过程性评价结果，汇总成幼儿某领域发展的一学年或全部学年的终结性评价结果(表 5)。

表 5　幼儿某领域发展的终结性评价结果

幼儿子领域一发展	
幼儿子领域二发展	
……	
幼儿某领域发展	

2. 终结性评价结果的利用

根据幼儿某领域，或多个领域，甚至全部领域发展的实际水平，围绕影响幼儿发展水平的保教质量要素，作全面、系统的监控和反思，分析诊断出保教质量要素存在的问题及可改进之处，提出下学期的教育调整措施，作为制订下学期计划的依据，以持续促进保教质量的全面整体提升。

二、利用幼儿发展真实评价结果提升保教质量的思考与建议

(一) 注重评价结果背后的原因与影响因素分析

幼儿发展评价的最终目的是利用评价结果反哺保教质量，从而促进儿童的持续进步和发展。教师要根据评价结果的反馈，结合对幼儿家庭的了解，联系保教实施质量六大要素，分析造成幼儿现有表现行为和发展水平背后的各种原因，包括表面的、深层次的及间接相关

的影响因素，从而围绕它们寻找可改进完善保教质量要素的教育行为，为保教质量的诊断及提升措施的提出提供科学而有针对性的依据和线索。

（二）提升保教质量的措施要有重点、全面、有条理

由于影响幼儿表现行为的保教质量要素一般都会涉及计划与安排、设计与组织、环境与资源、师幼互动、观察与评估、与家长合作等保教质量要素，各要素之间紧密联系、无法割裂。为保证利用幼儿发展评价结果的效果，教师在思考提升保教质量的措施时，要尽量全面，从六大要素出发综合考虑，不随意忽略和抛弃任何一个方面。

由于各保教质量要素对幼儿相关表现行为的影响有差异，教师在提出提升保教质量的措施时，要对这些要素作突出重点、全面的诊断分析，做到突出关键要素又没有遗漏，还要尽可能按照要素影响幼儿表现的主次顺序有条理地排列，从而使提升保教质量措施具有针对性、整体性和可行性。

（三）提升保教质量的措施要具体可操作

教师要从促进幼儿表现和发展水平不断提高的宗旨出发，结合对幼儿表现和发展水平现状的原因与影响因素的分析，根据幼儿的实际情况，围绕计划安排、设计与组织、环境与资源、师幼互动、观察与评估、与家长合作等六个保教质量要素思考，提出具体的、可操作的提升保教质量的措施。对保教质量要素的分析诊断、改进提升的措施越具体，教师就越容易结合日常的教育活动落实，从而有效地促进保教质量的提升。

（四）提升保教质量的措施要有持续性和延续性

幼儿发展评价具有发展性功能，其宗旨在于促进保教质量的提升和幼儿的持续发展。提升保教质量的措施首先要有持续性，即教师连续不断地提出并实施。尤其对于幼儿一些养成性的行为习惯类、长程性的能力类的表现行为，如洗手的方法，教师可以提出巩固性的持续教育措施。

其次，提升保教质量的措施要有延续性，即有高度、宽度和广度：有高度指能够不断促进幼儿向更高阶段发展；有宽度指能够促进幼儿的表现行为在不同教育活动情境间横向拓展和迁移；广度指能够以点带面，将应用于个体幼儿的措施转化为规律性的方法，促进班级全体幼儿表现行为水平的提高。

（五）加强即时反馈

以上四种利用幼儿发展评价结果的方法，使持续提升幼儿表现行为的措施形成了闭环，能够帮助教师持续调整教育行为，从而提升班级保教质量。

但是在实施的过程中，若教师只关注实施措施两周之后的幼儿表现行为，便容易错过许多幼儿鲜活的表现行为，因此要加强关注对措施的即时反馈。首先，在实施过程中要动态调整措施。幼儿的表现行为是一面镜子，会时时刻刻验证措施是否适宜。如有效，教师可以持续应用，若不适切，则要及时调整。其次，关注家长对措施的反馈。家园应形成教育共同体，

教师制定措施时，应与家长达成共识，还可邀请家长一起对措施的有效性作即时反馈，并共同商议如何调整。

（六）引发教师对自身教育理念的反思

教师的教育理念指引着教师的教育行为，幼儿发展真实评价结果从一定程度上反映出教师教育行为背后的教育理念。当教师在分析造成幼儿表现行为的原因时，可以探寻现象背后的本质，了解自己在开展保教活动的过程中，被怎样的教育理念指引着。当教师的理念发生转变，教育行为也会自然而然地转变。通过对理念的反思，教师可以达到完善教育行为的目的。

在绘本阅读中培养幼儿思维品质的实践研究

阅读是阅读主体对读物的认知、理解、吸收和应用的复杂的心智过程，是现代文明社会不可或缺的智能活动，是人们从事学习的最重要的途径和手段之一。研究表明，人类阅读能力的发展可分为两个时期，3—8 岁是学习如何阅读、获得基本阅读能力的关键时期，而 8 岁之后就可以凭借这些基本的阅读能力进一步学会获取信息的方法技能，进而学习各种知识。总之，从阅读能力能够直接预测儿童未来的学业表现。

20 世纪中叶以来，绘本因画面丰富精美、内容直观生动、易于理解而成为早期阅读活动的主要材料。但如何引导幼儿进行绘本阅读，在理念、目标重点及教学方式上一直存在明显分歧。一方面受浅阅读层面上“儿童主体观”“情感目标为先”的影响，另一方面受限于教学能力及对绘本认识的不足，诸多教师未能有效地指导幼儿进行深度阅读。至于那些想兼顾幼儿的情绪体验和思维品质培养的教学，很多时候又成了主次不分、重点不突出、浅尝辄止的大拼盘。

综上所述，如何加强深度阅读、培养幼儿的思维品质，从而提升早教质量，就成了早期阅读中必须解决的重要问题。本研究通过实践发现以上各种分歧（环境浸润与直接教学、绘本的道德维度与幼儿自身的体验、兴趣点与整个结构）的联系，以推动早期阅读理念研究的进展，并为教师的绘本教学实践及变革提供可借鉴的行动方案。

文章的作者分别为本课题负责人及参与研究的研究生助教、幼儿园一线老师。

让思维可见——培养幼儿思维品质的绘本教学改革研究

王海澜

（上海师范大学学前教育学院）

一、问题的提出：绘本阅读必须从重参与阅读转向重发展思维

（一）学者的共识：提高质量、培养幼儿的思维品质是幼教之使命

质量是教育的生命线。随着学前教育的普及，学者们日益认识到，要把学前教育的关注点从普及数量转移到提高质量上来，实现高质量发展是新时期中国幼教的使命和责任，而关注幼儿思维品质的发展则是实现学前教育高质量发展的必然路径。原因在于，培养思维品质是发展智能的突破口。其实，培育幼儿的思维品质也是我国“21世纪学生发展核心素养”的目标要求。我国学生发展核心素养的三大领域之一是“自主发展”，而“学会学习”（乐学善学、勤于反思等）正是“自主发展”的核心指标。

（二）在早期阅读领域，培育幼儿思维品质的关键是帮助幼儿“学习如何阅读”

思维品质内涵比较丰富，其成分及表现形式很多，研究者往往会根据不同的研究目的及情境强调不同的成分。在心理学领域，思维品质最早的研究者林崇德教授等人根据学生在课堂学习中的思维表现，认为思维品质是思维的智力品质，即在思维活动中，思维主体表现出来的具有稳固心理、意识倾向的某种思维性质，主要包含思维的深刻性、灵活性、独创性、批判性和敏捷性5个因素①。具体到学前阶段的幼儿，思维品质可包含三个方面：一是思维兴趣，如聚精会神、乐于思考而不只是参与等。二是思维能力，指幼儿初步采用一定的思维方式对材料作分析、整理、综合等加工改造，发现内部的实质联系、形成一定的新思想新发现的能力，如预测、反思、质疑能力等。三是思维习惯，即幼儿在日常生活中积久养成的思考问题时所偏爱的、惯常的思维方式和方法，如复盘的习惯、画思维导图的习惯等。鉴于思维品质的本质是思维的智力品质，培养幼儿的思维能力就是培育幼儿思维品质的核心，也是激发

---

① 林崇德．试论思维的心理结构研究[J]．北京师范大学学报（社科版），2010(1)：18－26.

思维兴趣及维持良好思维习惯的关键。具体到早期阅读领域，研究普遍认为，3—8 岁是儿童习得基本阅读能力的关键期，在这个关键期内，我们要培养幼儿初步具备以下四种基本的阅读能力——反思、预测、质疑、假设，即帮助幼儿"学习如何阅读"。这几个方面可视为在阅读领域中培育幼儿思维品质的指标及抓手。

在学前教育界，与思维品质相关的另一个概念是学习品质。学习品质来源于美国的高瞻课程，包含六个指标：主动性、计划性、专注性、问题解决、资源利用和反思。其中，反思、问题解决、资源利用等都属于思维品质的具体表现，因此学习品质包含思维品质。

（三）如何通过绘本阅读发展幼儿的思维品质是幼教不能回避的问题

幼儿思维品质的形成和培育必须通过具体的教育教学实践来落实。

1. 绘本是幼儿阅读的主要材料

根据朱敏的研究："1996—2017 年语言集体教学活动设计发展趋势分别为：在语言活动类型方面，讲述活动和谈话活动呈下降趋势，而早期阅读活动呈上升趋势；在活动目标方面，……越来越重视幼儿对作品情绪情感的阅读理解能力，对幼儿表达能力的重视呈下降趋势；在教学素材方面，教师设计的教学素材越来越少，而图画故事类的现成教学素材越来越多。"[①]其中"图画类故事书"即我们常说的绘本。目前，绘本已成为幼儿早期阅读的主要材料。在以绘本为载体的早期阅读活动中如何培育幼儿的思维品质，就成了幼教界不能回避的问题。

2. 绘本有鲜明的内在结构，便于促进幼儿思维品质的发展

绘本可以只有图画，或图画支配正文，或文字和插图占有同样重要地位。它通过文字和图画共同讲述一个完整故事，包括故事的角色、场景、时间，事件的起因、发展、高潮及解决等过程。

(1) 图画是绘本表达内容的重要方式，而且图画之间有内在的联系。引导幼儿看懂图画、把一幅幅片段画面连成一个完整的故事，是绘本阅读的首要目标。此外，与文字不同，图画表达的含义很多时候具有模糊性、多义性和丰富性，允许幼儿进行多角度的解读。

(2) 绘本中的故事情节常常留有一些空白及仅有图画而没有文字来表达的内容，需要引导幼儿运用反思、质疑、推测、想象等能力去补充。

(3) 不同绘本的情节具有相似的内在结构，让幼儿有合理预测的方向。

很多绘本在故事情节的发展走向、故事内容，或者绘画风格、语言表达方式等方面有诸多相似之处，我们可称之为同类绘本或者相似绘本。这种绘本大致可归为以下几类：

第一，同一种结构的重复，如《猜猜我有多爱你》主要为"我手举得有多高，我就有多爱你"这种语言句式及相应的动作模式的重复。《我的幸运的一天》《逃家小兔》等，也都有语言句式及内容情节上的重复。

第二，峰回路转的结构，如《爸爸，我要月亮》《数字的挑战》等。

第三，环形重复的结构。如《为什么我不能》中，小鸟问妈妈："为什么我不能像小鸭那样

① 朱敏．1996—2017 年幼儿园语言集体教学活动设计内容分析[D]．四川师范大学，2019：摘要．

玩水?”小鸭问妈妈:“为什么我不能像猫咪那样抓蝴蝶?”《一个黑黑、黑黑的故事》及《棕色的熊,你在看什么》等也有类似的重复。

这些结构特征明显的绘本,易于让孩子明白、发现其中的规律,获得基本的阅读技能,从而有助于幼儿逐渐摆脱对成人的依赖,逐步实现自主阅读。虽然幼儿对图书结构的敏感性是在阅读的过程中逐步培养的,但并不是故事听得越多,幼儿对故事结构形式的敏感性就越高。教师在教学中是否引导幼儿去注意图书的基本结构,是提高幼儿对图书结构的敏感性的关键因素。

(四)绘本教学重参与轻思维品质培养的问题限制了教学成效

目前,有很多幼儿教师在绘本教学过程中只注重让幼儿了解故事情节,根据故事内容向幼儿提一些简单的问题就结束了,忽略了幼儿思维品质的培养,这种教学方式使得绘本教学收效甚微。其中“忽略了幼儿思维能力培养”指的是忽视了幼儿形成自主阅读能力所需要的质疑、预测、反思、假设等高阶思维能力。

我国著名的学前教育专家刘焱教授及其团队提出了幼儿园普遍存在的教学质量低的问题。2021 年,她们对北京、广东、重庆、山西共 433 个幼儿园班级的教育质量进行了系统、科学的调查,将保教质量分为五个等级:不及格(2 分以下)、基本(2～2.99 分),较好(3～3.99 分)、良好(4～4.99 分)、优秀(5 分)。结果表明,我国城镇幼儿园保强教弱问题突出,“集体教学质量水平较低,约有 50%的班级处于不及格和基本水平,仅有不足 5%班级的教师组织的集体教学活动……达到良好及以上水平。48.0%班级的教学目标与内容不适合幼儿的年龄发展水平;50.7%的班级集体教学活动组织形式与方法不符合幼儿的年龄特点,大部分时间幼儿只是安静地倾听,很少有探索的机会”。① 其中集体教学涵盖了健康、语言、社会、科学、艺术五大领域,因此教学质量低也包含了绘本教学质量低。

综上所述,如何加强深度阅读,培养幼儿的思维品质,是早期阅读中必须解决的重要问题。

二、本研究的主要研究目标和价值

(一)主要研究目标

第一,通过在绘本阅读中引导和示范思维过程及思维方式,促使幼儿在阅读中学习如何思维,以在一定程度上解决绘本教学质量低、往往只追求短暂趣味和环境布置、停留在“只要幼儿开心就好”这种浅阅读层面上、没有起到促进幼儿思维品质发展作用等问题。

第二,同时探察注重培养幼儿阅读能力及思维品质的图书阅读活动,是否会影响幼儿的想象力。

---

① 刘焱,武欣,郑孝玲,宋丽芹. 我国城镇幼儿园教育质量:基于 4 省 6 区县 433 个幼儿园班级的微观透视[J]. 学前教育研究,2021(9):74.

具体地说，教师要在图画书阅读过程中，有意识地引导幼儿关注潜藏在绘本故事中的结构，帮助幼儿习得故事的图式或者规律，并鼓励幼儿将习得的故事规律或者结构迁移到后文的解读中，对后续的内容作推理、预测和反思，以提升幼儿自主阅读的意识和基本能力，培养其思维品质。同时，教师要在教学活动中分析幼儿想象力的发展状况。

（二）本研究的学术价值和实践价值

1. 学术价值

目前，受到“幼儿兴趣至上”等主流价值观的引导，加上认识和教学能力的不足，一线教师大多在阅读引导上停留于浅阅读，不能充分发展幼儿的思维品质。作为早期教育支柱的早期图书阅读在培养幼儿的思维品质、提升幼儿阅读能力的过程中如何发挥作用？本研究将为这一问题的解答提供科学依据及实践路径，这对丰富早期阅读的理念、培养幼儿的思维品质和阅读能力，有着重要的意义。

2. 实践价值

本研究的研究方案可被其他研究者采用；本研究所使用的绘本及绘本分类方式，也可直接为其他研究者借用。

三、研究思路及方法

（一）研究前期：通过多种研究方法发现问题，确定实践改革方案

本研究采用的研究方法包括文献分析、现场观察与访谈、教师公开课视频分析。

首先，对有关早期阅读的不同理念及其分歧的文献进行相对系统的梳理，明确了“有思维过程的阅读”的理念及思维能力指标——反思、预测、质疑、假设，其中反思和预测是最基本也是最重要的能力。据此确定在实践中要注重分析图书前后情节与基调的内在关联，以及由教师示范“思维过程”，以帮助幼儿有理有据地预测；此外也关注词汇的扩展等，以突出语言教育的特征。

随后，在参与教学改革的两个幼儿园（上海市松江区龙马幼儿园、上海市松江区泗泾第二幼儿园）中进行实践研究。通过对中班及大班幼儿阅读状况的观察、带班老师的访谈及公开课视频的分析等，明确绘本教学的现状、存在的问题及原因。

最后，确定教学改革的实践方案。

（二）研究中期：落实实践方案

这一阶段是本研究的关键，我们分别在两所幼儿园的一个中班和一个大班的幼儿中进行实践研究。两处基本同时进行，但鉴于幼儿的年龄差异，我们对两个年龄段幼儿的要求不同，采用的“思维展示方式”也不同。对大班幼儿，主要通过语言和图画来示范阅读中的思维方式，引导幼儿关注图书中的内在线索，鼓励其作出预测，以帮助幼儿形成故事图式的意识；

而对中班幼儿，则采用更为直观、相对完整的思维导图来呈现思维过程。

此外，实践研究对两个年龄段的幼儿都关注语言句式及词汇的扩展，以突出语言教育的特征。

（三）研究后期：反思研究过程及结果，撰写研究报告

这一阶段既是研究过程的总结，也是研究目标的进一步深化，目的是推广促进幼儿思维品质发展的绘本教学理念及思维方式迁移的方式。

四、主要研究活动

围绕研究目的，本课题主要开展了以下的研究活动。

（一）通过观察和访谈，具体了解了幼儿的阅读表现及主要问题

为了了解幼儿的阅读投入及阅读能力状况，我们有意识地选择了上海市嘉定区一家市一级园、松江区两家市二级园，对部分大班幼儿进行观察，观察时间均为一天。另外还对5位带班老师进行了电话及短信访谈。访谈对象及主要内容如表1。

表1　访谈记录表

受访者	受访者基本信息	访谈的主要问题
张老师	市一级园教师，工龄5年，侧重科学与语言教育	1. 幼儿园及班级基本的阅读环境（如图书投放量、投放方式、师幼互动等） 2. 绘本集体教学的现状及教师的认知状况 3. 幼儿日常的阅读情况（阅读的频率、书籍选择、时长、独立阅读时对书中内容的理解状况等）
姜老师	市一级园大班年级组长，对绘本教学有一定研究	
杨老师	市二级园带班老师、教研组长，工龄6年，对主题课程颇有研究	
叶老师	本项目活动方案的实施者，市二级园大班幼儿教师，工龄6年	
袁老师	本项目活动方案的实施者，市二级园中班幼儿教师，工龄3年。	

通过观察和访谈，我们了解到：虽然早期阅读的重要性已得到教师和家长的充分认可，幼儿园及家长都同意通过环境创设、班级活动、阅读区及亲子阅读等方式，来激发幼儿的阅读兴趣及培养幼儿的阅读能力，但实际上，多数幼儿的阅读兴趣和阅读能力都没有达到《学前儿童语言学习和发展的核心经验》及《3—6岁儿童学习与发展指南》提出的“培养幼儿基本的自主阅读意识及能力”要求。问题主要表现在以下方面：

第一，在班级阅读区阅读的幼儿数量一直偏少。当然这与幼儿喜欢动手的活动（如建构活动）有关。其实阅读区有供孩子涂涂画画的纸笔等，但相较于建构区、手工区，选择阅读区的幼儿一直偏少。

第二，幼儿在阅读时不够投入，常常分心或者很容易被打断。

第三，假阅读现象比较明显。即幼儿短时间内多次调换书籍，走马观花地翻看书中某几幅感兴趣的画面，常常将一本书快速从头翻到尾，然后又拿起一本书重复同样的操作，比起书上的内容似乎更喜欢来回翻页的过程。有的幼儿在自主阅读期间甚至将书籍作为玩闹的工具。

第四，不愿意自己阅读，或者说缺乏自主尝试的勇气，多要求老师或其他幼儿帮忙讲述书中的内容。

我们发现，有一部分幼儿很喜欢听故事，但是却拒绝自己独立阅读绘本。经了解，发现他们看不懂，所以喜欢听老师、家长或者其他幼儿讲述。和同伴交流、讨论的阅读内容也主要是和成人一起阅读过的内容。这类过于依赖他人的幼儿，基本上处于被动阅读的状态，主动阅读的能力普遍比较差，也缺乏自主阅读的自信。

第五，更多地关注画面及故事的表层情节，不懂去思考内在逻辑。

一线教师提到：即使一些明显对书感兴趣的幼儿，在阅读时也往往停留在对图片的“指认”和随便联系上，如“这是小猫，这是小狗，小狗喜欢咬小猫”；或者只是在书中查找熟悉的角色，而不知道去合理地猜测这些角色之间所发生的故事；对于自己稍微不熟悉的内容，更是轻易放弃而不是去尝试着理解。此外，还有些幼儿在阅读时边读边讲，口中念念有词，看似在认真解读书中内容，其实所讲内容与书中故事无关，而只是在碎片式“看图说话”。虽然这种看图说话的行为对幼儿的口语表达能力也有益处，但毕竟与理解书的内容无关。

凡此种种，在一定程度上揭示了看似“热闹、效果斐然”的早期阅读活动其实隐藏着有待解决的问题。幼儿不知如何阅读，即不知如何思考，久而久之，其阅读兴趣和阅读能力皆难以提高。这在一定程度上也证明了专家的论断，即“低质量是目前学前教育面临的最大风险”。

幼儿园都颇为重视早期阅读活动，却没有取得理想效果。对于这个问题，在与几位老师的交流后，我们发现主要有以下两方面原因：

一是幼儿园老师存在认知上的偏差，不清楚幼儿的阅读能力要达到什么水平，同时认为阅读属于低结构活动，只是孩子个别化活动的一部分，所以不需要专门强调阅读的数量以及成人所认为的阅读质量。负责落实本研究实践方案的叶老师说：“（老师们）在幼儿园就是关注一日课程的实施”，“不太了解”（孩子的阅读能力要求及现状，如幼儿会不会自己推测、是否喜欢阅读、阅读什么等），“（阅读教学中）主要侧重幼儿的参与和表达，幼儿园也不主张绘本教学的目标太机械，所以我们上课时不会明确示范自己的思考过程及阅读策略”。

二是绘本教学到底应该达到什么目标，哪些步骤是至关重要的，对这些问题缺乏相对固定的说法。教师们只能自己摸索或者参考其他教师的公开课课例来实践，并照搬到其他绘本的教学中，这也大大影响了实践效果。鉴于此，为了探究早期阅读指导活动的症结并采取有针对性的措施，我们进一步对一些一线教师的公开课视频作了分析。

（二）重点分析有代表性的公开课视频，以发现早期阅读活动的症结

如前文所述，教师自己的认知偏差及现有的课例示范是导致绘本教学质量偏低的两大原因。那么，绘本教学质量低具体体现在哪些方面？其深层原因是什么？是否与教师的教

学经验直接相关？只有找到问题的症结，才能对症下药，进行实践改革。我们选择了部分新手教师和经验型教师有代表性的授课视频作为对象进行分析。

至于什么是新手教师、什么是经验型教师，不同的研究往往界定不同。对新手教师的界定，主要的分歧是工作年限，多则 3 年，少则 1 年。而对经验型教师的界定，无论工作年限还是职称都有不同，多则 10 年以上，少则 5 年以上，职称上至特级教师、下至小学一级教师的都有。也有一些研究在界定经验型老师时加上了其他条件，如在幼儿园所在区或市曾获得过教学相关的奖励。

为了使所选对象及其课例有充分的说服力，本研究选择的新手教师是已经获得教师资格证，任教时间 1 年以上 3 年以下，有一定基础但仍需提高的教师。所谓“有一定基础但仍需提高”，是指这些教师曾经参加过幼儿园所在城市市级以上的公开课。本研究选择的经验型教师指在幼儿园工作 5 年以上，获得幼儿园高级职称或获得过市级以上教学奖励的教师。显然，特级教师也属于经验型教师，但由于特级教师在幼儿园占比很低，她们的教学经验往往代表不了幼儿园教师的普遍状况，因此本研究不涉及特级教师，以增强研究结论的说服力。

从已有文献看，比较新手教师和经验型教师教育教学活动的研究已有很多，主要情况如下：

第一，具体到幼儿语言集体教学活动而言，相关的研究比较了这两类教师在“教学方法”上的行为，如教学活动的引入环节是否适当，教学中封闭性问题与开放性问题的比例，孩子的课堂参与度，教师对幼儿的评价方式，教师所制订的教学目标完成度等，但较少涉及语言教育内容，如教师自己语言的文学性和丰富性等。

第二，这些研究主要以经验型教师为参照，指出新手教师存在的不足并提出一定的发展建议，而对经验型教师存在的问题以及两类教师共同存在的问题却很少提及。例如，有研究指出，在幼儿语言集体教学活动中，新手教师的活动主要以教师的讲述为主，不大会增设环节来吸引幼儿的注意，因此课堂中甚至会出现零反馈、回答不到点、幼儿被动的情况；而经验型教师更能激发幼儿的兴趣，孩子们的课堂参与度更高，互动灵活积极，且教学目标完成得较好。

鉴于此，我们对两类教师的课例视频作分析，目的并不是以经验型教师为标准，指出新手教师存在的问题及发展的方向，而是根据幼儿语言教育的根本目的，寻找两类教师在幼儿语言教学活动中共同存在的症结，从而真正提高教学效能。

（三）与幼儿园教师合作进行教学改革

在对公开课的视频进行分析，找到了幼儿阅读能力培养上主要的症结后，我们与两所幼儿园的带教老师开展了实践研究。为了保证实践的效果，我们先开展教研活动，围绕新的目标共同商议选择绘本、设计新教案，并循序渐进地落实教案。

第一阶段，从 2020 年暑假开始，由本课题负责人通过微信及电话对两名幼儿园教师进行相关培训。如以“猜猜我有多爱你”为例，分析现有名师课例的教学理念及方式。

第二阶段，针对幼儿的年龄特点，指出绘本教学中可侧重培养的思维能力指标及不同的教学方式。

第三阶段，确定培养幼儿思维品质的绘本教学应侧重的要点，即关注图书的内在结构及解读思路。制订了相对具体的教学过程(表2)。

表2　教学过程

阅读开始	1. 呈现书的封面并探讨书名与封面图的关联 2. 鼓励孩子预测该书的主要基调及可能的情节
阅读过程中	1. 在故事情节转折处,请孩子预测后续情节及依据 2. 图画书往往都有三个情节,老师引导幼儿阅读第一个情节,然后让幼儿自行解读第二、第三个情节,并指出自己思考的依据
阅读之后	1. 回顾故事内容(角色、情节、内容等),归纳并展示其中的故事图式 2. 再次呈现封面,监测阅读之前预测的效果 3. 把所获得阅读策略迁移到新的图画书阅读之中

第四阶段,围绕培养幼儿思维品质的教学目标,与两位幼儿园教师一起重新设计教案(表3)。

表3　两位教师的教案前后对比

相关老师	之前教案的设计重点	改动后的教案的设计重点
袁盼盼 (中班)	以"猜猜我有多爱你"为例: 掌握语言句式"我有多____,我就有多爱你";体会母子之间的爱及温馨情感,在理解绘本时重点介绍这部分内容	以"猜猜我有多爱你"为例: 观察画面信息,寻找故事线索,能够根据前面四幅图的线索猜测后续的故事发展过程;学会语言句式"我____有多____我就有多爱你"
叶克坚 (大班)	以"换一换"为例: 知晓常见动物的叫声;体验小鸡交换声音的乐趣,感受故事的趣味性	以"换一换"为例: 发现故事中小鸡交换声音的规律,并尝试运用规律推测后续的故事内容

第五阶段,指导两位教师落实教案,进行以促进"幼儿阅读中的思维能力"为目标的绘本教学,时间为2020年10月—11月(表4)。

表4　绘本教学

所在幼儿园	老师及班级	主要教学活动及时间(每个绘本平均教学2次)
上海市松江区龙马幼儿园	叶老师,大五班	1. 绘本《一个黑黑、黑黑的故事》的教学,2020年11月13日 2. 绘本《小猪变形记》的教学,2020年11月6日 3. 绘本《逃家小兔》的教学,2020年10月30日 4. 绘本《换一换》的教学,2020年10月23日
上海市松江区泗泾第二幼儿园	袁老师,中六班	1. 绘本《小猪变形记》的教学,2020年10月20日 2. 绘本《棕色的熊、棕色的熊,你在看什么》的教学,2020年10月27日 3. 绘本《猜猜我有多爱你》的教学,2020年11月3日 4. 绘本《好饿的毛毛虫》的教学,2020年11月10日

五、研究成效及后续研究设想

（一）研究成效

总体上看，本研究取得了预期的效果：

第一，找到了绘本教学活动质量低的根源及实践偏差。

第二，提出了绘本教学培育幼儿思维品质的主要指标及具体实践模式。

第三，对相关幼儿园教师的教学理念与实践方式产生了实质性影响。参与研究的教师不仅有了优秀的绘本解读能力，也认识到了绘本教学在培养思维品质及深度学习方面的重要作用，教学理念发生了改变。

第四，对提高和维持幼儿的阅读兴趣及阅读能力都产生了积极的作用。从两位参与研究的教师的相关论文来看，无论是中班还是大班的幼儿，阅读能力及阅读兴趣都发生了显著的变化。他们都意识到绘本有其内在的逻辑，前后有关联，对故事的预测有依据而不是瞎猜，在自主阅读时会有理有据地相互讨论而不会轻易放弃或者不知所措。

（二）后续研究设想

1. 进一步扩大本研究成果的影响

实践证明，本研究达到了预定的目标，但由于研究对象比较少，研究影响不大。可通过与幼儿园合作、对准教师的培养、开展讲座等方式扩大研究成果的影响，发挥对教师及家长的指导作用。众所周知，家长是幼儿成长及各种能力发展的重要促进力量，只有家园合作，加强家庭中科学有效的亲子阅读，才能保证幼儿园教学改革的成效。

2. 以幼儿的思维品质培养为核心，辐射相关问题的研究

（1）理论上，3—8 岁是儿童形成自主阅读的意识和能力基础的关键期，可进一步探索本研究成果对 3—4 岁小班幼儿的适用性及实践模式。

（2）与时俱进，运用摄影、图像等多模态工具来进一步探索幼儿思维品质培育的教学改革，以培养幼儿在数字化时代的读写能力和素养。

（3）探索“幼儿教师语言领域素养指南”，以提升教师的语言教育效能。

（本文也是上海市 2020 年度哲学社会科学项目“提升幼儿思维品质的早期阅读理论与对策研究”研究成果，课题号：2020BYY016）

分析经验型教师与新手教师绘本教学公开课视频，探究幼儿园绘本教学活动的症结

王海澜

（上海师范大学）

一、选择公开课视频作分析的原因

首先，公开课是很典型的集体教学活动，而集体教学具有“促进和引领发展”的功能。语言集体教学活动是幼儿园组织语言学习的重要途径，有着不可替代的作用。

其次，公开课最能反映教师的教学理念及思路，与日常教学中的课例相比，这类课例更能反映出教学中真实存在的问题及教学特点。而公开课中教师重视或者忽略的部分，恰恰是需要认真分析的内容。

所以本文以公开课视频分析作为切入点，探究教师在教学活动中存在的问题。

二、课例选择标准

（一）课例皆是教师精心准备的区级及以上的公开课

公开课经过教师精心组织，最能反映其教学设计理念和思路，也更能反映教学中的问题及教学风格。

（二）授课教师包括新手教师和经验型教师

本研究中，新手教师是指“已经获得教师资格证，任教时间一年以上三年以下，有一定基础但仍需提高的教师。”所谓“有一定基础但仍需提高”，是指这些教师都曾经参加过幼儿园所在城市市级以上的公开课。而经验型教师是指在幼儿园工作五年以上，获得幼儿园高级职称或者所在幼儿园市级以上教学奖励的幼儿教师。

选择这两类教师作为研究对象的目的，是根据幼儿语言教育的根本目的，寻找他们在幼儿语言教学活动中不受教龄或经验影响共同存在的主要问题，从而使阅读指导活动从“浅阅

读”走向深度阅读，真正提高绘本教学的质量，以培养幼儿的思维品质。

（三）课例所用教学材料皆是绘本

第一，语言教育公开课绝大多数是以绘本为素材的阅读指导活动，便于本研究选择合适的案例。

第二，绘本对新手教师而言更容易把控，新手教师与经验型教师的阅读指导水平不至于相差过大，分析更具可行性。

第三，相较于辩论或说明性讲述的语言课，绘本教学更加有助于分析教师对故事完整性及语言丰富性的呈现状况。

（四）课例强调少而精，涵盖了不同的教学风格和侧重点

所选课例，有的属于赏读型，即师幼欣赏图画并讨论；有的属于表演型，即时不时地穿插幼儿表演故事内容的环节；有的属于想象型，即教师时不时地鼓励幼儿根据图画来想象一些内容。

（五）均是2012年《3—6岁儿童学习与发展指南》颁布后的新课例

幼儿教育的基本理念以强调幼儿的主动性、兴趣为主，因此本文所选课例便于我们“窥一斑而见全豹”。

本研究主要分析的课例见表1、表2，教师以其姓氏首字拼音的首音节字母表示。

表1　新手教师授课视频信息(7例)

教师姓氏	课程名称	教学侧重点
X	大班：“两棵树”	帮助幼儿猜想、创编、表演故事内容
Y	大班：“城里来了大恐龙”	帮助幼儿理解恐龙给城市生活带来的变化
WU	大班：“猜猜我有多爱你”	帮助幼儿理解大、小兔子如何相互表达爱
Y	中班：“谁咬了我的大饼”	用教具及游戏帮助幼儿熟悉故事内容
ZH	中班：“月亮的味道”	帮助幼儿理解故事内容及道理
L	小班：“大鱼吃小鱼”	引导幼儿根据图片简单说出故事内容
H	小班：“好饿的小蛇”	帮助幼儿对文中的形状进行联想，以了解故事内容

表2　经验型教师授课视频信息（7例）

教师姓氏	课程名称	教学侧重点
YU	大班：“温情的狮子”	帮助幼儿理解故事内容并体会小狮子感恩的心理
ZH	大班：“蛤蟆爷爷的秘诀”	帮助孩子理解故事并掌握相关词汇
F	大班：“猜猜我有多爱你”	帮助幼儿理解大、小兔子如何相互表达爱

（续 表）

教师姓氏	课程名称	教学侧重点
B	中班："小熊的尾巴"	带领幼儿看图讲述故事并记忆儿歌
H	中班："谁敢嘲笑狮子"	让幼儿了解故事内容并理解其中的道理
Y	小班："好饿的小蛇"	帮助孩子了解故事内容，并学习其中的句式
ZH	小班："我的连衣裙"	引导幼儿了解故事内容、掌握相关的句式

三、研究方法与分析维度

（一）研究方法：视频分析法

为了保证所分析资料的准确性和可靠性，本研究利用数据分析软件 Nvivo 11 分析视频。围绕三个维度，分析两类教师的授课特点及异同，以寻找幼儿语言教学活动中不受教龄、经验差异影响而存在的主要问题，并指出改进的方向。

（二）分析课例的维度

鉴于本课题的研究宗旨以及语言教育的目的，我们从以下三个维度分析课例。

1. 教师是否注重故事的完整结构

故事的完整性指在组织幼儿理解和讲述绘本的故事内容时，教师是否能够清晰呈现故事发展的主线，而不是陷入一些无关紧要的细枝末节中；能否带领幼儿对故事结构（时间、地点、任务、起因、经过、结果）形成整体性的认识；能否帮助幼儿完成对故事相对完整的讲述。

众所周知，一个好故事有诸多作用：可以培养孩子的判断力、想象力；可以培养孩子预测与反思的能力，而不仅仅是对单幅图片指认的阅读能力；还可以矫正孩子的失衡行为。但要获得这些效果，教师在故事教学中最应该做的就是不要陷入故事的旁枝末节，因为过细的或者不相干的提问会干扰故事自身所营造的氛围，使故事变得模糊不清，孩子能记住的也只是零碎的片段，更无法获得故事内在关联的发展线索及问题解决策略。教师只有非常好地编排问题的顺序、结构，才能向孩子展现书本内容的全貌。此外，整体阅读一本书的能力是幼儿所有阅读技巧、策略的基础。无论阅读教学活动的目的是促进幼儿何种阅读经验，完整阅读都十分必要。是否有相对清晰的故事结构，是评价绘本教学活动有效促进幼儿预测和反思的重要指标。

2. 故事转折之处教师是否给予了有效的引导

研究表明，教师在故事情节转折之处的引导支持，对孩子有两方面的作用：第一，教师通过展示思维的过程，示范了预测、反思、质疑等基本的阅读策略；第二，教师通过鼓励幼儿"出声思考"，促进幼儿元认知的发展。更重要的是，预测、反思、质疑等基本的阅读策略，必须由教师直接指出和干预幼儿，而不是隐藏在教学过程中让幼儿自己去领悟，如此才能达到最好的效果。研究也证明，若教师在阅读指导活动中引导孩子的元认知意识(让孩子知道自己要学什么、怎么学)，会提高学习者在这些任务上的表现和成就水平。

教师对幼儿提供的支持是否有效，可从两个方面来看：

一是在课堂中，当幼儿表述遇到了困难时教师是如何用语言给予引导和帮助的，教师所提供的支架是否有效。如，对幼儿的提示是停留于“好好想想”，还是提出“前面小兔子举手表示他的爱，现在他的动作是什么？表示什么？”

二是在故事的转折之处，教师给予幼儿的提示能否让幼儿明了前后文之间的内在关联，从而作出合理的预测和推理。

3. 教师所使用的词汇是否丰富

一方面，在我们日常的观念里，教师所使用的词汇是否丰富与幼儿思维品质的培养没有必然关联；另一方面，目前的语言教育活动比较重视师幼之间口语化的交流及幼儿的参与度。教师讲述故事时使用的词汇是否适当，词汇的变化和替换是否多样等，很容易因为非教学重点而被忽视。其实大量的研究反复证明，幼儿听到的和知道的词汇越多，在小学一年级及以后阶段的表达能力和阅读能力越强。不仅如此，数据表明，语言的数量增长推动着语言的质量提高，正所谓3000万词汇能塑造孩子更强大的学习型大脑，也带来阶层的形成和固化[①]，美国著名的高瞻课程就把“词汇：幼儿理解并使用不同的单词和短语”作为幼儿语言学习的关键性指标[②]。综上所述，教师的词汇使用状况也是本研究的重点。具体来说，本维度重在分析：

第一，教师是否有意识地强调或者适当解释了故事中原有的重要词汇。

第二，是否在适当的时候补充故事中原有词汇的近义词或反义词等。对近义词和反义词进行归纳和比较，本身就有助于幼儿高级思维能力的发展。

四、研究结果

我们利用数据分析软件Nvivo 11分析视频并细心梳理后，总结了新手教师和经验型教师在上述三个维度的表现情况(表3)。

表3　新手教师和经验型教师在三个维度上的教学情况(单位：课例数)

各维度上的表现 \ 教师类型		新手教师	经验型教师
维度一：故事的完整性	没有提炼故事发展的要素	7	7
	“从整体到部分”讲述情节	2	1(有回顾)
	“从部分到整体”讲述情节	5(含2课例有回顾环节)	6(含1课例有回顾)

① 萨斯金德等.父母的语言：3000万词汇塑造更强大的学习型大脑[M].北京：机械工业出版社，2020：37.

② 爱泼斯坦.语言、读写和交流：关键发展指标与支持性教学策略[M].北京：教育科学出版社，2018：77，14.

（续　表）

教师类型 各维度上的表现		新手教师	经验型教师
维度二：故事转折之处的支持	明确提示可从前文推测后文	5	7
	提示可从后文推测前文	0	2(暗示非明示)
	没有或偶尔才提示如何预测	2	0
	关注到故事的结构和走向	0	1
维度三：词汇的丰富性	对核心词汇没有重点解释	6	6
	没有拓展相关的新词汇	7	5

具体说来，主要存在以下问题：

（一）故事的完整性：故事情节多被分散讲述，少有故事回顾环节

1. 都倾向于把整个故事情节分散讲述而非集中讲述，多细节提问

通过对两类教师 14 节课例的分析，我们发现：教师对绘本故事主要有两种教学方式：一是"从部分到整体"，把故事情节一步步分解到整个教学流程。共有 5 位新手教师和 6 位经验型教师采取了这种方式。二是"从整体到部分"，先基本完整地讲述故事情节，然后再引导幼儿回忆具体细节。只有两位新手教师和 1 位经验型教师采取了这种方式，而且，教学中也存在提问过细、喧宾夺主的问题，导致孩子只知晓零碎的细节而非故事的内在走向和逻辑。

2. 都没有专门提炼或者直接指出故事发展的整体结构

两类教师的 14 个课例中，都没有专门提炼或者直接指出故事发展的整体结构，如时间、地点、起因、经过、结果等。

3. 大多缺乏故事回顾环节

是否有回顾环节，对幼儿反思能力及元认知能力的发展极为关键。14 个课例中，只有两位新手教师和两位经验型教师在教学结束时，带着孩子回顾了完整的故事情节，其余的 10 个课例皆无。

（二）故事转折之处的支持：侧重于从前向后的单向预测，很少引导幼儿关注故事的内在关联

从课例来看，两类教师在故事情节转折之处的引导，主要表现出如下特性：

1. 整体上都能够引导幼儿从前向后适当猜测故事发展，其中经验型老师的引导更为到位

从 14 个课例看，经验型教师与新手教师处理故事转折的思路相同，都通过提问、观察图片等方式，引导幼儿根据前文内容猜测后续的故事发展。

2. 都是从前向后的正向预测，几乎没有从后往前的反向推理

如“猜猜我有多爱你”课例中，文中语言是“我跳得有多高，我就有多爱你”，但从图画可解读的信息看，还可以是“我跳得有多少，我就有多爱你”，“我跳得有多远，我就有多爱你”。那么对不识字、主要依靠读图来理解的幼儿来说，哪种理解更适当？这就需要从后文反向推测。但两类教师都没有有意识地引导幼儿尝试这类思考方式和阅读策略。

3. 基本上都缺乏对故事结构及内在走向的引导

新手教师都没有很好地引导幼儿关注故事的内在关联，而经验型教师也只有1位在“我的连衣裙”阅读指导活动中给幼儿提供了预测故事内在逻辑的立足点和抓手。

师：原来这条裙子是一条会变魔术的裙子。小兔子只要走到哪儿，看到什么，觉得很漂亮，裙子就会变出什么来。小兔子觉得这条裙子真神奇，它说，我还要继续往前走。它走进森林里，大家猜一猜这回裙子会变成什么样子？

幼：大树裙子/树叶裙子。

（三）词汇的丰富性：两类教师没有明显的差异，都较单一

首先，对绘本中的词汇，教师多是重复幼儿的解释而很少自己提出解释。同时，即使是绘本中的核心词汇，教师也很少去专门强调或者提示。如，《两棵树》是一个很有诗意也很温馨的故事，其中“盛开鲜花”“落满雪花”“丰富多彩”“攀升”“相互交叠”等词汇都很贴切、优美，但教师在教学中并没有专门强调或者引导幼儿去关注它们。其余课例也类似。研究证明，“在阅读中阐释生词”，无论是即时测试还是3个月后的再测试，与“只阅读不阐释生词”的做法相比，都体现出对孩子的词汇获得有显著影响[①]。阅读中成人提出问题的类型对幼儿词汇学习的重要性不如幼儿积极参与讨论新词语。总之，和孩子讨论书中的新词非常有必要。

其次，教师几乎都没有拓展新词或进行归纳。如，不会有意识地将“五颜六色”拓展为“色彩缤纷”“五光十色”等。活动中，幼儿自己用“伤心”“难过”“孤单”“孤独”等词语表达了与好朋友不能相见的心情，这些词语都非常恰当，遗憾的是教师都没有及时给予强调或者归纳。

可见，更多的工作经验并不能保证教师的教学效能更强，经验型教师与新手教师存在同样的问题：都偏向对单幅图片细节的解读而忽略了对整个故事的关注，使孩子难以形成完整的解读思路；鲜少解释重要词汇，也很少拓展相关词汇，从而影响了孩子归纳、比较等思维能力的养成；在故事情节的转折之处，都没能有意识地引导幼儿关注情节的内在逻辑，使幼儿难以形成合理预测与质疑的意识与能力。总之，我们应从这些方面入手，进行有效的改革。

---

① 崔利斯. 朗读手册[M]. 北京：新星出版社，2016：97.

提升5—6岁幼儿故事图式建构能力的绘本教学实践研究

叶克坚

（上海市松江区龙马幼儿园）

一、问题的发现及原因分析

（一）问题发现

上海市松江区龙马幼儿园是上海市二级园，培养幼儿的早期阅读兴趣及阅读能力一直是幼儿园的常规工作。但通过观察5—6岁幼儿的日常阅读和绘本集体教学情况，我们发现，幼儿普遍存在阅读质量较低的问题，主要表现在以下方面：

1. 瞎猜现象明显，不会合理预测

通过画面解读故事内容是绘本阅读的基本能力，故事续编和创编是绘本集体教学活动中的常见环节，但很多幼儿在此环节要么重复其他幼儿的表述，要么对画面内容和故事发展随意猜测。

2. 阅读时缺乏专注力和耐心

幼儿自主阅读时随意翻阅的现象比较明显，遇到不感兴趣的内容便会直接翻页或者换书；易受同伴和外部环境的影响，难以完整读完一本绘本。由此可见幼儿阅读的专注力和耐心都有待提高。

3. 自主阅读的兴趣不足

在区角活动和自由活动时选择阅读的幼儿始终偏少，说明幼儿阅读兴趣不高。

4. 集体教学效果短暂，阅读经验迁移能力不足

在绘本集体教学活动中，大部分幼儿在教师的引导下，通过观察画面，能解读绘本的重要内容。但脱离教学情境和教师引导之后，幼儿的阅读能力又回到原有水平，难以灵活迁移并应用习得的阅读策略和技巧。

（二）原因分析

参与本课题的研讨后，我们找到了导致幼儿阅读能力发展不足的原因：

1. 教师的认知存在较严重的偏差，没有充分关注幼儿阅读能力培养的问题

绘本是幼儿园语言教学及幼儿日常阅读的必备材料，但教师一方面受到“儿童中心”“阅读兴趣至上”等观念的影响，另一方面缺乏对幼儿思维品质培养重要性的充分认识，在绘本教学活动中更多关注其语言价值、艺术价值和道德价值等，没有意识到思维示范、阅读策略引导等对幼儿发展的重要性，使幼儿缺乏建构绘本的故事图式的意识及能力。

2. 家长缺乏高质量绘本阅读的意识及指导能力

虽然家长都很重视幼儿的早期阅读问题，但他们不是幼教专业人员，加之受到幼儿园教学观念的影响，很多人都认为阅读属于低结构活动，或是孩子个别化活动的一部分，并不需要专门强调阅读数量和阅读质量，因此亲子阅读活动随意性很强，收效甚微。

总之，参与教研的幼儿的阅读水平距离《3—6岁儿童学习与发展指南》等提出的要求有一定差距。本轮教研活动强调教师引导幼儿在绘本阅读中关注故事图式建构，梳理故事脉络，提升阅读能力和思维能力。

二、教改活动方案的设计

（一）教改的目的：提升幼儿的故事图式建构能力

1. 故事图式的含义

图式是一种具有概括性的结构或者组织，可以从一种情境迁移到相同或类似的情境。故事图式就是故事的内在结构和整体框架，是故事的主干。故事图式建构能力则是指一种心理结构和加工机制，它是由反映故事内部结构的期待构成的。故事由开始、发展和结尾组成，故事结构往往有规律可循，读者才能预测故事的发展。

2. 故事图式建构能力对幼儿阅读能力的培养具有重要意义

故事图式会影响儿童对故事内容的理解和记忆。研究表明，若故事的层次结构不易识别，或者故事的结构被破坏，或者读者没有形成合适的图式，则读者事后就很难很好地回忆或理解所读内容。同样，即使读者具有合适的图式，但作者在文本中没有提供足够的线索，则读者所具有的图式也不能活动起来。而读者若形成了较好的故事图式建构能力，则更容易联结故事的各个部分、把握故事结构，形成更好的阅读能力。对幼儿来说更是如此。

3. 幼儿的故事图式建构能力受到年龄和经验等因素的影响，需要专门学习

研究表明，虽然故事图式反映了故事结构的规则，但形成故事结构的规则并不能直接转变成读者心理上的结构。换言之，对于故事图式这种心理结构和加工机制，读者难以自发地

建立，需要环境提供充足的信息。5—6岁幼儿应具备建构较为完整的故事图式、捕捉画面中隐含的信息、讲述逻辑严密的故事的能力。但实际上，因为成人支持的力度不够大，很多幼儿都距离这一目标较远。

鉴于此，本次教改的目的就是通过故事图式意识的建立，来培育幼儿的思维品质及阅读能力。

（二）教学材料的选择及缘由

本次教研活动选择的绘本为《逃家小兔》《一个黑黑、黑黑的故事》《小猪变形记》《换一换》。这四本绘本有一个共同点：具有鲜明的故事图式。故事内容和故事结构都隐含一定的规律。

《逃家小兔》围绕两只兔子的对话展开，即"如果你变成________，我就变成________"。小兔子想象自己变成各种不同的人或物来逃离大兔子。同时，大兔子针对小兔子的每一次逃跑，都见招拆招地找回小兔子。譬如，小兔子变成山上的石头，兔妈妈就变成登山人去找小兔子那块石头；小兔子变成小鳟鱼，兔妈妈就变成捕鱼人找回小兔子。"石头和登山人""小鳟鱼和渔夫"，两者相互对应。这样的设计，为后续故事的发展埋下了线索。

《一个黑黑、黑黑的故事》以模拟摄像的形式将故事内容分隔成一个个连续的画面，从荒野到森林，再到城堡、大门等，连续的两幅画面间依靠共同的事物来连接。换句话说，书中的每一幅画面都为下一页的故事作好了铺垫，每一页的故事都在前一页的基础上发生，关联性极强，但是这种不经意的关联需要幼儿在内容丰富的画面中仔细发现和寻找。该书的内容和语言都具有一定的规律。在内容上，前一页为后一页作铺垫；在语言上，具有重复性和韵律感。

《小猪变形计》在故事情节的发展上有明显的提示。该书讲述的是一只感觉生活极其无聊的小猪，为了寻找刺激和乐趣，做出一系列让人啼笑皆非的举动，如扮长颈鹿、斑马、大象、袋鼠、鹦鹉等。它每遇到一个小动物，总能发现别人的优势，并渴望变成他人，因此不停地变形。可是每一次变形之后，总会被别人识破或嘲笑，使它放弃刚刚获得的乐趣。

《换一换》讲述的是小鸡与其他动物交换叫声的过程。小鸡先后遇到了小老鼠、小猪、小狗等动物，小鸡的叫声也随之变换成相应动物的叫声。此外，其他小动物的叫声并不是都变成小鸡的"叽叽"声，而是前一个出场的动物的声音。这本绘本除了故事内容隐含规律外，画面中都只出现动物的叫声词汇，语言具有统一性。

（三）教案的设计

围绕本次研究的目标和教研目标，结合四本绘本的具体内容，我们对四次集体教学活动方案作修改和调整。

1. 调整活动目标，将引导幼儿发现故事的内在结构作为重点

首先，将活动目标从前期的"突出情感、句式训练"等调整为"引导幼儿发现故事的内在结构"，具体调整情况见表1。

表 1　教案目标设计的调整

绘本	研究前教案目标设计重点	研究中教案目标设计重点
《逃家小兔》	1. 观察画面，理解故事内容 2. 感受妈妈对宝宝的爱，并用语言和动作来表达自己的感受	1. 细致观察画面，发现兔妈妈和小兔子角色之间变化的关系，并对角色的对话作推测 2. 感受妈妈对宝宝浓浓的爱意
《一个黑黑、黑黑的故事》	1. 观察画面内容，理解故事发展情节，大胆表达看法 2. 发现绘本中的语言规律，结合故事内容进行语言创编 3. 感受黑黑的紧张氛围及戏剧性结尾，克服怕黑的心理	1. 观察画面，发现前后两幅画面之间的关系和隐藏的线索，尝试推测后一幅画面的内容 2. 发现其中的语言规律，结合故事内容进行语言创编 3. 感受黑黑的紧张氛围及戏剧性结尾，克服怕黑的心理
《小猪变形记》	1. 能运用"我是了不起的……我会……"的句式讲述故事 2. 体会小猪的心理变化，明白"做自己最快乐"	1. 依据前面的故事发展推测小猪下一个变形对象 2. 体会小猪的心情变化，逐步明白"做自己才是最快乐"
《换一换》	1. 理解内容，了解不同动物有不同叫声，并乐意模仿 2. 参与表演，感受故事趣味	1. 依据小鸡交换声音的规律来预测后续故事发展情节 2. 感受小鸡换声音的乐趣

2. 重新调整教案的重点问题，以突出对故事结构的思考过程

教案具体调整情况见表 2。

表 2　教案的调整

绘本	之前的教案	调整后的教案
《逃家小兔》	1. 谈话导入，介绍角色 2. 理解故事 师：小兔为啥要跑走？妈妈怎么做？ 小结：妈妈知道宝宝最喜欢吃胡萝卜，所以这根胡萝卜是妈妈的爱。 3. 感受兔妈妈的爱 师：兔妈妈为什么一次又一次地去追小兔子呀？ 师：你们的妈妈爱你们吗？她们是怎么爱你们的？	1. 封面介绍 2. 重点引导幼儿阅读第 1～第 4 幅图，理解情节走向 3. 比较某情节与前一个情节的异同，帮助孩子发现故事的内在走向 4. 总结 师：小兔变了几次？分别变成什么？妈妈呢？这几次变化之间有什么共同之处？ 师：小兔最终回到了哪里？为什么？

（续 表）

绘本	之前的教案	调整后的教案
《一个黑黑、黑黑的故事》	1. 观察封面，引出话题 师：你们听过黑黑的故事吗？ 2. 看绘本，聊感受 (1) 集体阅读绘本 师：你看到了什么？会发生什么事呢？ 教师根据幼儿回答，帮助孩子理解画面内容 (2) 熟悉“在一个黑黑、黑黑的……有一个黑黑、黑黑的……”的句式 (3) 分组阅读并用固定句式讲述故事内容 3. 欣赏完整故事	1. 出示封面，引出话题 师：猜猜看，这个故事发生在哪里呢？故事的主人公又会是谁呢？” 2. 故事欣赏 (1) 寻找线索：引导幼儿对比欣赏前三幅画面，并总结画面里的线索 小结：这三幅画面藏着一个秘密，前一幅画中能找到黑猫接下来要去的地方 (2) 图式故事走向：荒野—森林—城堡 (3) 猜测故事，验证猜想 师：小猫接下来会去哪呢？为什么？ (4) 回顾全文
《小猪变形记》	1. 观察封面 2. 故事欣赏 (1) 观察画面，体会小猪心情 (2) 小猪变形的对象及原因 (3) 丰富句式“我是了不起的……我会……” (4) 揭示结局 2. 联系生活 师：不快乐的时候你们会怎么做？	1. 猜想封面，引出故事 2. 开始“变形” 阅读前两个情节，引导幼儿思考问题 师：小猪最先变成什么？怎么变的？然后呢？为什么？ 3. 想象故事，总结小猪变形过程的内在走向 师：猜小猪又会变成什么？为什么？ 4. 幼儿自主阅读 鼓励幼儿根据最后一个情节及变形图推测小猪又会变成什么
《换一换》	1. 人物导入 2. 看一看、学一学 (1) 出示动物图片，学习动物的叫声 (2) 听故事，激发幼儿阅读兴趣 3. 玩游戏 (1) 换声音 (2) 换名字 4. 欣赏故事完整	1. 出示各种动物图片，让幼儿识别 2. 故事阅读与欣赏 (1) 欣赏第1～第4幅画面，明白事件：和其他动物交换叫声。 (2) 继续阅读，引导孩子发现和总结“换叫声”的规律 3. 自主阅读与游戏 (1) 猜猜书名 (2) 教师和一名幼儿做示范游戏 (3) 幼儿相互合作，尝试“换名字”游戏

三、具体的教学过程

围绕研究目标“引导幼儿发现绘本中的故事图式，培养幼儿的自主阅读能力，提升幼儿的思维能力 ”，开展了四次集体教学活动，主要通过以下几种方式引导幼儿关注故事图式。

1. 从前文的故事线索推测后文的故事发展走向

故事中会隐藏很多线索，通过这些线索可以预测和判断故事后续发展和情节走向。譬如在“小猪变形记”的教学中，教师引导幼儿通过上一个片段的故事发展推测小猪下一个变形对象。

师：为什么小猪要当长颈鹿啊？

生：因为它觉得当长颈鹿很好玩。

师：它会不会一直做长颈鹿呀？

生：不会。

师：它又变成了什么样？

生：斑马。

师：为什么呀？

生：因为它觉得长颈鹿的生活不好。

师：它也可以变成别的动物，一定要做斑马吗？它在变成长颈鹿的时候遇到谁了呀？

生：斑马。

师：是的，因为它遇到了斑马，觉得当斑马的生活肯定有意思。它后来一直当斑马了吗？

生：没有。它变成了大象。

师：它为什么又当大象了呢？

生：因为它遇到了大象。它觉得斑马的生活也不太好。

教师在教学过程中不仅要引导幼儿关注小猪的变形对象和变形过程，而且要重点让幼儿解决“小猪为什么要选择变成长颈鹿，而不是其他动物”的问题，引导幼儿发现其真正的原因是“小猪会变成长颈鹿，是因为它之前遇见了长颈鹿”。

2. 重点解读封面和扉页，引导幼儿关注故事发展脉络

一些绘本的封面和扉页都隐含重要信息，这些信息暗示了故事的发展脉络和走向。譬如“小猪变形记”教学活动，在活动开始前，教师先让幼儿欣赏绘本的扉页，认识各种动物，并让幼儿描述这些动物的特征。这是为了帮助幼儿在后续的活动中对小猪的换装提出有效的意见，引导幼儿思维在合理的基础上发挥。另一方面，扉页暗示了各种小动物出场的顺序，也就是小猪变形的顺序，有利于幼儿对后文作出合理的推理和预测。

师：小朋友们，你们看看小猪在干吗呀？（出示绘本封面）

生：哈哈，它给自己绑上羽毛了。

师：为什么要绑上羽毛呢？

生：也许它想做一只小鸡

生：小鸟也有羽毛，可能它想做小鸟吧！

这段对话旨在引导幼儿观察小猪到底要做什么事情，为后续推测故事发展奠定基础。

师：这幅画面上有哪些动物呢？（出示扉页）

生：有大象、长颈鹿、斑马、小鸟和两只小猪。

师：你们先来说一说长颈鹿有什么样的特征。

生：长颈鹿有长长的脖子。

生：斑马有条纹。

生：大象有长长的鼻子。

生：袋鼠用他的腿跳得高高的。

生：小猪有圆圆的肚子和大大的鼻子。

生：小鸟会飞。

生：小猪希望自己有这些本领。

师：这些动物排得很整齐，它们是如何排队的？

生：小猪、长颈鹿、斑马、大象、袋鼠、小鸟，最后又是小猪？

师：对哦，为什么最后又是小猪呢？

生：不知道。

师：那我们去故事里找找看吧！

这段对话中，教师有意识地引导幼儿"通过观察动物排队顺序来关注小猪后续变形的顺序"。

3. 关注"以什么方式来结束故事"

随着四次绘本教学活动的进行，幼儿逐渐能够自己发现故事发展规律，有意识地寻找规律并应用于对故事后续的预判和推测中。譬如在"换一换"的教学活动中，发生了如下对话：

生：小鸡和妈妈见面之后，应该也要交换声音呀。

生：对的，小鸡应该变成"咯咯哒"，鸡妈妈变成"嗯嗯"。

师：你们说得很有道理，小鸡为什么不和妈妈交换声音呀？

生：这本书肯定写错了。

让孩子意识到以何种方式来结束故事，这与教师的终极教学目标不谋而合。《换一换》的故事，是以交换声音来结束，还是以鸡妈妈的关心来结束呢？幼儿在前半段绘本教学的引导下，对故事结束的方式产生了疑问。

4. 突出故事的结构，引导幼儿发现内在逻辑并学会迁移

四本绘本的语言、内容或结构都有规律，在对这四本绘本的集体教学活动中，教师有意识地引导幼儿发现和关注绘本的内在结构，并在后续的阅读中鼓励幼儿学会迁移和应用。譬如在"逃家小兔"的教学过程中，教师可引导幼儿发现大兔子和小兔子变换的角色彼此呼应。

师：小兔子在河里会变成什么呢？

生：小鱼。

师：妈妈如果要追回小兔子，兔妈妈会拿什么工具呢？

生：捕鱼网！

生：捞鱼的工具。

师：去捞鱼的人叫什么呀？

生：渔夫。

师：是的呀，兔妈妈果真变成渔夫去钓鱼，而这只鱼是小兔子变的。（教师出示彩色画面）

师：我们继续往后看，大兔子背着包、拄着拐杖去干吗呢？（教师出示彩色画面）

生：她要去远行。

生：她要去爬山。

师：为什么要去登山？

生：因为兔妈妈要去追小兔子，小兔子可能要变成山上的一棵树。

生：不是，小兔子变成山上的小草。

师：你们的想象力真丰富。那我们一起来看看，小兔子会变成什么呢？

师：小兔子变成了高山上的一块石头，兔妈妈要去变成爬山人找回小兔子。

在后续自主阅读环节，教师将大兔子的每一次变化的图片分发给幼儿，让幼儿根据大兔子的行为猜测小兔子变成什么。从最后幼儿讲述故事的情况来看，大部分幼儿能关注到大兔子和小兔子所变的角色之间的关系，并较为合理地讲述。这也说明幼儿能将发现的故事图式进行迁移和应用。

5. 重点解读某几幅画面，引导幼儿发现故事内在结构

四次集体教学活动的共同之处：每次活动的前半段，都会对绘本中的几幅画面作重点解读。解读目的是引导幼儿发现绘本的内在结构。

如在“逃家小兔”教学活动中，教师和幼儿重点解读前 5 页，引导幼儿观察画面的内容，让幼儿理解图画中小兔子变身的原因和兔妈妈变身的原因。在随后的 6～10 页中，以提问的方式来检验幼儿是否理解前文的内容，让幼儿对比前几幅图画中的语言和故事结构，引导幼儿发现绘本的内在结构。将幼儿的思维逐步引至这个方向后，让幼儿根据前文所获得的结构，推测和理解整个绘本的内容。

在“一个黑黑、黑黑的故事”教学活动中，教师不仅对前 6 页的画面逐页解读，还引导幼儿细致观察，发现连续画面的相同点。

师：在这个黑黑、黑黑的大厅里，你们发现了什么？（出示第 5 张跨页）

生：大厅里有几个很破旧的石像。

师：除了石像还有什么呢？

生：还有爬楼梯的小黑猫呢。

师：你们的眼睛真亮呀！我们继续看看接下来的故事。（出示第 6 张跨页）

师：你们看到了什么？

生：很干净的楼梯。

生：还有刚刚那只黑猫。

师：哇！你们观察得真细致，竟然发现了两幅画面的相同之处。是的，在大厅里面，有一段黑黑、黑黑的楼梯。

师：那你们猜猜看，黑黑、黑黑的楼梯后面，会是什么呢？会不会在这幅画面中也能找到呢？

本轮教研活动始终围绕着既定目标，选择了适当的教学方式：通常在绘本的开始部分采用师幼共读的方式，由教师引导幼儿识别故事的结构；在绘本的后半部分，让幼儿自己解读故事内容，鼓励幼儿使用已获得的故事的结构并迁移和应用。

四、教学的成效及建议

（一）教学成效

1. 幼儿建构故事图式的能力显著提高

随着教学活动的深入，幼儿对故事发展规律越来越敏感，能较为快速地识别和建构故事图式，并将已经习得的规律迁移和应用到后续阅读活动中。对比“一个黑黑、黑黑的故事”和“小猪变形记”这两次集体教学活动，效果十分明显。“一个黑黑、黑黑的故事”集体教学活动共 33 名幼儿参与，在第 6 个跨页前，没有幼儿发现绘本的内在结构，在后续的故事中，只有十几名幼儿能根据发现的故事结构阅读和进行语言创编。而参与“小猪变形记”集体教学活动的 30 名幼儿中，有 25 名能快速发现小猪变形的规律，即“小猪遇到谁，它就想变成谁”，所以“当小猪遇到斑马”之后，幼儿能立马意识到“小猪接下来要放弃当长颈鹿，想变成斑马”。

2. 幼儿自主阅读中掌握阅读策略和迁移的能力明显提升

在教学活动尚在进行中时，一些幼儿就已经有了主动“寻找故事结构”的意识和基本能力，而且有意识地迁移到自主阅读中。例如在自主阅读班级投放的《爷爷一定有办法》一书时，大部分幼儿都发现了“阿文的小毯子越变越小”，“毯子—外套—背心—领带—手帕—纽扣”的故事结构，并借助发现的故事图式对后面的情节发展作出合理的预测。细心的幼儿还发现了小老鼠一家的变化，进而创编了《小老鼠家的故事》。这说明，幼儿面对没有集体教学活动支持的绘本，也能够根据掌握的阅读策略，发挥自己的思考能力，对故事作合理预测和判断。

（二）建议

1. 应反复多次、完整地展示故事图式，以帮助幼儿建构故事图式

完整的故事图式让抽象思考变得形象具体，有助于幼儿发现和识别绘本中隐藏的内在结构与规律，促进归纳、总结等思维能力的发展。老师应适当摘取书中的关键要素或者再创造，并按故事发展脉络排列。

同时，因为幼儿集中注意力的时间有限，关注的范围也不够广（即使是大班幼儿，能持续关注的时间也不足 15 分钟），所以老师在教学中及教学后要多次重复主线。

2. 在关注故事图式的过程中要给予幼儿充分的想象空间

在本轮教研活动开始时，有其他教师及家长表示疑惑：幼儿会思考了，“理性”的阅读能力提高了，那么他们对绘本内容的想象空间是不是就小了？想象不再那么天马行空了？想象力的发展岂不是受阻了？

实践证明，重故事图式构建的绘本教学并没有对幼儿的想象力发展产生不良的影响，但我们仍然要注意避免陷入过于僵化的套路，以免禁锢幼儿的思维。有效的做法包括：引导幼儿关注同类绘本的关联，也比较两者的相异；在故事情节的转折处或者结尾，鼓励幼儿设想各种可能性。

3. 在家庭教育中普及构建故事图式的绘本阅读方式

家庭教育的投入与幼儿学习品质的发展显著相关。幼儿园更应同家庭形成教育合力，家园同步，帮助幼儿养成发现和探索故事图式的思维习惯。

引入思维导图，提升 4—5 岁幼儿思维品质的绘本教学实践研究

胡婷婷[1]，王海澜[2]，袁盼盼[3]

（1. 山东省胶州市第三实验幼儿园；2. 上海师范大学；3. 松江区泗泾第二幼儿园）

一、研究背景

（一）4—5 岁幼儿的阅读现状令人担忧

上海市松江区泗泾第二幼儿园一直秉持阅读兴趣及阅读能力皆需从幼儿时期培养的宗旨，非常重视阅读环境的创设，努力推动阅读指导活动。家长非常认同早期阅读对幼儿发展的意义，家庭藏书很多，而且三分之二以上的家长都能坚持每天给孩子阅读。一天阅读 1 本绘本，或者每周阅读 3 本左右的情况比较普遍。各个班级里都有图书角，幼儿园也有图书室。每个班级每两周去一次图书室，让孩子集中自主阅读，每次一小时左右。除日常的语言集体教学活动之外，带班老师有时也会利用孩子午休前的时间给孩子讲故事。但我们发现，三分之二以上幼儿的阅读状况令人担忧：

第一，假阅读现象比较明显。喜欢拿着书玩，来回翻页，或者停留在对图画的指认上，或者只是寻找自己熟悉的角色，而不怎么看具体内容。

第二，缺乏自信，轻易放弃。对于自己稍微不熟悉的内容，就轻易放弃或者直接找老师讲，而不知主动思考或相互帮助。

第三，投入力度不够。阅读时，时而动一下椅子，时而动一下身边的小朋友，时而发呆看向窗户外面，难以做到专心致志地按照一定节奏耐心读完整本书。

总之，幼儿阅读兴趣不高，没有养成良好的阅读习惯，难以自主自发地阅读；阅读时对绘本仅停留在最表面的浅层了解，缺乏阅读技巧与深层思考。

经过课题组研讨和交流，我们找到了上述问题的主要原因：

一是老师缺乏明确的幼儿阅读能力培养的目标意识。在“反小学化”运动的背景下，加上受到“幼儿主体”“素质教育”等教育观的影响，教师在绘本教学过程中普遍存在“重兴趣和参与，轻能力培养”的问题。

二是教师绘本教学能力不足。绘本教学应该达到什么目标，哪些步骤是必须坚持的，教

师对这些问题并不十分清楚，因此实践效果大打折扣。

（二）如何改进：引入思维导图的必要性

思维导图是可视化呈现形象思维和直观思维过程的图解工具，主要有8种类型（图1），此外还有不同的变式，实践中可灵活运用。8种思维导图就像8个工具，分别对应人的8种思维过程，能够促进学习者对自我学习方式的了解和优化（元认知）。研究表明，思维导图通过将故事发展脉络及成人阅读时的思维过程具象化，有助于幼儿习得成人的思维策略，从而更好地理解故事内容，获得阅读的成就感和满足感。

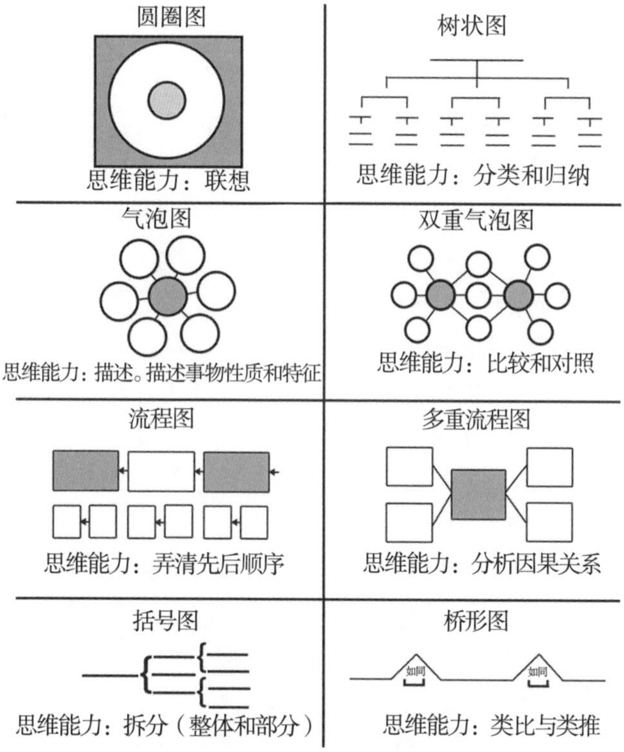

图1　思维导图的主要类型及作用

4—5岁的幼儿，思维处于具体形象阶段，受生理条件限制，他们很难处理复杂、抽象的内容。若教师只是通过语言来强调绘本故事的线索，而不是用导图的方式来直观地呈现，那么幼儿很难依靠抽象思维在脑海中想象出绘本的逻辑结构。我们尝试探究在绘本教学中采用思维导图来提升中班幼儿的思维品质及阅读能力。

二、研究方案设计

（一）明确改革的目的

本研究的目的是在绘本阅读教学活动中，通过思维导图的方式引导幼儿关注故事结构、思考逻辑规律，鼓励幼儿依据此规律对后续故事情节作解读和预测，继而在阅读中形成下意识观察并思考绘本逻辑结构的习惯，并将此习惯迁移到其他阅读活动甚至学习与生活之中。最终达到激发并维持幼儿阅读兴趣、拓展幼儿认知范围的基础目标，进一步实现培养幼儿阅读能力和思维能力的本质目标。

教学中重点关注幼儿以下方面：第一，是否能理解完整的故事；第二，是否有预测的意识及推理是否合理。理解故事的能力以幼儿看图会意和回忆故事脉络结构为评价标准；预测后文的能力以幼儿通过线索推测后续情节发展的准确度为评价标准。

（二）确定合适的绘本教学材料

由于本次实验对象之前尚未接触思维示范的阅读方式，还未形成故事结构的概念，绘本教学材料选择了结构明显、内容相对简单的绘本：《棕色的熊、棕色的熊，你在看什么？》《猜猜我有多爱你》《好饿的毛毛虫》《小猪变形记》。

内容方面，所选绘本都能引起幼儿兴趣，与幼儿实际生活经验有联系且符合中班幼儿发展水平，难易程度适中。

结构方面，故事结构都具有一定的重复性，比如情节重复或语言的重复；故事情节具有明显的可预测性，如可根据前文推测后续情节，或者可根据后文推测前文的故事情节。

《小猪变形记》主要讲述认为生活十分无聊的小猪因寻求乐趣与刺激不断装扮成其他动物，但最终发现还是做自己最幸福的故事。故事情节的重复性体现在：小猪每遇见一种动物，就会想装扮成该动物，这也是绘本隐含的故事主线。故事中的动物属于幼儿认知中的常见动物，符合幼儿的生活经验。

《棕色的熊、棕色的熊，你在看什么？》情节简单，脉络清晰。通过观察正文前两幅图画便可发现规律：上一幅图“被看到的动物”便是下一幅图“被提问的动物”，任意两幅相邻画面之间由这一问一答连接。同时此绘本明显在语言的重复性以及图画颜色上也作了巧妙设计，因此绘本教学活动在侧重思维示范的同时，也应将这些内容融入其中。

《猜猜我有多爱你》讲的是小兔子和大兔子通过各种方式表达对对方的爱，并相互比较谁的爱更多一些的温馨故事。故事一开始，小兔子借助张开双臂的长度表达对大兔子的爱，大兔子也张开双臂给予回应；之后小兔子举高手臂，大兔子同样举高手臂表达自己的爱。由此可以推测出此故事的规律为：两只兔子表达爱的方式相互对应。故事从第四个环节开始出现转折，这就需要读者在发现故事发展规律的同时转换思路，如此方能推测出后续的故事情节。

《好饿的毛毛虫》讲的是毛毛虫从周一到周日吃不同的食物，最终变成蝴蝶的故事。阅读正文前四页即可发现毛毛虫的食物数量与当天星期几相关。但星期六时，故事出现转折，虽然食物数量仍与星期几对应，却不再囿于单一的水果种类，而是列出了 6 种幼儿日常生活中随处可见的食物，如苹果、蛋糕、香肠等。周一到周日觅食规律性的重复有利于激发幼儿主动探索故事结构的兴趣。

（三）围绕思维示范及能力培养的目标重新设计教案

1. 明确教学目标的重点：引导幼儿发现绘本的内在结构(表1)

表1　活动重点的调整

绘本名称	之前的活动重点	调整后的活动重点
《小猪变形记》	1. 了解小猪通过改变自己的形态寻找快乐幸福的过程 2. 掌握句式“我是一只了不起的____，我能用____” 3. 认识到做自己最幸福	能够根据小猪变形的逻辑规律推测出后面小猪要变形的对象，并认识到做自己最幸福，喜欢阅读
《棕色的熊、棕色的熊，你在看什么？》	1. 观察画面内容，了解出现的动物的特征及颜色 2. 掌握句式“棕色的熊、棕色的熊，你在看什么？我看见一只红色的鸟在看我”	1. 根据“动物在看什么”的规律推测出后续故事的发展 2. 初步了解故事中出现的动物及其颜色，并尝试创编故事
《猜猜我有多爱你》	1. 掌握语言句式：“我____有多____我就有多爱你” 2. 体会亲子之间的爱及温馨的情感	能够根据画面猜测后续情节发展，学会语言句式“我____有多____我就有多爱你”
《好饿的毛毛虫》	1. 了解毛毛虫的生长及变成蝴蝶的过程 2. 掌握语言句式“星期几，它吃了几个XX，可它还是觉得饿”	根据毛毛虫吃东西的规律推测出后续毛毛虫吃东西的数量，并尝试改编故事，体会故事的趣味

2. 重新规划活动流程：从为认知和情感服务到引导幼儿发现故事内在逻辑结构

以“猜猜我有多爱你”绘本教学活动为例，对比分析调整前后的活动流程(表2)。

表2　“猜猜我有多爱你”绘本教学活动设计的调整

绘本名称	之前的活动设计	调整后的活动设计
《猜猜我有多爱你》	1. 封面图片导入，直接进入主题 2. 分段讲述故事，引导幼儿理解故事内容 (1) 观察画面，了解小兔子和大兔子之间表达爱的方式 (2) 掌握句式“我的(手臂)(举)得有多(高)，我就有多爱你” (3) 观察绘本，引导幼儿勇敢表达自己的爱 3. 出示图片，引导幼儿借助其他事物表达自己的爱 4. 讲述故事最后一部分 5. 联系幼儿实际生活	1. 观察封面等图片，说一说观察到的信息并说出绘本的名字(着重强调“爱”字) 2. 观察小兔子和大兔子表达爱的方式，引导幼儿发现故事的内在逻辑结构 师：小兔子怎样表达对大兔子的爱？大兔子怎么回应小兔子的？谁爱得多一些？为什么这么说？ 师：小兔子又想了另一个动作来表达自己的爱，它是怎么做的？大兔子是怎么回应的？ 3. 根据规律，推测大兔子的回应方式 师：小兔子通过倒立表达对大兔子的爱，它说对大兔子的爱一直到它的脚趾。大兔子会怎么回应呢？

（续　表）

绘本名称	之前的活动设计	调整后的活动设计
		4. 引导幼儿推测情节发展 (1) 根据规律由后文推测前文 师：小兔子现在在做什么？ 师：虽然确定不了小兔子的动作，但我们可以通过谁来确定？ 师：大兔子用什么动作来回应小兔子的爱？所以小兔子刚刚的动作是什么？ (2) 于故事转折处，大胆想象表达爱的方式 师：小兔子和大兔子来到了山脚下，你们都看到了什么？小兔子可以借助哪些东西表达自己的爱？大兔子会怎么回应？ 5. 根据已知逻辑，思考故事如何结束 师：故事结束了吗？为什么没结束？大兔子会怎么回应？

（四）建立达到目标的绘本教学模式

本研究的重点是探讨示范思维导图是否有利于4—5岁幼儿思维能力的发展，因此在教学中侧重于对故事内在结构的引导与示范。基于此，建立了结构化绘本教学模式：情节理解→结构引导→思维示范→结构运用→结构归纳→结构迁移。教学基本过程如表3。

表3　结构化绘本教学基本过程

阅读开始	1. 呈现书的封面并探讨书名与封面图的关联 2. 鼓励幼儿预测该书的主要基调及可能的情节 3. 根据绘本正文的前四幅图画引导幼儿发现故事的逻辑规律
阅读过程中	1. 在第三个情节或故事情节转折处，让幼儿预测后续情节并指出预测的依据 2. 教师根据幼儿的预测示范思维导图 3. 图画书往往有三个情节的重复，教师引导幼儿阅读第一个情节，然后让幼儿自行解读第二、第三个情节，并指出自己思考的依据
阅读之后	1. 回顾故事内容（角色、情节、内容等），并归纳其中的故事图式 2. 再次呈现封面，监测阅读之前预测的效果 3. 把所获得的阅读策略迁移到新的图画书阅读之中

情节理解：引导幼儿大概预测绘本内容并初步发觉、感知思维导图。绘本正文前四幅图基本可以呈现两个故事情节，教师可根据前两个故事情节引导幼儿觉察各情节之间存在一定的相似性和规律性。

结构引导：通过对前两个情节的阅读，幼儿已基本掌握了故事的逻辑结构和发展走向，因此可通过第三个故事情节验证规律。一方面引导幼儿迁移经验；另一方面验证幼儿猜想，增强其自信心和阅读成就感。

思维示范：此时幼儿对故事的逻辑结构已有较深刻的理解。教师根据幼儿的预测展示思维导图，将思维过程可视化、具象化，增强幼儿对情节发展的感知。

结构运用：思维示范之后，幼儿对故事脉络有了更深入的理解，可利用已掌握的规律推测后续情节的发展。

结构归纳：故事结束后，教师回顾整个故事的内容，展示完整的思维导图。

结构迁移：幼儿将反思、预测、质疑、假设的能力迁移到新绘本的阅读过程中，进一步巩固和加强阅读能力，提升思维品质。

三、具体的教学过程

（一）情节理解

1. 呈现封面、前环衬页或扉页，引导幼儿思考并大胆猜测故事情节

绘本的封面、前环衬页和扉页中通常隐含重要线索。比如《小猪变形记》中，封面呈现了小鸟和装扮好翅膀的小猪，部分幼儿通过封面便可预测该书的主要基调——小猪装扮成其他动物。前环衬页则出现了长颈鹿、斑马等动物，一方面可帮助幼儿了解这几种动物的突出特征，为之后对后文的预测做准备；另一方面也暗含了小猪“变形”对象的出场顺序。

师：观察封面，说一说你都看到了什么？

生：一只小鸟和有翅膀的小猪。

师：小猪为什么要给自己装上翅膀？

生：他想变美！

生：他想变成小鸟。

师：画面中出现了哪些动物？

生：小猪、长颈鹿……

师：谁能说一说长颈鹿有什么特征？

生：长颈鹿特别高，脖子很长。

2. 根据正文前四幅图画，引导幼儿观察故事发展规律

正文前四幅图画基本可以完整呈现一到两个故事情节，暗示故事的发展规律。譬如《猜猜我有多爱你》中，前四幅图呈现了两只兔子表达爱的第一个完整的回合，幼儿便可根据第五幅画面推测大兔子接下来的动作。

师：小兔子用什么动作表达自己对大兔子的爱？

生：把手臂张开

师：大兔子怎么回应小兔子的？

生：也把手臂张开

师：小兔子又用哪个动作来表达自己的爱。

生：把手臂举高

师：小兔子举高手臂表达自己的爱，大兔子会做什么动作回应小兔子呢？

生：大兔子和小兔子一样，也把手臂举得高高的。

（二）结构引导：引导幼儿根据规律推测故事的后续发展

经过前两个故事情节，幼儿已能把握故事的发展规律，幼儿可在下一情节依据规律对后文作合理预测 。譬如《小猪变形记》第三个情节是遇见大象，教师则要引导幼儿思考——小猪遇见大象会发生什么事情。

师：小猪变成斑马后遇到了大象，谁能猜一猜，接下来会发生什么有趣的事情？

生：小猪会变成大象！

师：小猪会怎么变成大象呢？

生：穿上大象的衣服/装上大象的耳朵/腿变得和大象一样粗/装上大象的鼻子……

（三）思维示范：呈现结构图示，使思维可视化和具象化

幼儿顺利预测出后文的发展，说明其对故事发展脉络已经具备比较清晰的认知，此时呈现故事前几个情节的思维导图，使故事结构和思维逻辑可视化。

（四）结构运用

呈现思维导图之后，便可同时借助思维导图和故事发展规律对后文作推测。在这一过程中，教师应尤其注重情节转折之处的引导。比如《猜猜我有多爱你》从第四个情节开始发生转折，依据前文无法推测出后续故事的发展，而是要根据两只兔子的动作彼此呼应的规律，依据后文推测前面小兔子的动作。

师：观察一下，小兔子现在在做什么？大家有各种各样的想法，跳高、跳远、飞……能看出来小兔子是用什么动作表达对大兔子的爱吗？

生：不能。

师：那我们怎么确定小兔子用哪个动作来表达自己的爱？

师：小兔子和大兔子的动作是相呼应的，所以我们可以通过大兔子的动作来确定小兔子的动作。

师：大兔子在做什么？

生：在跳高。

师：那我们可以确定刚刚小兔子是用哪种动作来表达自己的爱？

生：跳高！

同样地，在第五个情节，剧情发生大转折时，小兔子不再借助动作表达对大兔子的爱，而是用“小路伸到小河”的距离来表达。幼儿通过简单观察“小兔子做了什么”难以准确推测出大兔子的回答，因此教师要引导幼儿认真观察画面，思考兔子可以利用画面中的什么事物表达爱。

师：小兔子和大兔子来到了山脚下，你们都看到了什么？小兔子可以借助哪些东西表达自己的爱？

师：原来不仅可以借助动作，也可以借助大树、小草、小河这么这么多的事物表达自己的

爱，大兔子会怎么回应呢？

师：观察一下，大兔子和小兔子在做什么？那小兔子会说什么表达自己对大兔子的爱呢？故事结束了吗？为什么说没结束？大兔子会怎么回应呢？

又如《好饿的毛毛虫》在时间到周六时发生转折，毛毛虫的食物种类大变，但并不违背“星期几食物数量就是几”的规律。

（五）结构归纳、结构迁移

故事结束后带领幼儿边回顾整个故事，边呈现完整的思维导图（表 4），使幼儿对故事结构脉络的认识更加清晰。然后选择其他绘本让幼儿自主阅读，帮助幼儿将阅读策略迁移到新的绘本阅读中。

表 4　绘本的思维导图

绘本名称	思维导图展示
《小猪变形记》	
《棕色的熊、棕色的熊，你在看什么？》	

（续　表）

绘本名称	思维导图展示
《猜猜我有多爱你》	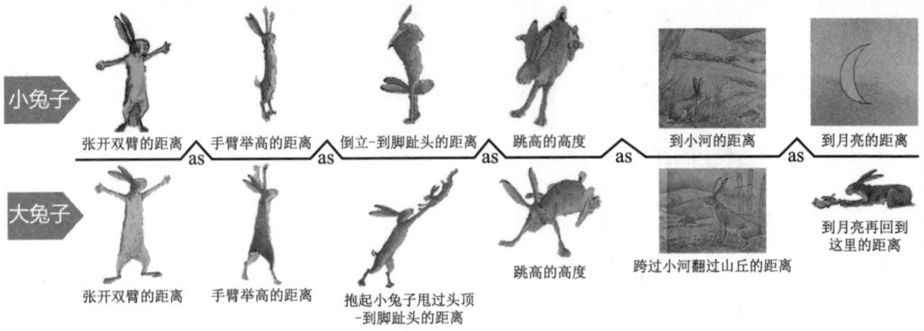
《好饿的毛毛虫》	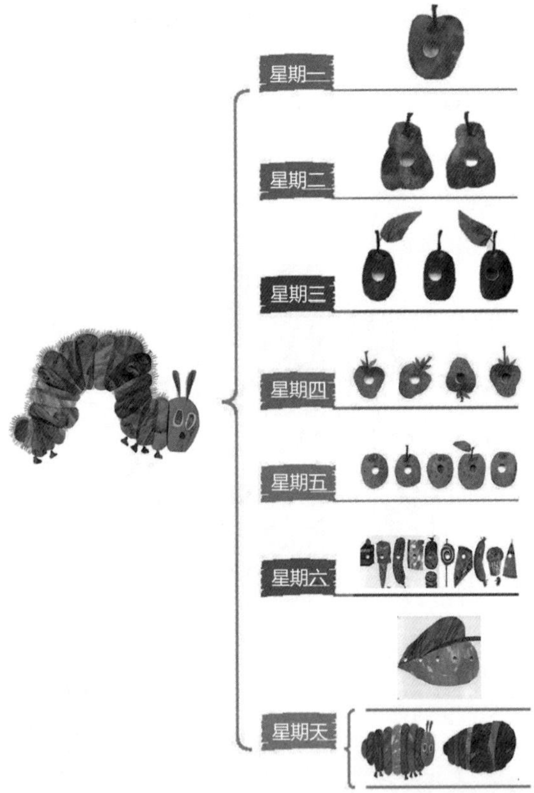

四、教学成效和建议

（一）教学成效

1. 阅读行为方面：幼儿独立阅读的行为明显增加

幼儿假阅读现象显著减少，阅读时能够有意识地关注封面信息，并且按照从左到右、从上到下的顺序有序阅读，而非胡乱翻页，单纯地寻找感兴趣或者熟悉的某个页面。对绘本图画的细致观察使幼儿注意到不同画面之间的连贯性，产生理解情节的需要，进而不满足于对画面的简单理解，从而开始尝试文字阅读，甚至主动提问陌生字词。

2. 阅读品质方面：幼儿的兴趣和专注力显著提高

《幼儿园教育指导纲要(试行)》中语言领域有培养幼儿“喜欢听故事、看图书”的目标，要求“利用绘本、绘画和其他多种方式，引发幼儿对书籍、阅读和书写的兴趣”。在传统绘本教学模式的基础上引导幼儿构建思维导图，不仅可持幼儿的阅读兴趣，更能使其在教师的引导下逐步发散思维、合理推理、验证推理。幼儿在此过程中意识到自己通过思考能够推理出正确的故事走向，从而不断提高阅读成就感和效能感，也就更专注于绘本阅读、更期待迎接下一次的挑战和推理了。实践中甚至出现了在阅读中遇到困难却坚持完成的幼儿比例明显增加的现象，幼儿较之前表现出更强的自我管理能力，更能坚持完成阅读。

3. 阅读能力方面：幼儿有了较为明显的故事结构意识

随着活动的进行，幼儿从最初只浮于表面的阅读发展到有意识地探索故事逻辑并进行串联。如在经验迁移环节，阅读《城里最漂亮的巨人》时，幼儿看到乔治把新的条纹领带送给长颈鹿，又把新衬衫送给山羊，当鼠妈妈遇到困难时，他便主动提问：“接下来乔治又会把什么送给鼠妈妈啊?”其他幼儿也能根据这个问题主动地猜测接下来的情节，且猜测范围始终围绕乔治剩下的新衣服。这表明，即使是刚 4 岁的幼儿，也与 5—6 岁幼儿一样，具备发现故事结构的能力，并能根据已有逻辑推测故事情节的走向。

可喜的是，本实践方案于 2023 年春季学期在山东省胶州市第三实验幼儿园得到验证，效果与本实验一致。可见，本实践方案具有一定的普适性，可供其他幼儿园借鉴和实践。

（二）建议

1. 不宜让 4—5 岁中班幼儿自主绘制思维导图

我们发现，对于中班幼儿来说，自主绘制思维导图较为困难。一方面，他们难以理解“何为思维导图”；另一方面，幼儿往往过于关注绘画，忽视角色、情节之间的联结和逻辑。应以教师展示为主、幼儿动手绘制为辅，以帮助幼儿厘清故事发展脉络为主要目的，不宜本末倒置。

2. 思维导图的呈现形式可灵活多样

绘制思维导图最常用也是最便捷的方式是直接摘取绘本图画中的关键要素，但千篇一律的呈现形式容易让幼儿产生审美疲劳，影响阅读兴趣。可以灵活采用绘图、拓印、粘贴、拼贴甚至文字等各种方式来呈现思维导图，既降低制作难度，又为幼儿带来新鲜感。

3. 思维导图的结构要清晰、简洁，不能太复杂

画图不是目的，厘清思维才是关键。思维导图的作用在于清晰地呈现故事的整体框架，因此绘制时不能巨细靡遗、面面俱到地堆叠很多色彩或者标记，以免主次不分，让人眼花缭乱。

本书主要参考文献

1. 姚云，李福华，张继华. 我国师范生教育实习改革的路径思考[J]. 教育研究，2012，33(2)：103—108.
2. 张晓辉，闾邱意淳，赵宏玉，等. 教育实习对师范生职业发展的影响：基于典型个案的质性研究[J]. 教师教育研究，2015，27(06)：52—58.
3. 王旭卿，陈燕. 基于协作共享的教育实习信息化研究[J]. 教师教育研究，2011，23(1)：33—38.
4. 余小红. 我国教育实习的发展历程与研究现状[J]. 现代教育科学，2008(1)：124—128.
5. 朱晓民，张虎玲. 教育实习对高师生教育学知识发展的影响研究[J]. 教师教育研究，2010，22(3)：10—15.
6. 涂珍梅. 高师混合编队模式下的教育实习质量监控[J]. 高教探索，2005(5)：59—61.
7. 李小红，秦晋. 教育实习中实习生学科教学知识的发展及其改进[J]. 教育研究，2015，36(12)：141—145.
8. 刘兰，段玉山. 职前教育阶段促进地理教师学科教学知识发展的策略[J]. 中学地理教学参考. 2009，12(10—12).
9. 孔晶. 工程设计：STEM 项目式学习活动实施路径研究[J]. 数字教育，2018，4(6)：57—63.
10. 丁运超. 研学旅行：一门新的综合实践活动课程[J]. 中国德育，2014(9)：12—14.
11. 李慧，王全喜，张民选. 美国 STEM 教育的探析及启示[J]. 上海师范大学学报(哲学社会科学版)，2016，45(5)：144—152.
12. 吴永和，李若晨，王浩楠，等. 基于 STEM 的大学生跨学科实践创新能力培养——以 R 语言与 3D 打印在高数应用的实证研究为例[J]. 现代远程教育研究，2018(5)：77—85，112.
13. 李克东，李颖. STEM 教育与跨学科课程整合[J]. 教育信息技术，2017(10)：3—10，13.
14. 方兆玉. 通过设计来理解：为什么世界各地的教育者都说自己是“UBD 人”？[J]. 上海教育，2018(14).
15. 彭了，于秋红，郑弢. 从课程标准到单元学习目标：以化学学习单元设计为例[J]. 化学教育(中英文)，2021，42(3)：38—42.
16. 韩宝成. 国外语言能力量表述评与研究[J]. 外语教学 . 2006(6)：443—450.

17. 胡雪，吴雪峰. 英语课堂口头陈述评价量表的构建：基于《中国英语能力等级量表》的研究[J]. 考试与评价(大学英语教研版)，2020(3)：84—89.
18. 揭薇. 英语口语考试与中国英语能力等级量表对接研究：以 CET-SET 4 为例[J]. 外语界，2019(1)：71—80.
19. 李玉龙，辜向东.《中国英语能力等级量表》研究综述[J]. 外语与翻译，2019，26(1)：85—92.
20. 刘建达. 我国英语能力等级量表研制的基本思路[J]. 中国考试，2015(1)：7—11，15.
21. 刘建达，彭川. 构建科学的中国英语能力等级量表[J]. 外语界. 2017(2)：2—9.
22. 王华. 校本英语水平考试与《中国英语能力等级量表》的对接研究：以"上海交通大学英语水平考试"为例[J]. 外语界，2020(5)：72—79.
23. 张灵芝. 翻转课堂中的精准教学模式研究. 武汉冶金管理干部学院学报[J]，2016，26(2)：50—52.
24. 郑明明，吴莎.《中国英语能力等级量表》应用研究的现状及启示[J]. 中国考试，2023(2)：56—63.
25. 祝智庭，彭红超，信息技术支持的高效知识教学：激发精准教学的活力[J]. 中国电化教育，2016(1)：17—25.
26. 干海琳. CSE 在初中英语口语教学形成性评价中的实践与思考[J]. 考试与评价，2020(10)：156—157.
27. 何琼，肖杨田. 探讨中国英语能力等级量表在外语教学中的应用：以 CSE 写作能力量表为例[J]. 外语测试与教学，2019(4)：11—20.
28. 金艳，揭薇. 中国英语能力等级量表的"口语量表"制定原则和方法[J]. 外语界，2017，(2)：10—19.
29. 孔菊芳，吴雪峰. 中国英语能力等级量表结构微探：以书面表达能力量表为例[J]. 外语测试与教学，2019(1)：16—26.
30. 刘建达. 中国英语能力等级量表与英语测评[J]. 中国考试，2018(11)：1—6.
31. 潘鸣威，宋杰青，邓华. 在线英语写作诊断测评中自评量表的开发与效度验证 [J]. 外语教育研究前沿，2019(4)：33—41.
32. 潘鸣威，吴雪峰. 中国英语能力等级量表在中小学英语形成性评价中的应用：以写作能力为例[J]. 外语界，2019(1)：89—96.
33. 王咏梅，刘渠源. 中学英语教学诊断性及形成性评价探究[J]. 中学教学参考，2021(2)：43—44.
34. 周珊珊. 中国英语能力等级量表与义务教育阶段英语教学[J]. 教学与管理，2020(12)：101—103.
35. 李向勤. 形成性评价在高中英语写作教学中的应用[J]. 教学与管理. 2019(3)：106—109.
36. 马玲. 档案袋评价在学前教育专业教学中的应用[J]. 山西档案. 2017(2)：142—144.
37. 蒋亚真. 对话式评价在初中英语口语教学中的应用[J]. 教学与管理. 2016(1)：43—45.

38. 潘鸣威，冯光武. 质量是核心，评价是关键：论《高等学校英语专业本科教学质量国家标准》中的评价要求[J]. 中国外语. 2015，12(5)：11—16.
39. 邹甜甜，杨跃. 通过视频拍摄方法帮助学习者进行英语口语能力自我评价的探索[J]. 外语电化教学. 2015(164)：58—62.
40. 袁莹，肖宜宁. 以教育游戏为媒介构建高职英语口语教学动态学习评价体系[J]. 教育与职业. 2014(8)：100—101.
41. 李楚梅，蒋焕新. 运用形成性评价提高英语口语教学[J]. 教学与管理. 2013(6)：139—141.
42. 滕云. 中外小学英语口语教学评价比较及启示[J]. 课程・教材・教法. 2013，30(3)：108—112.
43. 张婷. 发展性评价在英语专业口语教学中的运用：以《英语演讲》课为例[J]. 外国语文. 2012，28(5)：154—157.
44. 李劼全. 如何掌握英语教学中的朗读技巧[J]. 教学与管理. 2012，(9)：112—113.
45. 王秀雪. 在英语朗读教学中培养学生的语感[J]. 当代教育科学. 2011，(10)：59—60.
46. 梁鲜，符其武. 海南籍学生英语朗读节律的实验分析[J]. 海南大学学报(人文社会科学版). 2010，28(5)：112—116.
47. 刘晋霞，解腊梅. 激励评价 大胆实践："三表记录法"在英语口语交际能力评价中的实施[J]. 考试评价. 2007(16)：45—46.
48. 赵重庆，关卫平. 小学低年级英语口语评价研究[J]. 教育导刊. 2006(7)：28—29.
49. 侯婧. 人工智能时代英语口语教学模式变革[J]. 教学与管理. 2019(11)：86—88.
50. 温忠义. "英语语言表达能力"概念界定及评价指标研究[J]. 重庆大学学报(社会科学版). 2015(2)：155—161.
51. 卢璐. 基于教学基本要求的初中英语听后复述教学设计[J]. 上海课程教学研究，2021(12)：5.
52. 北京师范大学外语系课题组. 论外语在教学中构建形成性评价体系[J]. 中小学外语教学，2001(5).
53. 侯悦. 形成性评价在初中英语教学中的应用分析[J]. 校园英语，2018(39)：1.
54. 祁小君. 形成性评价对提高初中英语听说能力的实践研究[J]. 学周刊，2019(36)：1.
55. 刘娟. 形成性评价在初中英语听说训练中的运用[J]. 中学生英语，2020(22)：27.
56. 孙霞. 形成性评价对提高初中英语听说能力的实践研究[J]. 校园英语，2021(52)：176—177.
57. 刘惠中. 初中英语听说能力培养与评价初探[J]. 钦州师范高等专科学校学报，2004(3)：101—104.
58. 刘高. 形成性评价对提高初中英语听说能力的实践[J]. 英语画刊(高级版)，2020(4)：58—59.
59. 张永光. 形成性评价在初中英语听说课教学中的应用[J]. 校园英语，2017(33)：1.
60. 彭菲. 初中英语听后复述的教学策略[J]. 中小学英语教学与研究，2021(12)：41—44.

61. 张莉青. 初中英语听后复述的教学策略研究[J]. 名师在线(中英文),2022(17):3.
62. 邓翠莲. “表现性评价”在科学教学中的运用[J]. 当代家庭教育,2020(28):41—42.
63. 黄赫,赵建梅. 为发展而评价:核心素养的表现性评价研究[J]. 吉林省教育学院学报,2019(35):34—38.
64. 霍力岩,黄爽. 表现性评价内涵及其相关概念辨析[J]. 西北师大学报(社会科学版),2015(5):76—81.
65. 罗国忠. 对科学探究能力表现性评价的研究[J]. 课程・教材・教法,2006(8):66—69.
66. 罗贵明. 美国 2011 年中小学科学课程评价新标准解读与启示[J]. 教育导刊,2013(5):41—43.
67. 钱金明. 评价量规在小学科学教学中的应用[J]. 教学仪器与实验,2016(1):48—51.
68. 宋歌. 国外科学教育中的表现性评价述评[J]. 外国中小学教育,2017(6):17—25.
69. 王宝秋. 小学科学课教学中表现性评价的尝试应用[J]. 小学科学(教师版),2016(1):137.
70. 钟启泉. 基于核心素养的课程发展:挑战与课题[J]. 全球教育展望,2016(1):3—25
71. 周文叶. 表现性评价:指向深度学习[J]. 教育测量与评价,2018(1):1—4
72. 周文叶,董泽华. 表现性评价质量框架的构建与应用[J]. 课程・教材・教法,2021,41(10):120—126.
73. 周兢. 对我国早期儿童阅读教育发展的期待与展望[J]. 早期儿童发展,2022(2):9—23.
74. 林崇德. 学生发展核心素养:面向未来应该培养怎样的人? [J]. 中国教育学刊,2016(6):1—2.
75. 岳亚平. 不同专业发展阶段幼儿教师知识结构的特征比较[J]. 学前教育研究,2011(9):45.
76. Russ R S, Scherr R E, Hammer D, *et al*. Recongnizing mechanistic reasoning in student scientific inquiry: a framework for discourse analysis developed from philosophy of science[J]. Science Education, 2016, 92:499－525.
77. Lynch S J, Peters-Burton E, Ford M. Building STEM opportunities for all[J]. Educational Leadership, 2015, 72(4):54－60.
78. Allen J M. Valuing practice over theory: How beginning teachers re-orient their practice in the transition from the university to the workplace[J]. Teaching and Teacher Education, 2009, 25:647－654.
79. Warren K. Postgraduate Veterinary Training in Conservation Medicine: An Interdisciplinary Program at Murdoch University, Australia[J]. EcoHealth, 2006, 3(1):57－65.
80. Allen J M. Valuing practice over theory: How beginning teachers re-orient their practice in the transition from the university to the workplace[J]. Teaching and Teacher Education, 2009, 25:647－654.
81. Bandura A. Self-efficacy: toward a unifying theory of behavioral change[J].

Psychological Review,1997,84:191—215.
82. Lynch S J, Peters-Burton E, Ford M. Building STEM opportunities for all [J]. Educational Leadership,2015,72(4):54—60.
83. Russ R S, Scherr R E, Hammer D, *et al*. Recongnizing mechanistic reasoning in student scientific inquiry: a framework for discourse analysis developed from philosophy of science[J]. Science Education,2016,92:499—525.
84. Warren K. Postgraduate Veterinary Trainingin Conservation Medicine: An Interdisciplinary Program at Murdoch University, Australia[J]. EcoHealth,2006, 3(1):57—65.
85. Saito H, Inoi S. Junior and senior high school EFL teachers'use of formative assessment: A mixed-methodsstudy [J]. Language Assessment Quarterly, 2017, 14 (3) : 213—233.
86. Shulman L. Knowledge and Teaching: Foundations of the New Reform[J]. Harvard Educational Review, 1987, 57(1): 1—23.
87. 李洁.教师专业发展视野下的师范生教育实习模式创新研究[D]. 昆明:云南师范大学,2016.
88. 宋玉.基于专业发展的中美《教育实习指导手册》比较研究[D]. 上海:上海师范大学,2013.
89. 王芳.课程改革背景下师范生教育实习状况及影响因素研究[D]. 长春:东北师范大学,2010.
90. 王瑾.教育实习对数学师范生 PCK 发展影响的个案研究[D]. 上海:上海师范大学,2014.
91. 庞淼.教育实习指导教师角色定位和作用研究[D]. 长春:东北师范大学,2012.
92. 徐哲.高等师范院校教育实习研究:现状、问题及对策[D]. 上海:上海师范大学,2012.
93. 陈忻华.教育实习与师范生专业发展研究[D]. 苏州:苏州大学,2009.
94. 俞华.教师专业发展背景下的教育实习个案研究[D]. 上海:华东师范大学,2008.
95. 张琚.教育实习对于教师职前培养的实效性研究[D]. 济南:山东师范大学,2007.
96. 陈月.MOOC 背景下的高校思想政治理论课混合式教学模式研究[D]. 武汉:武汉理工大学,2017.
97. 袁福静.在初中历史教学中开展慕课的实践研究[D]. 成都:四川师范大学,2018.
98. 陈小敏.上海市小学 STEM 教师跨学科能力的调查研究[D]. 上海:上海师范大学,2019.
99. 赵玉婷.基于项目化学习提升生态素养:以上海市 X 初中六年级学生为例[D]. 上海:上海师范大学,2019.
100. 顾雨晴.高中生生态文明素养的调查研究:以生态文明教育特色高中为例[D]. 上海:上海师范大学,2020.
101. 李梦楠.初中英语教学中诊断性评价实施现状的调查研究[D]. 聊城:聊城大学,2021.
102. 赵友智.中国英语能力等级量表在高中英语写作教学形成性评价中的应用研究[D].

哈尔滨:哈尔滨师范大学,2021.
103. 郭丹.基于语类的高中生英语叙述类口语教学实证研究[D]. 南昌:江西师范大学,2021.
104. 蒋文婕.形成性评价对提高初中英语听说能力的实践研究[D]. 上海:上海师范大学,2014.
105. 陈婷婷.形成性评价对初一学生英语听说能力影响的实践研究[D]. 重庆:重庆师范大学, 2015.
106. 白伟伟.研究性学习的表现性评价研究[D].武汉:华中师范大学,2013.
107. 杨小凤.基于标准的小学科学课堂教学评价研究[D].济南:山东师范大学,2014.
108. 单凤.嵌入生活活动的幼儿发展评价的实践研究[D]. 上海:上海师范大学,2017.
109. 朱新言.幼儿园专家型教师与新手教师专业理念比较的个案研究[D]. 福州:福建师范大学,2017.
110. 和佳.幼儿园新手教师与专家型教师对话式阅读活动的比较研究[D]. 西安:陕西师范大学,2018.
111. 王锐娇.新手型与专家型幼儿教师教学言语的比较研究[D]. 武汉:华中师范大学,2017.
112. 闵兰斌.3—6 岁儿童故事图式建构特征的发展研究[D]. 华东师范大学,2007.
113. 张婧.中小学生态文明教育路径研究[M]. 杭州:浙江大学出版社,2020.
114. 陈丽鸿.中国生态文明教育理论与实践[M]. 北京:中央编译出版社,2019.
115. 奥尔.大地在心:教育、环境、人类前景[M]. 君健,叶阳,译.北京:商务印书馆,2013.
116. 赵中建.美国 STEM 教育政策进展[M]. 上海:上海科技教育出版社,2015.
117. 李慧.STEM+课程设计与实践指导[M]. 上海:上海社会科学院出版社,2020.
118. 董亚男.高中英语听说教学理论与活动设计[M]. 上海:华东师范大学出版社,2020.
119. 上海市教育委员会教学研究室.上海市初级中学英语学科教学基本要求[M]. 上海:上海教育出版社,2008.
120. 教育部考试中心.中国英语能力等级量表[M]. 北京:高等教育出版社,2018.
121. 中华人民共和国教育部.义务教育英语课程标准[M]. 北京:北京师范大学出版社,2022.
122. 王孝玲.教育评价的理论与技术[M]. 上海:上海教育出版社,1999.
123. 中华人民共和国教育部.普通高中英语课程标准[M]. 北京:人民教育出版社,2020.
124. 邓小丽.上海市小学生自然课程标准解读[M]. 上海:上海科技教育出版社,2006 年.
125. 刘恩山.义务教育小学科学课程标准解读[M]. 北京:高等教育出版社,2017 年.
126. 田中耕治,松下佳代,三藤麻美,等.学习评价的挑战:表现性评价在学校中的应用[M]. 郑谷心,译.上海:华东师范大学出版社,2015.
127. 高敬,杨爱娟,袁敏姗,等.幼儿发展评价指南[M]. 上海:华东师范出版社,2021.
128. 高敬.3—6 岁幼儿评价的实践研究:嵌入课程的幼儿发展评价实践研究[M]. 上海:华东师范出版社,2017.

129. 周兢,余珍有.幼儿园语言教育[M].北京:人民教育出版社,2004.
130. 爱泼斯坦.学习品质:关键发展指标与支持性教学策略[M].霍力岩,李金,刘璐,译.北京:教育科学出版社,2018.
131. 崔利斯.朗读手册[M].北京:新星出版社,2016.
132. 张必隐.阅读心理学[M].北京:北京师范大学出版社,1992.
133. 博赞.思维导图[M].叶刚,译.北京:中信出版社,2009.
134. Fina, Anna D, Alexandra Georgakopoulou. Analyzing Narrative: Discourse and Sociolinguistic Perspectives [M]. New York: Cambridge University Press, 2012.
135. Heritage M. Formative Assessment: Making It Happen in the Classroom [M]. Thousand Oaks, CA: Corwin, 2010.

后　记

在迈向教育强国的征途中，基础教育乃是核心基石，直接关系到前进步伐的稳健与发展的后劲。为实现基础教育的高质量发展，我们聚焦于提升教师基于学校教育实践的教研与科研能力，帮助教师结合理论与实践，实现双向转化、融合创生，持续推动教师教育改革与创新。大力推进基础教育高质量发展，是上海师范大学为基础教育服务、办好人民满意教育的重要使命之一。为此，上海师范大学基础教育处进行了体制机制上的改革创新，以 UGS(大学—政府—学校)模式，推进附属学校建设与学科教育教师的专业发展。呈现在大家面前的《UGS 模式指导下的基础教育改革研究文集》，就是我们目前取得的一些成果。

2016 年 5 月，上海教师教育创新发展中心在上海师范大学成立。上海师范大学学科教育教研室全体教师是上海教师教育创新发展中心的主体，有别于其他大学的发展模式，创设了基于学校教育实践的教师教育发展模式。2017 年底，上海师范大学启动 UGS 实践方向课题的申报工作，这就是本文集三本书的起点。

UGS 课题自 2017 年启动以来，截至 2024 年 2 月，共立项 73 个课题，覆盖上海师范大学 15 个学院、23 个学科教育教研室，共同研究人员达 400 余人。在研究的推进过程中，我们深刻地感受到基于学校教育实践研究的教师教育模式的生机和活力。

UGS 课题研究的成果也是富有生命力的。从这里起步，中小幼教师成功申报区级课题、区级重点课题、市级课题，大学教师成功申报市级课题、国家级课题。由这些研究形成的论文，也产生了一定影响力。

为了更好地总结 UGS 研究模式，启发更多愿意参与此项研究的大学和中小幼教师，并惠及愿意以这一模式开展联合研究的教师，我们萌发了将优秀的 UGS 课题研究成果汇编成文集的想法。

当然，这一过程是非常艰难的。因为，UGS 课题是一年一年发布的，类型不同，主题各异。从最开始的自由选题、自由选择实践基地，逐步过渡到结合上海师范大学办学特色、更为规范的三大类型：上师大学区课题、附属学校课题、自选课题。研究周期从一年和两年两类，逐步统一为一年。从以一所学校为实践基地的课题，逐步过渡到以类型相同的几所学校为联合基地的课题。另外，各个课题组研究团队的组成情况不同，研究路径和方式不同，成果的形式也不同。有的研究侧重案例的整理和收集，有的研究侧重模式的构建和实施，有的研究侧重于具体课堂的教学实践与分析，有的研究侧重于特色课程的打造。以上种种，使得研究成果很难统整到某一个或两个主题下汇集成书。

经过反复的思考和多次的专家论证会，我们达成了共识：

第一，采用紧密型研究文集的形式，即《UGS 模式指导下的基础教育改革研究文集》包括三个紧密相联的探究视域，并且围绕这三个视域取舍课题，汇集成《聚焦学科素养的课程与教学改革研究》《协同视角下跨校际、跨学科研究》《师范生培养新模式与中小幼评价改革研究》三本书。

第二，选入的每个 UGS 课题成果独立成章，并采用统一的体例。每章一般包括“研究概述”与“实践探索”两个部分，前者总领研究的目标、内容、进程、方法、成果，后者是研究中的实践分析、探究历程、成果展现，形式不拘一格。

第三，除正文外，选编附录，放入课题研究孵化的成果，希望有意参与此类研究的教师在方法上获得更多的启发和指导。

诚然，我们着力推进的 UGS 模式并非新生事物，但是上海师范大学以 UGS 课题为载体，持续七年支持学科教育教研室教师走进中小幼学校，形成了学术研究共同体，开展联合研究，实现了共赢发展。所形成的教研模式和实践智慧，体现了我们这一代上师大人的开创精神。

衷心感谢为本丛书的编辑与出版付出辛劳的上海师范大学基础教育处及上海教师教育创新发展中心全体同仁、参与研究的中小幼一线教师与管理人员，衷心感谢给予了指导意见的诸位专家。

最后要指出的是，我们的研究还处于初创阶段，很多成果与教研模式的完善，还需要在今后的实践探究中进一步深入。在此抛砖引玉，不当之处，还请各方面的专家批评指正。

编者

2024 年 6 月